审计与法治丛书

政府审计管理体制研究

Research on Government Auditing Management System

李传宪◎著

知识产权出版社
全国百佳图书出版单位
—北京—

图书在版编目（CIP）数据

政府审计管理体制研究 / 李传宪著 .—北京：知识产权出版社，2023.9
（审计与法治丛书）
ISBN 978-7-5130-8901-2

Ⅰ.①政…　Ⅱ.①李…　Ⅲ.①政府审计—管理体制—研究—中国　Ⅳ.① F239.44

中国国家版本馆 CIP 数据核字（2023）第 171291 号

责任编辑：雷春丽　　**责任校对**：王　岩
封面设计：智兴设计室・段维东　　**责任印制**：孙婷婷

审计与法治丛书

政府审计管理体制研究

李传宪　著

出版发行：知识产权出版社有限责任公司	网　　址：http://www.ipph.cn
社　　址：北京市海淀区气象路50号院	邮　　编：100081
责编电话：010-82000860转8004	责编邮箱：leichunli@cnipr.com
发行电话：010-82000860转8101/8102	发行传真：010-82000893/82005070/82000270
印　　刷：北京九州迅驰传媒文化有限公司	经　　销：新华书店、各大网上书店及相关专业书店
开　　本：787mm × 1092mm　1/16	印　　张：13
版　　次：2023年9月第1版	印　　次：2023年9月第1次印刷
字　　数：254千字	定　　价：78.00元

ISBN 978-7-5130-8901-2

序 言

2020年1月，习近平总书记对审计工作作出重要指示，强调审计机关要在党中央统一领导下，适应新时代新要求，紧紧围绕党和国家工作大局，全面履行职责，坚持依法审计，完善体制机制，为推进国家治理体系和治理能力现代化作出更大贡献。因此，有必要从审计与法治融合的视角出发，加强审计法治化研究，这是习近平法治思想在审计领域的具体体现，也是强化审计监督保障作用的必备环节，更是我国经济行稳致远、社会安定和谐的重要保障。

审计与法治联动在国家经济安全、政府权力监督、民主法治建设、民生政策落实、体制机制完善等国家治理现代化方面都起着举足轻重的作用。审计与法治联动，可以化解重大风险，维护国家财政经济安全；审计与法治联动，可以有效遏制各类违法违规行为，打击并严惩贿赂、贪污、腐败等问题；审计与法治联动，可以使人民群众了解各级政府及其部门履职担责情况，推进国家社会共治；审计与法治联动，还可以加强民生政策的有效落实，切实维护好、实现好人民群众的切身利益。因此，审计与法治联合发力，必将推进国家治理体系和治理能力现代化。

西南政法大学监察审计学院（商学院）作为在传统政法院校中发展起来的专门从事商科教育与研究的学院，既有商科教育的专业优势，又有学校法学学科的依托，是全国唯一设立审计与法治博士点培育学科的院校。西南政法大学还与国家审计署审计科研所、中国审计学会共建“审计与法治研究中心”，中心由学院审计学科负责建设 。西南政法大学监察审计学院（商学院）抽调骨干教师，编写“审计与法治丛书”，力求推出一套回应时代所需、论证充分的研究成果。本丛书具有以下特点。

一、聚焦审计发展中的热点、难点与前沿问题

当前，世界经济增长持续放缓，仍处在国际金融危机后的深度调整期，加之受新型冠状病毒感染疫情影响巨大，世界大变局加速演变的特征更趋明显。审计是党和国

家监督体系的重要组成部分，因此需要审计科研乘势而上精准发力，及时揭示和反映经济社会各领域的新情况、新问题、新趋势。本丛书聚焦审计发展中的热点、难点与前沿问题，例如，国家审计与地方政府债务监管问题、资本市场开放后企业社会责任与审计问题、党内监督与审计监督问题以及国有企业境外投资审计问题等，积极回应时代需求，系统深入地研究审计与法治的重点问题，力求解决中国现实问题。

二、以审计学科为基础，融合多学科，填补出版空白

多学科融合研究，常常能够获得单一学科研究无法获得的创新成果。本丛书以审计学科为基础，融合法学、经济学、公共管理学等多学科进行全方位、多层次、多视角研究，分析典型案例，分别对审计促进国家治理、审计法治、审计管理、企业审计等审计重点领域进行深入探讨，力求为国家决策提供切实有效的智力支持。本丛书的出版可在一定程度上填补我国该领域的出版空白。

三、丛书构建

本丛书先后召开编写会议十余次，由中国审计学会会长孙宝厚同志对每本书的论证要点、结构框架、重点问题进行线上或者现场指导。

“审计与法治丛书”包含专著共 12 部，围绕审计促进国家治理、审计法治、审计管理、企业审计等审计工作的重点领域开展研究，力求推出一套来源可靠、切实有效、论证充分的研究成果。审计学科属于实践性较强的学科，同时，限于资料的有限性，我们力争论述严谨，但也恐有所疏漏，还请各位读者批评指正。

郑国洪

2021 年 2 月 28 日于毓秀湖畔

前言

政府审计是国家治理体系的重要组成部分，是国家的重要监督手段和监督机制，也是经济监督和经济秩序治理的重要环节。随着我国改革开放和社会主义市场经济的发展，政府审计管理体制也在不断发生演变和改革创新。本书对政府审计管理体制进行研究，阐释了政府审计管理体制的内涵及模式，明晰了政府审计管理体制的演进历程，期待本书能为健全政府审计的组织架构和更好发挥政府审计的职能尽绵薄之力。

本书基于政府审计改革的背景，对政府审计管理体制的核心内容进行归纳，对新中国成立后的政府审计管理体制的演进及影响环境进行分析，对新时代政府审计管理体制发展方向进行探析。书稿的写作得到了西南政法大学监察审计学院（商学院）、审计与法治研究中心领导和老师的大力支持，同时收到中国审计学会、西南政法大学审计硕士教育中心的老师们提供的宝贵意见。

本书的写作逻辑框架如下：首先，梳理和归纳政府审计管理体制的内涵，对政府审计管理体制框架要素进行阐述。其次，针对国际现有的立法型、司法型、行政型、独立型等政府审计管理模式的内容和特征进行归纳总结和比较分析。再其次，对影响政府审计管理体制的因素进行分析，包括政治、法制、经济、技术、文化等环境因素。然后，对新中国成立后的政府审计管理体制，按照时间顺序和阶段特征划分为“政府审计管理体制的初创”“政府审计管理体制的确立与改进”“新时代政府审计管理体制的完善”三个阶段，并分别就各阶段的机构设置、职能与目标、职责与内容、方式与方法等管理体制的要素进行论述和分析。另外，对我国审计改革试点区域政府审计管理体制进行探究。最后，从审计全覆盖和审计一体化视角对政府审计管理体制的未来发展方向进行展望，包括纪检监察与政府审计相互协调、社会审计与政府审计形成合力、内部审计与纪检监察协同助力政府审计。

拙著梳理了我国政府审计管理体制的脉络，归纳分析了新中国成立后各时期政府审计管理的特点，解读和探究了现行政府审计管理体制，以期促进政府审计改革工作，健全完善新时代、新职责、新使命的政府审计管理体制，更好地发挥政府审计在我国经济与社会高质量发展中的地位和作用。

感谢中国审计学会孙宝厚会长对本书写作的指导！感谢西南政法大学审计硕士研究生黄治雨、陆雪芳、黄卓瑶、安若冉、杨爽、柏棠溧、缪东蔚等同学参与本书资料的收集与整理、文字校对等相关工作！

李传宪

2022年10月30日

目 录

第一章　政府审计管理体制的内涵及模式研究

第一节　政府审计管理体制的基本概念

政府审计是政府审计机关依法进行的一种审计监督行为。依据《中华人民共和国审计法》（以下简称《审计法》），政府审计的对象包括国家机关、人民团体、国家事业组织和国有企业及其主要负责人。这种监督行为不仅包括对审计对象的财政收支、财务收支和有关经济活动的真实、合法和效益情况的监督，还包括对前述单位的主要负责人履行经济责任、自然资源资产管理和生态环境保护责任情况的监督，以及其他依据法律应当接受审计的事项的监督。因此，本节将介绍政府审计管理体制的相关概念、政府审计管理体制的特征以及对政府审计本质认知的演进过程。

一、政府审计管理体制的概念与总体特征

（一）政府审计管理体制的相关概念

1. 政府审计管理体制的含义

在理解政府审计管理体制的含义之前，我们要厘清审计管理和审计管理体制的关系。一般来说，审计管理在包含了审计计划管理、审计信息管理、审计报告管理等审计业务方面的内容的同时，还包含了审计人力资源管理、审计后勤保障管理、审计廉政管理等审计机关的事务性工作。与之不同，审计管理体制不是这些审计机关内部具体业务或事务性的管理工作，而是指关系审计发展全局性、根本性、体制性的重大问题，例如：审计机关的设置与领导关系；审计机关向谁负责；审计机关的基本职能；中央与地方审计机关的关系；审计机关行使权力的规范性等。目前，关于审计管理体制的概念，学界的研究成果相对较少，相关文献中也缺少对政府审计管理体制的明确界定。而在众多文献资料中，由郭道扬主编的《会计百科全书》曾对审计管理体制的概念作出了界定，他认为审计管理体制是指在既定的社会、政治、经济体制下，对审

计活动进行组织与控制的形式、制度和方法体系。①

综合上述内容，我们可以这样来界定审计管理体制的概念，审计管理体制是指审计机关对审计活动进行组织、管理与控制的形式、制度和方法体系，包括审计机关内部的组织领导体制、审计机关的人财物管理体制、党领导审计工作的体制等。换言之，审计管理体制是政府审计机关围绕履行职责开展的一种组织管理活动，它主要涉及审计管理体系、审计职责确立方面的内容，偏重于审计内部关系问题的处理与制度安排。而我国的审计管理体制也并非由《中华人民共和国宪法》(以下简称《宪法》) 直接确立的，而是在《宪法》明确了政府审计基本架构以后，通过《审计法》及其实施条例等法律法规的发布、修订而逐步完善起来的。因此，审计管理体制是对审计权力运行机制的约束和保障，它要保证审计机关依法独立行使审计监督权，更要明确审计机关上下级关系的确立、审计人员如何履行职务、审计职权如何设置和分配、审计功能是否充分发挥作用等重要问题。

2. 审计管理体制与审计体制

相比审计管理体制和审计管理，审计管理体制和审计体制听起来更相似，以至于大家经常将这两者当作同一概念。但从严格意义上来说，这是两个不同的概念。为了更准确、更清晰地理解审计管理体制的内涵，我们需要分清审计管理体制和审计体制的区别与联系。

如果把审计管理体制理解为涉及审计管理体系、审计职责确立方面的内容，偏重于审计内部关系问题的处理与制度安排，那么审计体制则是审计机关的总体构成，是对整个审计机关的隶属关系、组织设置、审计管理体系、审计职责确立的总称。② 换句话说，审计管理体制是审计体制的一个子概念，即审计管理体制的内涵和外延要小于审计体制，它包含在审计体制当中。例如，前面所说政府审计的业务方面的内容就不在审计管理体制的范围之内，却是政府审计体制所涉及的。

（二）政府审计管理体制总体特征

相比其他政府监督系统，政府审计管理体制更为细化，其对国家治理发挥的作用也有着鲜明的特征。政府审计管理体制的总体特征和政府审计的基本特征一样，都来自《宪法》和法律，都是国家治理系统中其他子系统高效运行的基石和重要保障。具

① 郭道扬. 会计百科全书 [M]. 沈阳：辽宁人民出版社，1989.

② 这里指广义上的审计体制，而狭义上的审计体制更注重政府审计组织的隶属关系和审计组织内部上下级之间的领导与被领导关系。

体来说，其总体特征可分为以下四大方面。

1. 政府审计管理体制具有法定性

首先，政府审计管理体制是《宪法》和法律作出的制度安排，《宪法》和法律是审计机关履行审计职能的根本依据，而这种由《宪法》带来的权威性和强制性能够有效确保政府审计的实施与执行；其次，政府审计管理体制在经济监督体系中的地位、监督范围、监督层面、监督影响力都要高于其他的经济监督部门。因此，法定性赋予了政府审计机关维护经济秩序、推动改革、推进法治、促进廉政、强化问责、保障发展等职能和任务的同时，也赋予了政府审计管理体制较强的权威性、强制性和稳固性。

2. 政府审计管理体制具有独立性

《宪法》规定，审计机关依法独立行使审计监督权，不受其他行政机关、社会团体和个人的干涉。独立性是政府审计的本质属性。此外，审计机关由于不具有资金分配权、项目审批管理权和具体的行政管理职能，因而能不受其他部门利益的影响，客观独立地开展审计工作。因此，相比其他政府监督职能部门，特别是从具体管理职能中派生出来的附带监督职能部门，政府审计管理体制更为客观公正，能更准确地核查国家治理领域中各类经济活动的真实性、合法性、效益性，查清真实情况，揭露风险隐患，能对体制机制性障碍和制度性缺陷进行有效的成因分析，并最终推动问题的及时、有效解决。

3. 政府审计管理体制具有专业性

政府审计管理体制的专业性同样源自《宪法》。《宪法》规定，审计机关是专司经济监督的机关。政府审计对审计事实的认定和判断需要依赖一定的专业知识和特殊的技术方法，因此，政府审计是一种专职并且专业的监督行为，政府审计人员必须具备扎实的专业知识储备、职业技术能力和丰富的工作经验，同时必须严格遵守政府审计规范，如相关的法律法规和国家审计准则等，恪守审计职业道德，严守政治纪律、组织纪律、保密纪律、财经纪律、廉政纪律和各项工作纪律。不同于其他监督制度，政府审计管理体制具有专业而严谨的业务形态，不管是对政府审计人员的管理，还是对具体审计业务的管理，其审计行为的专业性都要求政府审计管理体制实事求是地揭示问题和分析原因，客观公正地作出评价和提出建议。

4. 政府审计管理体制具有全面性

《宪法》和法律规定，只要是涉及公共资金、国有资产、国有资源的使用和管理，涉及领导干部履行经济责任情况，涉及公众利益，就必须接受审计监督，实行审计

"全覆盖"。从这个层面上讲，政府审计的监督对象和监督内容具有普遍性和广泛性，基本涵盖了国家经济、政治、文化、社会、生态文明治理的各个领域，涉及改革、发展、稳定的各个方面，贯穿于国家治理的全过程和全领域。因此，政府审计管理体制应具有全面性，通过审计公共资金使用、公共权力运行和公共部门履职尽责情况，促进用好人、管好权、理好财，并在此基础上促进用人、管权和理财等政府审计管理制度的完善。

二、对政府审计本质认知的演进过程

在探讨政府审计管理体制含义之后，我们需回到最基础的理论问题：政府审计的本质究竟是什么？首先，本质是事物本身所具有的、决定其性质和发展的最根本的属性。而审计作为一种社会经济现象，具有本质和现象两个方面，审计的本质是通过现象来表现的，必须透过现象去把握。其次，审计管理体制的建立是审计本质和当地当时审计环境的结合，而对审计本质认识的不同，自然就会形成不同的审计管理体制。因此，要弄清政府审计管理体制的真正含义，就必须建立对审计本质的正确认识。①

正如审计署原审计长刘家义所说的，"一直以来，我们对审计本质有多种认识"②。审计产生以来，国内外的学者针对审计本质这一问题进行了大量的探索，人们对审计本质的认识，也随着研究的深入而由表及里、去粗存精。概括起来，对审计本质的研究过程大致可以分为三个阶段，即初步认知阶段、深入探究阶段、系统全面认知阶段，如图 1-1-1 所示。

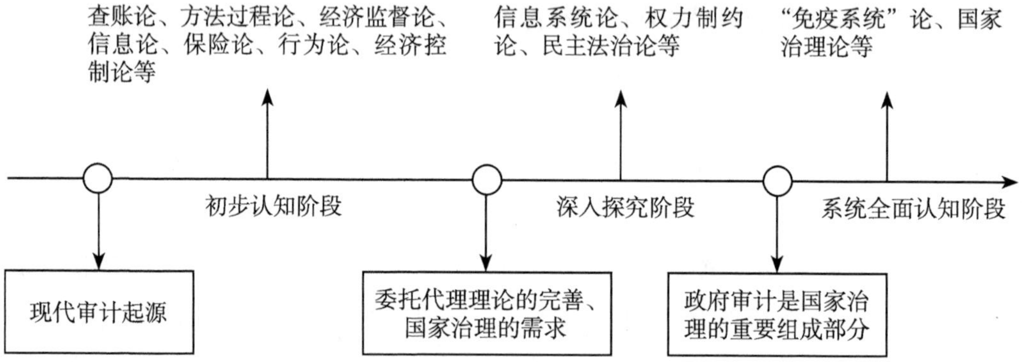

图 1-1-1　对审计本质认识的演进过程

---

① 我国官方文件一直使用"国家审计"概念。虽然从理论上讲，"国家审计"和"政府审计"仍有些区别，但在我国，两者本质上都是指党中央领导下的审计署的工作。因此，本书不对两者作概念上的严格区分，两者互用。

② 董大胜．审计本质：审计定义与审计定位 [J]. 审计研究，2015（2）：3-6.

（一）对审计本质的初步认知

在最开始的时候，人们对审计本质的认知都是较为肤浅而片面的。从较早的“查账论”到“方法过程论”，再发展到“经济监督论”“经济控制论”，这一系列的观点都依托于当时特殊的历史背景，分别从不同的层面去了解审计、观察审计、认识审计。虽然目前看来，这些理论存在明显的漏洞，但它们反映了当时特定社会环境下审计的特征，都是具有真理的部分特点的。这些对审计本质的初步认识，也推动着对审计本质认知的更加深入，为以后理论研究开辟了道路。因此，本小节将挑选其中具有代表性的观点进行简要阐述。

1. 查账论

现代审计起源于西方工业革命以后，当时欧洲诸国由专制制度向民主政治转化。为了确保民主政治的有效实行，政府审计从经济监督的角度出发，承担了对行政部门分权制衡的重要作用。而审计的英文“audit”亦有旁听之意，从此，“audit”作为政府审计的重要手段，正式成为诸多国家审计机关的代名词。之后，随着社会审计制度的产生与发展，以手工技术实施的账项基础审计，促使人们形成审计的本质就是“查账”的主流观点，这便是在实务角度上对审计本质最简单和最初的概括。

早在20世纪30年代，被誉为我国“现代会计之父”的潘序伦先生就曾提出“查账论”的观点，直到改革开放后，查账论在我国都占有一席之地。究其原因，在早期的审计工作中，审计的工具、方法和人员分配都相对简单，将审计的本质归纳为查账也是符合当时社会环境对审计的认识的。但随着审计实践经验的丰富和人们对审计认知的不断深入，查账论就显露其简单且片面的缺陷。人们开始意识到，如果审计工作的本质仅局限于查账，不仅难以解释经济社会发展中出现的新现象，更无法解决在查账之外的政府绩效、内部控制、社会责任等其他领域的审计问题。因此，查账终究只是审计的一种手段，并非对审计本质的正确认识，这种流于表面、以偏概全的理论方法终将被取代。

2. 方法过程论

20世纪70年代以前，查账论在理论界一直占绝对的主导地位。随着审计方法和实务技术的更新，20世纪70年代，一些新的审计理念诞生了，内部控制审计、政府审计、社会责任审计等概念开始进入人们的视野。人们开始意识到“查账”并不能揭示审计的根本属性。另外，在大量的经济舞弊案件中，很多舞弊事实并未记录在会计账簿里，“查账论”并不能解决这些问题，审计师必须重新实施账外调查，才能揭露舞弊事实。这也在一定程度上加速了人们对审计本质产生新的认知。

美国审计理论界提出了一种全新的理论。1972年，美国会计学会发布了《审计基本概念公告》，它对审计做了重新定义，提出审计是客观收集和评价与经济活动及事项有关的断言的证据，以确定其认定与既定标准的符合程度，并将其结果传递给利害关系者的系统过程，① 其将审计视为一种系统的方法和过程。《审计基本概念公告》发布后，"方法过程论"迅速被诸多学者接受。20世纪80年代，"方法过程论"取代"查账论"在美国、加拿大、英国和澳大利亚等西方诸国中占据主导地位。然而，方法过程论观点虽不再局限于查账这一单一领域，但其仍将审计方法和审计手段视为对审计本质的正确认识，这种"形而下"的提炼和侧重于对审计现象的总结，依旧无法把握审计的本质。

3. **经济监督论**

经济监督论指出，审计的本质是一种经济监督行为。对其基本阐释是：审计产生的基础是所有权与经营管理权相分离所形成的受托经济责任关系；审计是基于所有者对经营者、管理者受托经济责任履行情况进行监督的需要而产生和发展的；审计实质是评价、确认和证明受托经营者、管理者是否履行了其所负经济责任的一项经济监督活动。

经济监督论起源于20世纪80年代初期，当时我国的审计制度开始恢复重建，审计学界也开始对具有中国特色的审计本质进行思考。1989年，中国审计学会在贵州举行的全国审计基本理论研讨会上，对审计进行了初步定义：审计是由专职机构和人员，依法对被审计单位的财政、财务收支及其有关经济活动的真实性、合法性和效益性进行审查，评价经济责任，用以维护财经法纪，改善经营管理，提高经济效益，促进宏观调控的独立性经济监督活动。1995年，中国审计学会再次将审计定义概括为：审计是独立检查会计账目，监督财政、财务收支真实、合法、效益的行为。② 而这两个对审计理论和实践的发展都产生深远影响的审计定义，都是建立在审计的本质是经济监督这一观点的基础之上的。

经济监督论强调，政府审计是经济发展中的重要环节，审计本质的核心是经济监督，而政府审计实质上是一种针对具体经济行为、经济事项中的违法违规行为的事后监督。经济监督论的提出确实是当时审计机关的工作需要和审计大环境下的现实要求，它对我国审计制度的恢复起到了促进作用，但伴随经济社会的高速发展，审计的内容和范围不断拓展，经济监督理论也逐渐有些捉襟见肘。

① COMMITTEE ON BASIC AUDITING CONCEPTS. Report of the committee on basic auditing concepts [J]. The Accounting Review, 1972, 47 (4): 14–74.

② 郭振乾. 中国审计学 [M]. 北京: 中国审计出版社, 1997.

总结起来，经济监督论是一次全新的尝试，它对审计本质的认识有了质的飞跃。与查账论、过程方法论只注重对现象的总结不同，经济监督论开始从审计职能和审计行为来解释审计的本质。尽管目前看来，经济监督论有很多缺陷，例如，忽略了审计与其他经济监督行为的区别，没有从审计的作用领域来定义审计本质等问题，但经济监督论将对审计本质的认知从审计方法和手段上升到审计行为和审计职能，为今后对审计本质的深入研究开辟了道路。

（二）对审计本质的深入探究

随着委托代理理论的完善，审计不再局限于对社会经济的控制和受托责任的需要，开始进入国家治理、社会运行、权力制约等更宏观的领域。一方面，政府审计的现状和能力已经与国家治理对审计的客观需求严重不匹配；另一方面，对审计本质的认知也不足以为经济发展中的各种现象提供合理的解释。因此，对审计本质的探究开始进入更广、更深的层面，即政府审计对现代国家治理体系的重要意义。本小节将选取这个阶段中较有代表性的理论进行阐述。

1. 权力制约论

权力制约论是起源于18世纪法国思想家孟德斯鸠在《论法的精神》中表述的这样一种思想："一切有权力的人都容易滥用权力，这是万古不易的一条经验。有权力的人们使用权力一直到遇有界限的地方才休止……从事物的性质来说，要防止滥用权力，就必须以权力制约权力。"[①] 根据这一观点，权力制约论指出，审计的本质是一种权力制约工具，其具体可以表述为：政府审计的最终目的是确保政府对权力的把控，防止权力滥用和腐败行为的发生；政府审计通过对政府履责的相关行为进行监督，并对政府行使权力的情况开展审计工作，由立法机构依据审计机关出具的审计报告实施问责，最终达到权力制约的目的；政府审计机关实施审计的过程就是以一种权力来制约另一种权力的过程，而在这个过程中，政府审计实际上充当的是立法权与行政权之间相互制衡的工具。

权力制约论是从政治领域对审计本质的一种认识，它从政治学的视角对政府审计的本质进行了概括。尽管与经济监督论将审计定位于经济领域不同，权力制约论将审计本质的着眼点放在了政治领域，但也只是把目光从某一领域转移到另一领域，并未从宏观层面对审计本质进行总结提炼。此外，权力制约论更像是一种政治制度的安排，它将政府审计视作一种权力制约的过程或者工具，不仅不符合我国政府审计管理体制隶属于行政系统的现实，而且过度强调了审计的制约性，忽视了审计"治已病、防未

① 孟德斯鸠．论法的精神[M]．张雁深，译．北京：商务印书馆，1961：46.

病”的宏观作用。

2. 民主法治论

民主法治论认为，民主和法治产生了现代政府审计，现代政府审计也应是推动民主与法治发展的工具。其理论可以阐述为：现代国家治理的基础是民主和法治，独立的政府审计制度必须依托健全的法治体系才能建立并良好运行；现代政府审计的独立性、政府审计标准和依据、审计结果的有效运用等因素也同样依托于民主与法治的发展。

因此，我们可以从三个层面来理解民主法治理论的含义：第一，政府审计来源于法，又必将作用于法。同许多国家一样，我国政府审计管理体制依据《宪法》而建立，现代政府审计又将作用于法治建设和维护国家法治尊严——政府审计通过规范法律法规的执行，督促政府依法行政，揭示体制机制性问题，促使法治的健全与完善。第二，我国政府审计是民主的工具，它来自人民民主，更要服务人民民主。政府审计机关代表的是最广大人民群众的利益，它受行政权力机关的委托，监督政府履责，最终向人民群众报告，这个过程就是落实民主、维护民主的过程。第三，相比其他政府监督系统，政府审计更能推动民主法治的建设。政府审计不仅开展常规的财政、财务收支审计，监督政府部门和国有企业，还涉及经济发展、社会稳定、民生需求等更多领域，它同样要反映人民群众的诉求，同样是关心最广大人民群众的根本利益的。

相比权力制约论，民主法治论从建设法治国家的高度阐述了政府审计与法治建立的联系，它不仅强调了政府审计在权力制约方面的作用，更强调了政府审计在推动和促进国家建设等方面的作用。但有所局限的是，民主法治论虽从更高层次和更宽范围对政府审计进行了总结概括，但它仍将政府审计视作一种工具或者手段。尽管在一段时期内，民主法治论对我国的民主化建设和法治国家建设起到了重要的理论指导作用，但其始终未能摆脱将审计工具化的局限。

（三）对审计本质的系统全面认知

随着信息技术的突飞猛进，互联网时代已经来临，公民意识不断觉醒，人民对社会公平正义的追求的愿望持续上涨。在这样的时代背景之下，审计署原审计长刘家义于2008年提出对审计本质的全新认识[①]，即“免疫系统”论。在此之后，不断有新的观

① 2008年，刘家义在中国审计学会五届三次理事会上提出“审计本质上是一个国家经济社会运行的免疫系统”并进行阐释。2012年，刘家义在《中国社会科学》发表署名文章《论国家治理与国家审计》，系统阐述了国家治理与国家审计之间的关系，并提出国家审计是国家治理这个大系统中内生的具有预防、揭示和抵御功能的“免疫系统”。2013年10月，世界审计组织在其发布的第21届大会成果公告《北京宣言》中认可了这一提法，认为一国的最高审计机构是其国家治理体系中具有抵御和揭示功能的“免疫系统”。

点涌现出来，如基石保障论、国家治理论等。人们对审计本质的认知也进入了一个系统全面、综合概括的阶段，因此，本小节将节选“免疫系统”论的部分内容进行阐述。

“免疫系统”论提出，政府审计本质上是一个国家经济社会运行的“免疫系统”，它是整个社会发展、运行过程中不可或缺的环节。审计署在《2008 至 2012 年审计工作发展规划》（审办发〔2008〕72 号）中，将审计的本质定位为国家经济社会运行的“免疫系统”，强调充分发挥审计的“免疫系统”功能是审计工作总体目标的重要内容。因此，根据“免疫系统”论，政府审计是国家治理的重要组成部分，本质是国家治理这个大系统中一个内生的具有预防、揭示和抵御功能的“免疫系统”。从更深层次来看，国家治理的客观需求产生了政府审计，而政府审计的方向取决于国家治理的目标，政府审计的制度和体系来源于国家治理的模式，政府审计的重点和方式都随着国家治理的重点和方式的转变而转变。可以说，政府审计在不同历史时期下的特征，也正是当时特定历史环境下国家治理体系的特征。

因此，我们可以从三大层面来理解“免疫系统”论的具体含义：第一，根据马克思主义国家学说、系统论和科学发展观，政府审计是国家政治制度的重要组成部分，是依法用权力监督制约权力的制度安排，也是整个国家治理系统中不可缺少的重要组成部分。它不仅代表政府依法行使监督权，而且代表人民群众依法用权力来监督政府履责行权。第二，将政府审计类比为人体的免疫系统，更能凸显政府审计在国家治理体系中的职能——治已病、防未病。政府审计就像人的免疫系统一样，有预警、保护、清除和修补四大基本功能，通过依法、独立、客观地开展审计工作来发现隐患、预防并揭示问题、提出措施解决问题，从而保障经济社会的安全、健康发展，确保国家治理体系的正常、高效运转。第三，政府审计的作用范围不仅仅是对经济活动进行监督，更涵盖社会稳定、生态治理、环境保护、民生安全等各个领域，能够对影响国家安全、社会发展的所有活动进行监督，达到国家治理现代化、政府有序平稳运行、社会科学健康发展的最终目的。

总结起来，“免疫系统”论立足于政府审计的职能与作用，从国家治理的宏观层面回答了审计是什么、为什么和怎样审的问题。它吸收和借鉴了以往的查账论、经济监督论、权力制约论和民主法治论等观点的科学成分，充分考虑了我国近年来审计实践的发展变化，以及经济社会发展对政府审计的客观需求，是对中国特色社会主义政府审计本质的全面概括。1982 年，《宪法》规定实行审计监督，经过 40 余年的发展，我国政府审计逐步明确了“治已病、防未病”的功能，把“推进法治，维护民生，推动改革，促进发展”作为出发点和立足点，为实现维护人民群众根本利益的目标而努力，最终确保国家治理能力的有效提升。

（四）对审计本质认知演进过程述评

对审计本质的认识从查账手段、过程认知和经济监督的职能，到权力制约的工具、推动民主法治的工具，再到国家治理体系的重要组成部分，这些观点都是不同历史环境下国家和社会发展的需要，都是不同历史视角下的审计实践。而每种观点都或多或少地对审计的发展产生了积极的影响，这几种认知之间也有不断继承、突破和升华的关联，如表 1–1–1 所示。相比较之下，“免疫系统”论比其他几种理论更加成熟、更加全面，是对其他理论的继承与突破，它更接近审计的根本属性，更符合审计实践的演进变化，更能从审计的功能、作用、目标及实现途径去认识审计的本质。

表 1–1–1 对审计本质认知的主要理论观点及不足

发展阶段	理论观点	主要内容	主要缺点
初步认知阶段	查账论	审计本质是查账	查账只是审计的手段，以偏概全的归纳难以解决具体的审计问题
	方法过程论	审计本质是系统的方法和过程	对审计的认识仍停留在方法和手段等审计现象的层面
	经济监督论	审计本质是对经济活动的监督	只强调审计在经济领域的作用，忽视了审计的其他重要职能
深入探究阶段	权力制约论	政府审计的本质是一种权力制约工具	将政府审计定义成一种工具，忽略了其宏观作用
	民主法治论	政府审计的本质是推动民主与法治的手段	拓宽了政府审计的宏观范畴，但仍将其视为一种工具和手段
系统全面认知阶段	“免疫系统”论	政府审计是国家治理大系统中一个具有预防、揭示和抵御功能的“免疫系统”	将政府审计作为国家治理的重要部分，但审计本身的独立性会有所削弱

进入新时代以来，我国审计工作和审计实践不断取得新进展，实现新突破。各级审计机关牢固树立了科学审计理念，全面履行了审计监督职责，充分发挥了政府审计在推动、完善国家治理中的积极作用。而关于审计本质的探讨也随着政府审计的不断前进而不断发展，更具有宏观性、建设性和科学性的理论也不断涌现，审计的法治化、规范化和信息化程度不断提高，审计队伍素质、审计理论研讨和审计文化建设也不断取得新突破。关于审计本质的探讨并没有终点，它将随着我国特色社会主义政治、经济、文化和社会等各个领域发展的实际而不断深入，最终促进我国审计体系的完善和审计事业的健康发展。

第二节　政府审计管理体制的内容

本节将简要介绍政府审计管理体制的主要内容，包括政府审计管理体制的组织结构、政府审计管理体制的规范体系、政府审计管理机构的主要职责和政府审计管理机构的基本权限等四部分内容。

一、政府审计管理体制的组织结构

从新中国成立初期到如今进入新时代，我国政府审计管理体制经历了不断探索和实践的过程，已经形成一套层次分明、特点鲜明、职能完备的政府审计管理组织体系。目前，我国政府审计管理体制的基本框架是由中国共产党中央审计委员会、中华人民共和国审计署（以下简称审计署）和各审计机构组成的。其中，审计署是我国的最高审计机关，它接受中央审计委员会和国务院的双重领导，以独立的行政主体从事管理活动，主管全国的审计工作。我国政府审计管理体制具体结构如图 1-2-1 所示。

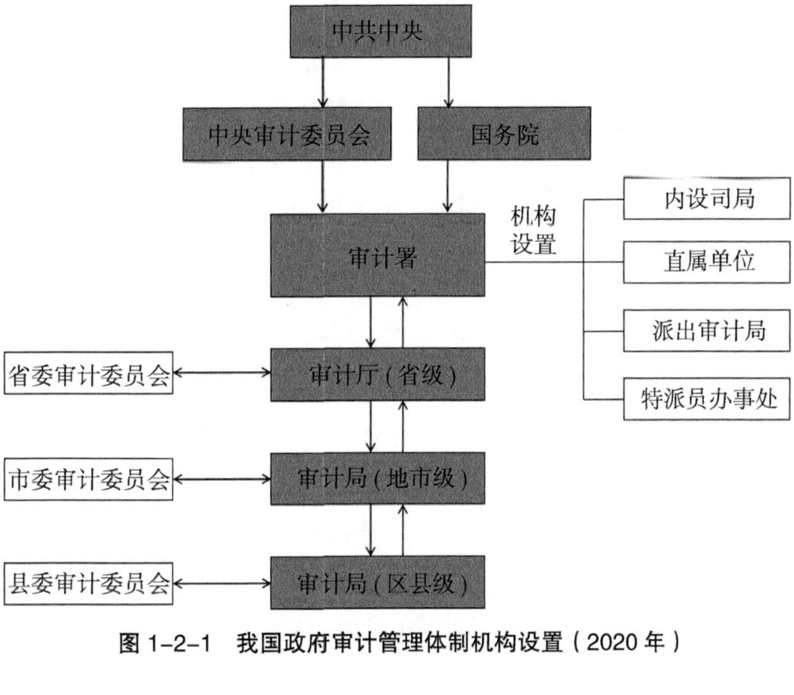

图 1-2-1　我国政府审计管理体制机构设置（2020 年）

（一）中央审计委员会

2018年3月21日，中共中央印发了《深化党和国家机构改革方案》，中国共产党中央审计委员会由此正式成立，中央审计委员会办公室设在审计署。方案指出：为加强党中央对审计工作的领导，构建集中统一、全面覆盖、权威高效的审计监督体系，更好发挥审计监督作用，组建中央审计委员会，作为党中央决策议事协调机构。

（二）国务院

中华人民共和国国务院，也称中央人民政府，是我国最高的国家行政机关，也是我国最高权力机关的执行机关。国务院由总理、副总理、国务委员、各部部长、各委员会主任、审计长和秘书长等组成。国务院实行总理负责制，各部、各委员会实行部长、主任负责制。国务院的组织架构由法律规定，其中审计署为国务院组成部门之一，国务院国有资产监督管理委员会为国务院直属特设机构。

（三）审计署及其附属机构

中华人民共和国审计署于1983年9月15日正式成立，是国务院26个组成部门之一。审计署在国务院领导下，主管全国的审计工作。审计长是审计署的行政首长，由国务院总理提名，全国人民代表大会或其常务委员会决定，最终由中华人民共和国主席任命。审计长可以连任，全国人民代表大会有权罢免审计长；副审计长的任免由国务院决定；而地方各级审计机关主要负责人则由本级人民代表大会常务委员会决定。此外，审计机关负责人没有失职违法或者其他不符合任职条件的情况的，不得随意撤换。

目前，审计署直接领导的机构包括21个内设司局、10个直属单位、30个派出审计局和18个特派员办事处。[①]

1. 内设机构

审计署内设有21个司局，包括审计署办公厅、政策研究室、法规司、审理司、财政审计司、经济责任审计司等机构，主要负责审计署的日常运转、重要政策研究、具体审计工作的开展、审计质量的监督管理等方面。例如，法规司主要负责审计法律法规草案、规章制度、国家审计准则和指南的起草工作；审理司负责审理有关审计业务事项，纠正或责成纠正地方审计机关违反国家规定作出的审计决定，负责对重大违纪违法问题线索的移送协调；财政审计司则负责组织审计国家有关重大政策措施贯彻落

① 中华人民共和国审计署．审计署内设机构 [EB/OL]. [2022-07-24]. https：//www.audit.gov.cn/n10/n16/n49/index.html.

实情况，组织审计中央和各级人民政府预算执行、决算草案和其他财政收支等具体审计工作。

2. 直属单位

审计署共有10个直属单位[①]，包括审计干部教育学院、审计科研所、中国审计学会、审计博物馆等单位。这些单位主要承担审计署干部教育培训、审计理论的探索、审计学术领域的交流与探讨、审计署后勤工作、审计历史文物和史料的收藏等工作。其中，审计署审计科研所主要职责包括开展财政、金融、企业、资源环境、法制建设、数据、审计史等领域的审计理论研究，跟踪研究审计工作的改革创新、实践发展，对国外审计情况进行跟踪研究等；审计博物馆则是审计署直属公益一类正司级事业单位，主要展示了中国审计三千多年的发展脉络，突出展示了中国共产党成立以来、新中国成立以来、改革开放以来和党的十八大以来取得的审计成就。

3. 派出审计机构

《审计法》第10条规定："审计机关根据工作需要，经本级人民政府批准，可以在其审计管辖范围内设立派出机构。派出机构根据审计机关的授权，依法进行审计工作。"派出机构是审计机关派出的工作机构，其审计职权由派出的审计机关授予。因此，它不是一级审计机关，而是审计机关的内部机构，只能在审计机关授权范围内以自己的名义开展活动，作出具体行政行为。目前，我国设立的派出机构有两类，即审计机关驻部门派出机构和驻地方派出机构，即派出审计局和驻地方特派员办事处。

（1）派出审计局。驻部门派出机构，即派出审计局，是指审计机关派驻本级政府其他部门的审计机构。派出审计局由审计署设置，每个派出审计机构都负责一个或几个国务院部门、国务院直属事业单位及其在京下属单位的财政、财务收支审计。派出审计机构的人员从审计署机关、驻地方审计特派员办事处和国务院有关部门中选任并实行部门回避制和定期轮换制，其工资福利、任免奖惩、后勤保障等均由审计署直接管理，所需经费由财政部直接拨给审计署。

目前，审计署在国务院30个部门及事业单位设立了派出审计局[②]，它们按照审计署的统一部署开展工作，分别协调并确保对应部门审计工作的正常进行，而一些地方审计机关也根据实际情况设立了驻部门派出机构。

---

① 中华人民共和国审计署．审计署直属单位[EB/OL]. [2022-07-24]. https://www.audit.gov.cn/n10/n16/n50/index.html.

② 中华人民共和国审计署．审计署派出审计机构[EB/OL]. [2022-07-24]. https://www.audit.gov.cn/n10/n16/n51/index.html.

（2）驻地方特派员办事处。驻地方特派员办事处，即驻地方派出机构，是指审计机关派驻地方人民政府及其他部门的审计机构。审计署驻地方特派员办事处根据审计署的授权，依据法律法规和审计署的规定而设立，具体称审计署驻 ××× 特派员办事处。和派出审计局类似，每个驻地方派出机构都负责一个或多个省级人民政府的预算执行情况和其他财政收支审计。

目前，审计署在全国 18 个城市设立了驻地方特派员办事处[①]，所有特派员办事处涉及的地区加起来能覆盖到全国各地，而一些地方审计机关为便于工作，也在其审计管辖范围内设立了派出机构。

（四）地方党委审计委员会

根据党的十九大中有关改革审计管理体制的决策部署，在中央审计委员会成立之后，各地方党委也陆续成立审计委员会，作为当地党委的议事协调机构。而按各地方党委审计委员会的级别和权限不同，具体可划分为省委审计委员会、市委审计委员会和县委审计委员会和各单位党委审计委员会等。

各地方党委审计委员会作为当地党委的议事协调机构，直接受当地党委的领导。通常来说，各地方党委审计委员会设主任一人，一般由当地党委书记担任；副主任和委员若干人，由当地党委和当地政府有关领导同志、相关部门主要负责同志组成。各地方党委审计委员会设有办事机构，为各地方党委审计委员会的办公室，负责处理各地方党委审计委员会的日常事务工作，而各地方党委审计委员会办公室通常设在当地对应级别的审计厅或审计局。[②]

地方党委审计委员会的成立，加强了党对审计工作的领导，提升了我国审计监督的权威性和震慑力，标志着我国审计工作朝着构建集中统一、全面覆盖、权威高效的审计监督体系目标迈出了坚实的一步，我国审计事业从此翻开了崭新的一页。

（五）地方审计厅及审计局

地方审计厅及审计局是审计署下设机构，由审计署与地方政府共同领导。我国目前共有省、自治区、直辖市审计厅（局）31 个，地市级审计局 434 个，县区级审计局

---

① 中华人民共和国审计署．审计署驻地方特派员办事处 [EB/OL]. [2022-07-24]. https：//www.audit.gov.cn/n10/n16/n52/index.html.

② 以广东省委审计委员会为例，中共广东省委组建省委审计委员会作为省委议事协调机构，委员会办公室设在省审计厅。而广东省委审计委员会办公室作为省委审计委员会的办事机构，直接受省委审计委员会领导，负责处理委员会日常工作。

3075个，地方审计机关共有工作人员近8万人。[①]

1. 省级审计厅

一般来说，审计厅设在省、自治区的人民政府中，直辖市则设审计局（以下简称审计厅），为省级人民政府的组成部门之一。审计厅受省级人民政府和审计署双重领导，既对当地省级人民政府负责，也对审计署负责，其工作范围覆盖全省、自治区或直辖市。审计厅的机构设置与审计署类似，主要也由内设机构和直属单位组成。

省级审计厅与审计署驻地方特派员办事处有所不同。审计厅是由所在省级人民政府管理，是地方政府的职能机构，一般每个省级人民政府都设有审计厅，其业务上接受审计署的管理和指导，财政、人事等方面则由所在省级人民政府负责；而审计署驻地方特派员办事处是审计署派出机构，采取的是垂直管理的模式，不受地方政府约束，同时，驻地方特派员办事处设于全国18个重点城市，而非按省区划分。

2. 地方审计局

我国地方审计局目前由地市级和区县级审计局组成，各级审计局均为行政单位，其审计人员也均属国家公务员编制。相比审计署、审计厅，地方审计局负责的工作则更为细致且落到实处。目前，地方各级审计局主要负责当地各级人民政府各部门及所有企事业单位的审计工作。一般来说，地方审计局设有办公室、财政金融审计科、行政事业审计科、经贸审计科、固定资产投资审计科、农业资源与环境审计科、干部经济责任审计办公室、内审协会等科室。

（六）港澳台地区审计机构

在我国政府审计管理体制中，香港和澳门特别行政区政府也分别根据其《基本法》设立了审计署，台湾地区也设有审计机构。[②]

1. 香港特别行政区审计署

香港审计署在香港回归之前被称作核数署，是香港历史最悠久的政府部门之一。1997年7月1日，《中华人民共和国香港特别行政区基本法》（以下简称《香港基本法》）实施，其中第58条规定："香港特别行政区设立审计署，独立工作，对行政长官负责。"据此，香港审计署正式成立，同时审计署署长也成为香港特别行政区（香港特区）主要官员之一。

---

① 岳阳市审计局．我国国家审计体制 [EB/OL]. [2022-07-24]. http：//sjj.yueyang.gov.cn/8724/content_323901.html.

② 本部分只简单介绍港澳台地区审计机构的设立。

目前，香港审计署由六个科别组成，即一个账目审计科、四个衡工量值审计科及一个机构事务科。根据《香港基本法》的相关规定，审计署署长由特别行政区行政长官提名与建议，报请中央人民政府任免；包括副署长在内的其他公务人员的任用，则按照特别行政区政府公务员管理办法进行。

2. **澳门特别行政区审计署**

澳门政府审计管理体制的机构设置和香港类似，却也有所不同。澳门审计署是根据《中华人民共和国澳门特别行政区基本法》（以下简称《澳门基本法》）的规定建立的，《澳门基本法》第60条规定："澳门特别行政区设立审计署，独立工作。审计长对行政长官负责。"在澳门特别行政区的政治体制当中，审计署是一个享有行政、财政及财产自治权的独立机关。

在澳门审计署机构设置中，审计长由助理审计长辅助；当审计长不在时，由助理审计长领导及协调审计署。澳门审计署下设两个一般事务局，即审计长办公室和审计局。审计长办公室主要负责审计署的日常工作，并在审计长履行职务时直接向其提供支持和后勤辅助，审计长办公室还设有综合支援厅、行政财政处等机构；而审计局由专业人员组成，从属于审计长，依法行使审计权限，进行各种审计工作。审计局由局长领导，并由一位副局长辅助，其下设三个审计厅，负责具体的审计业务。

3. **台湾地区审计机构**

台湾地区目前的审计管理体制沿用民国时期审计制度，并未作太大变动。在台湾地区的审计管理体制中，监察机构是"最高监察机关"，设院长，由台湾地区领导人提名，再经台湾地区立法机构同意后任命。审计人员依法行使审计职权，保有独立性。台湾地区监察机构内部设置可分成三类：一是幕僚机构，处理机关事务；二是各种委员会，主要对台湾地区行政机构及其所属机关的施政工作进行调查并提出建议；三是直属机构即"审计部"，是具体行使台湾地区监察机构审计权的机关。

台湾地区审计机构采取的是垂直领导模式。具体而言，"审计部"在"直辖市"中设审计处，在各县（市）设审计室，各审计机关均隶属于"审计部"，接受其领导和监督，分别负责当地各级行政机构及其所属机关的财务审计。"审计部"的机构设置包含第一至第五厅、复审室、秘书室、总务处、参事室等9个审计业务部门，和按照相关规定聘请的专家组成的6个专门委员会，以及为加强协调和监督工作而设置的5个审核督导小组。①

① 法邦网法律法规．审计部组织法 [EB/OL].[2022-07-24].https：//code.fabao365.com/law_65380.html.

二、政府审计管理体制的规范体系

政府审计规范是衡量和判断审计机构和审计人员的各种活动是否合法合规、高质有效的标准和依据，也是审计机关开展审计工作的坚强后盾。具体而言，政府审计规范包括两个方面的内容：一是约束规则；二是执业准则。约束规则促使政府审计人员按照执业准则的要求独立并专业地开展审计业务，而后者规定和指导政府审计人员如何执行审计业务。两者互为倚仗，缺一不可。没有约束规则，政府审计人员不会自愿遵循执业准则；没有执业准则，政府审计就失去了可供依据的权威规则和标准。因此，本节将总体阐述我国政府审计的规范体系。①

政府审计规范是政府审计监督制度建立的法律依据和政府审计机关组织、实施审计工作和审计管理中应遵循的各种审计法规、制度及行为准则的总称。目前，我国政府审计规范体系包括法律规范、职业道德准则和国家审计准则等三大部分。

（一）政府审计法律规范

我国政府审计法律规范可以分为法律、行政法规和部门规章等几个部分，本节将选取其中较有代表性的内容进行简单介绍。

1. 法律

（1）《宪法》。《宪法》第 91 条规定："国务院设立审计机关，对国务院各部门和地方各级政府的财政收支，对国家的财政金融机构和企业事业组织的财务收支，进行审计监督。"《宪法》第 109 条规定："县级以上的地方各级人民政府设立审计机关。地方各级审计机关依照法律规定独立行使审计监督权，对本级人民政府和上一级审计机关负责。"《宪法》还对审计监督的基本原则、审计机关的设置和领导体制、审计监督基本职责、审计长的地位和任免条件等基本制度作了规定。

（2）《审计法》。2021 年修正的《审计法》对审计机关和审计人员、审计机关职责、审计机关权限、审计程序以及法律责任等内容进行了规范。

2. 行政法规

（1）《关于完善审计制度若干重大问题的框架意见》（中办发〔2015〕58 号）。2015 年 12 月 8 日中共中央办公厅、国务院办公厅印发了《关于完善审计制度若干重大问题的框架意见》，其主要内容有：第一，完善审计制度的总体目标是健全有利于依法独立行使审计监督权的审计管理体制，建立具有审计职业特点的审计人员管理制度；第二，

① 本节只简单介绍我国政府审计管理体制的规范体系，具体内容见后文。

要对公共资金、国有资产、国有资源和领导干部履行经济责任情况实行审计全覆盖；第三，要加强审计队伍建设，推进审计职业化；第四，构建国家审计数据系统，加快推进审计信息化；第五，到2020年，要基本形成与国家治理体系和治理能力现代化相适应的审计监督机制，更好地发挥审计在保障国家重大决策贯彻落实、维护国家经济安全、推动深化改革、促进依法治国、推进廉政建设中的重要作用。

（2）《党政主要领导干部和国有企事业单位主要领导人员经济责任审计规定》。2019年7月，中共中央办公厅和国务院办公厅发布的《党政主要领导干部和国有企事业单位主要领导人员经济责任审计规定》对经济责任审计的审计对象、审计计划、规范管理、审计内容、审计评价、责任界定和监督纠错等方面作了具体的修改与规定。

（3）《中华人民共和国审计法实施条例》（国务院令第571号）（以下简称《审计法实施条例》）。2010年2月11日，国务院修订并通过了《审计法实施条例》，并从2010年5月1日起施行。修订后的实施条例进一步明确了审计监督的范围，规范了审计监督权限，加强了对审计机关的监督，为审计机关进一步正确行使审计权力提供了依据。其主要内容包括：第一，进一步明确了对财政资金运用的审计范围，完善了对财政资金运用进行跟踪审计的程序；第二，新增了审计机关的审计保全权，包括可以封存被审计对象的账册；第三，完善了上级审计机关对下级审计机关监督的程序，从组织制度上保证审计工作的正常进行。

3. 部门规章及规范性文件

（1）《审计署关于内部审计工作的规定》（审计署令第11号）。2018年1月12日，审计署修订并发布了《审计署关于内部审计工作的规定》。相比于2003年版的规定，新的规定在以下几个方面对内部审计工作进行了修订：第一，拓展了内部审计的职责范围。2003年版的规定将内部审计的职责范围限定在了“财政收支、财务收支、经济活动”，2018年版的规定则拓展了这一范围，在原来的基础上增加了“内部控制”与“风险管理”。第二，明确了新时代下内部审计的工作方向。2018年版的规定一方面指出了区别于2003年版的内部审计工作重点，另一方面指出新时代下国有经济规范发展、防范风险和提质增效应该履行的具体职责。第三，内部审计职能由监督评价向服务建议转变。2018年版的规定在原有的监督与评价功能上增加了建议功能。这反映出内部审计的本质不仅是监督与评价，更重要的是从服务的角度提供建议，而这种建议往往落脚点是在内部控制与风险管理体系的完善上。第四，增加了内部审计促进被审计单位完善治理的目标，推动治理体系的完善。第五，指明了国有企业应该建立总审计师制度，提升内部审计工作的地位和权威。[1]

（2）《审计署关于在乡村振兴战略实施中加强审计监督的意见》（审农发〔2018〕27号）。审计署于2018年8月30日印发了《审计署关于在乡村振兴战略实施中加强审计监督的意见》，规定了各级审计机关的工作重点：第一，突出规划引领作用，重点关注各地区各部门根据国家规划科学编制乡村振兴地方规划或方案、专项规划或指导意见情况，规划实施督促检查和评估机制建立开展情况等；第二，对乡村振兴各项政策落实情况持续开展跟踪审计，着力揭示责任不落实、机制不完善、方法不恰当、弄虚作假等影响政策措施落实的问题，促进各项政策措施落地生根、不断完善；第三，科学制定审计计划并按程序报审计署备案，每年至少安排1次统一组织的乡村振兴审计项目，及时向审计署报告审计情况，重大情况随时报告，并将全省开展乡村振兴审计总体情况作为主要负责人向审计署党组述职的重要内容。

（3）《政府投资项目审计规定》（审投发〔2010〕173号）。2010年12月31日，审计署发布了《政府投资项目审计规定》，主要突出了以下内容：政府投资项目审计查处协调沟通机制、审计整改检查机制和审计质量控制制度、审计结果公告制度等两大机制和两大制度的建立健全；规范政府投资审计行为，防范和化解投资审计风险，进一步提高投资审计质量；并对近年来各级审计机关开展较多的跟踪审计、竣工决算审计和绩效审计提出了规范性意见。

（二）审计职业道德准则

我国审计机关的审计人员目前使用的有关职业道德准则要求是审计署于2010年发布的《中华人民共和国国家审计准则》（审计署令第8号）。该准则提出，审计人员应遵守的基本审计职业道德包括恪守严格依法、正直坦诚、客观公正、勤勉尽责、保守秘密。此外，该准则还规定了审计人员在执行职务、继续教育与培训、保密等方面的具体要求。

（三）国家审计准则

目前，我国适用的国家审计准则是审计署于2010年发布的《中华人民共和国国家审计准则》。其内容包括总则、审计机关和审计人员、审计计划、审计实施、审计报告、审计质量控制和责任等七章，如图1-2-2所示。其中，“总则”部分介绍准则制定的目的、适用准则的情形、适用准则时应承担的责任等；“审计机关和审计人员”部分规定了执行审计业务应具备的资格条件和职业要求，包括审计机关的具体资质和审计人员应

① 《审计署关于内部审计工作的规定》是审计署为了加强内部审计工作，建立健全内部审计制度，而于2018年修改的规定。

遵守法律法规和该准则、恪守审计职业道德、保持应有的审计独立性、具备必需的职业胜任能力等要求；"审计计划"要求审计机关应当根据法定的审计职责和审计管辖范围，编制年度审计项目计划，具体包括年度计划的编制流程、重点内容、审批流程以及涉及审计计划调整的相关情形和处理方法；"审计实施"明确了审计实施过程中的相关要求，包括审计实施方案的编制要求（如了解被审计单位及其所处环境的内容、程序及方法，据此确定重点审计领域，以及总体和具体实施方案）和具体执行过程中应注意的事项（如审计证据的获取，审计记录——审计工作底稿的保存）以及充分关注被审计单位的重大违法违规行为等；"审计报告"部分规范了审计报告的具体内容与形式、审计报告的编审程序、审计结果公布和审计整改检查的内容；"审计质量控制和责任"则规定了审计机关应满足的审计质量控制要求和应承担的相关责任。虽然政府审计与社会审计在审计主体和审计对象上存在较大差异，但两者同属审计业务，其原理和逻辑是相通的。因此，我国国家审计准则也在一定程度上借鉴了社会审计准则的部分内容。

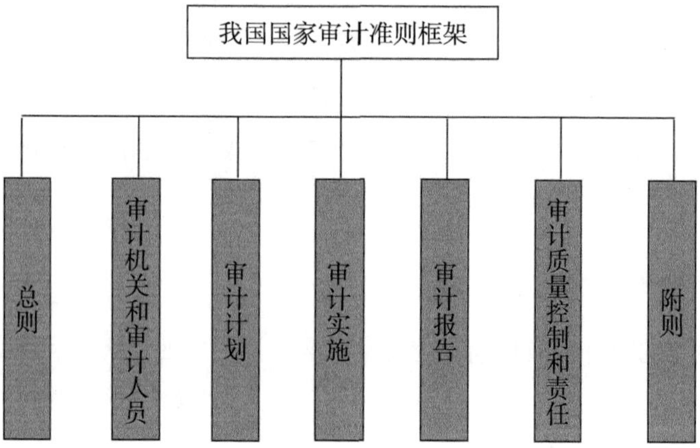

图 1-2-2　我国国家审计准则框架

三、政府审计管理机构的主要职责

在简要介绍政府审计管理体制的组织架构和法律规范之后，本节将对政府审计管理机构的主要职责进行阐述。审计职责可以说是审计机关应承担的任务，就我国而言，政府审计管理机构的职责来源于《宪法》和《审计法》的规定，其具体职责按各审计机关级别不同可分为中央审计委员会、审计署及其附属机构、各地方党委审计委员会、省级审计厅、地方审计局等几部分的职责。

（一）中央审计委员会的主要职责

根据党的十九届三中全会审议通过的《深化党和国家机构改革方案》，中央审计委员会是党中央决策议事协调机构，它的主要职责包括：

（1）统筹全国的审计工作。

（2）研究提出并组织实施在审计领域坚持党的领导、加强党的建设方针政策。

（3）审议审计监督重大政策和改革方案。

（4）审议年度中央预算执行和其他财政支出情况审计报告。

（5）审议决策审计监督其他重大事项等。

（二）审计署的主要职责

根据党的十九届三中全会审议通过的《中共中央关于深化党和国家机构改革的决定》《深化党和国家机构改革方案》以及 2018 年 3 月 17 日第十三届全国人民代表大会第一次会议通过的《国务院机构改革方案》，审计署是国务院的组成部门，其主要职责有：

（1）主管全国审计工作。

（2）起草审计法律法规及审计政策，制定审计规章、国家审计准则和指南并监督执行。

（3）向中央审计委员会提出年度中央预算执行和其他财政支出情况审计报告，向中央和国家机关有关部门、省级党委和政府通报审计情况和审计结果，并依法向社会公布审计结果。

（4）直接开展审计工作，出具审计报告，在法定职权范围内作出审计决定或向有关主管机关提出处理处罚的建议。

（5）按规定对省部级党政主要领导干部及其他单位主要负责人实施经济责任审计和自然资源资产离任审计。

（6）组织实施对国家财经法律法规、规章、政策和宏观调控措施执行情况、财政预算管理及国有资产管理使用等与国家财政收支有关的特定事项进行专项审计调查。

（7）依法检查审计决定执行情况，督促整改审计查出的问题，协助配合有关部门查处相关重大案件。

（8）指导和监督内部审计工作，核查社会审计机构对依法属于审计监督对象的单位出具的相关审计报告。

（9）与省级党委和政府共同领导省级审计机关。

（10）组织开展审计领域的国际交流与合作，指导和推广信息技术在审计领域的应用。

（11）完成党中央、国务院交办的其他任务。

（12）职能转变。加强全国审计工作统筹，明晰各级审计机关职能定位，进一步完善审计管理体制，构建集中统一、全面覆盖、权威高效的审计监督体系。

（三）各地方党委审计委员会的主要职责

目前，随着各个省市地方审计委员会的相继成立，其内部也制定了相应的审计委员会工作规则和办公室细则，但其职权范围、权力边界、具体职责还没有明确的法律和文件予以确定。以广东省委审计委员会为例，按照中央批复的《广东省机构改革方案》，广东省委审计委员会的主要职责有：

（1）省委审计委员会负责统筹全省审计领域重大工作的顶层设计、总体布局、统筹协调、整体推进和督促落实。

（2）研究提出审计领域坚持党的领导、加强党的建设的政策建议。

（3）审议全省审计工作规划、重大政策和改革方案。

（4）审议年度省级预算执行和其他财政支出情况审计报告。

（5）审议决策全省审计发展规划、年度审计计划等审计监督其他重大事项。

（四）省级审计厅的主要职责

相比于中央审计委员会、审计署和省级审计委员会，省级审计厅作为省级人民政府的组成部门，其职责更为具体化，主要负责本省的审计工作的实施、推进和管理。以广东省审计厅为例，根据《广东省人民政府机构改革方案》（粤发〔2000〕2号），广东省审计厅的主要职责有：

（1）主管本省的审计工作。

（2）拟定本省审计地方性法规和政策。

（3）制定并组织实施审计工作发展规划和专业领域审计工作规划。

（4）直接开展审计工作，出具审计报告，在法定职权范围内作出审计决定或向有关主管机关提出处理处罚的建议。

（5）按规定对地级以上市党政主要负责人和省委、省政府部门主要负责人及依法属于省审计厅审计监督对象的其他单位主要负责人实施经济责任审计。

（6）负责审计署授权的审计项目和专项审计调查项目的组织实施。

（7）对直接审计、调查和核查的事项进行审计评价，作出审计决定或提出审计建议；依法检查审计决定执行情况，督促整改审计查出的问题。

（8）指导和监督本省内部审计工作，核查社会审计机构对依法属于审计监督对象的单位出具的相关审计报告。

（9）与地级以上市人民政府共同领导地级以上市级审计机关，依法监督下级审计机关的具体工作。

（10）完成省委、省政府交办的其他任务。

（五）地方审计局的主要职责

地方审计局统筹并主管本地本市、本区县的审计工作，直接开展各类审计业务，重大事项和审计结果必须向上级审计机关报告。以广州市审计局为例，根据《广州市审计局职能配置、内设机构和人员编制规定》（穗文〔2019〕21号），广州市审计局的主要职责有：

（1）参与审计、财政经济及相关方面的地方性法规规章草案的起草。

（2）制定并组织实施审计工作发展规划和年度审计计划。

（3）直接开展审计工作，出具审计报告，在法定职权范围内作出审计决定或向有关主管机关提出处理处罚的建议。

（4）按规定对市管党政主要领导干部及属于市或区县审计局审计监督对象的其他单位主要负责人实施经济责任审计和自然资源资产离任审计。

（5）就特定事项组织实施专项审计调查。

（6）依法检查审计决定执行情况，督促整改审计查出的问题，协助配合有关部门查处相关重大案件。

（7）指导和监督内部审计工作，核查社会审计机构对依法属于审计监督对象的单位出具的相关审计报告。

（8）依法监督下级审计机关的业务，按照有关规定协管下级审计机关负责人。

四、政府审计管理机构的基本权限

一般来说，政府审计管理机构的权限是指审计机关的执法手段，它是由《宪法》和法律赋予审计机关在实施审计监督过程中享有的权力，而至于审计机关的内部管理权限，则不在此列。同样，政府审计管理机构的权限有以下四个特征：一是法定性。《宪法》规定，审计监督权是审计机关的总的权限，《审计法》和《审计法实施条例》则对审计机关的权限作了具体规定。二是行政性。审计机关是行政机关，而且是行政执法机关，因此审计机关的权限是行政权，也是行政执法权，不是司法权，更不是立法权。三是主体恒定性。享有审计监督权的只能是审计机关，其他机关、社会审计机构（审计事务所、会计师事务所）等不得享有，否则即为越权，要承担法律责任。四是种类广泛性。审计机关的权限种类较为广泛，共有十几种权限，不像其他行政机关的权限那样较为单一。

由于各级审计机关所肩负的审计职责不同，各级审计机关的权限也有所差别，但是其权限的大小必须与其审计职责、审计地位相匹配。目前，我国政府审计管理机构的权限具体体现在《审计法》和《审计法实施条例》中的“审计机关权限”和“法律责任”两章中，主要归纳为以下八大基本权限：

（1）要求提供资料权。审计机关有权要求被审计单位按照规定准确、及时、完整地提供会计、财务资料以及与其履行职责有关的业务、管理等资料，包括管理、储存、处理和应用的电子数据和有关文档。

（2）检查权。审计机关有权检查被审计单位的财务、会计资料以及与其履行职责有关的业务、管理等资料，有权检查被审计单位的资产和信息系统，被审计单位不得拒绝。审计机关进行审计时，有权向与审计事项有关的单位和个人进行调查，取得有关证明材料。

（3）采取行政强制措施权。审计机关对正在进行的违反国家规定的财政收支、财务收支行为，有权予以制止；制止无效的，经县级以上审计机关（含省级以上审计机关的派出机构）负责人批准，通知财政部门和有关主管部门暂停拨付与违反国家规定的财政收支、财务收支行为直接有关的款项，已经拨付的，暂停使用。

（4）提请协助权。审计机关履行审计监督职责需要协助的，有关机关和单位应当依法予以协助。

（5）移送处理权。一是当有关单位或个人涉嫌犯罪时，需要追究刑事责任的线索，并移送相关司法机关查处；二是当没有涉嫌经济犯罪，但违反党纪政纪规定时，需要追究有关人员责任的线索，移送纪检监察机关或相关干部管理部门查处；三是应由主管部门或各级政府进行处理的其他问题，须移送有关部门或政府进行处理。

（6）处理处罚权。审计机关对被审计单位违反国家规定的财政、财务收支行为，有权依法予以处理处罚。

（7）通报、公布审计结果权。审计机关可以向政府有关部门通报或者向社会公布审计结果。

（8）建议权。对于审计发现的有关问题，审计机关有权向被审计单位以及有关部门反映并建议采取相应措施。

第三节　政府审计管理体制的主要模式

他山之石，可以攻玉。研究世界各国政府审计管理体制能为我国政府审计职能的拓展、政府审计制度的完善及其未来发展方向等方面提供有意义的借鉴和有价值的思路。按照最高审计机关的独立性不同来分类，目前世界各国政府审计管理体制主要有以下五种模式。[①]

一、立法模式

立法模式下，审计机关隶属于立法机关，独立于政府，依法实行审计监督权，最终对立法机构负责并报告工作。本节通过介绍英美两国的审计模式来具体了解立法模式的起源与演进。

（一）英国审计模式

英国是立法型审计模式的发源地。从 1866 年至今，英国立法型审计模式经历了 150 多年的发展与演变。

1. 立法型审计模式的起源

1866 年 6 月 28 日，英国议会通过《国库与审计部门法》（Exchequer and Audit Department Act）标志了现代英国国家审计体制的建立。时任英国财政大臣的威廉·尤尔特·格莱斯顿（William Ewart Gladstone）推动了该法案的形成与实施，其要求所有部门编制年度报表（拨款报表），同时设立支出与审计部和主计审计长，而后者的主要职能则是对政府部门的财务信息进行审计，最终向议会提交审计报告。

20 世纪后，由于政府职责开始转变，学者提出要扩大审计部门的权力，建立新的机制确保审计部门的独立性，因此英国审计模式进行了重大改革，颁布了《1983 年国家审计法》（The 1983 National Audit Act），并成立了国家审计署（The National Audit Office），取代之前的支出与审计部。改革后的国家审计署完全独立于政府，不附属于任何政治派别，负责对公共支出进行审计，代表并帮助议会对政府开展问责。由于英国采用权力联合或权力融合的政治制度，行政机关和司法机关一直以来都隶属于立法机关，政府由议会多数党组成内阁。英国模式下，政府首长、各部部长是议会成员，审计长是议会下院法定官员，其具体任命程序是由首相征求议会公共账目委员会同意后提名，再经由议会下院批准，最后由女王亲自任命；审计长能自行决定每年审计计划和审计内容，对政府使用公共资金的经济性和效益性进行审计，并最终向国会汇报；只有在议会上下两院都同意的情况下才能对审计长进行罢免；当国会参众两院均不信任审计长时，女王才能下令解除审计长的职务。此外，议会还设有审计委员会，负责

---

① 一般来说，世界各国政府审计模式主要有立法模式、司法模式、独立模式、行政模式四种。但由于监审合一模式与独立模式、行政模式有本质上的区别，且韩国的审计模式对我国确实有可借鉴之处，因此本书将世界各国政府审计模式分成立法模式、司法模式、独立模式、监审合一模式和行政模式五大类。

管理审计署工作，审批审计署年度预算，聘任审计署的外部审计师，研究对审计署进行审计的报告。

2. 现代英国审计机构的改革

英国议会审计委员会于2007年对国家审计署进行了全面审视，提出了诸多改进措施，具体体现在《2011年预算责任与国家审计法》（The Budget Responsibility and National Audit Act 2011）中。法律规定了国家审计署的组织架构，具体有：（1）国家审计署是一个团体法人，成立国家审计署理事会（The National Audit Office Board），理事会由四名内部成员和五名外部成员（含非执行主席一名）组成，理事会负责制定国家审计署发展战略，支持审计长工作；（2）审计长任期为10年，在履行法定职能和执行审计决策时，具有完全独立性；（3）国家审计署服务于议会两院中的专门委员会（公共账目委员会和其他20多个其他委员会）和各位议员；（4）国家审计署的工作人员不属于公务员，独立于政府。此外，法律还规定了国家审计署的主要工作内容：一是审计所有中央政府部门、机构及其他各部门的财务报表；二是开展绩效审计，检查政府计划、项目、工作的进展情况并提出工作改进建议；三是帮助政府机构改进工作绩效，协助议会开展对政府的问责和审计国际组织。而国家审计署审计的对象包括中央政府部门（国防部、教育部等）、半官方的小机构（如气候变化委员会）以及国有公司（如英国金融投资公司）等。

3. 英国审计问责链的形成

随着英国财政压力增大，公共部门权力开始下放，越来越多的第三方部门或者私营部门承包完成公共服务。于是在这种背景之下，公众提出了“谁为实现资金效益负责”和“对谁问责”的问题，议会公共账目委员会便将“问责”纳入其诸多报告，作为一个中心议题。公开相关且可靠的信息是公众和议会对公共服务机构的绩效进行问责的基础，而国家审计署则针对公众所纳税款的支出是否合理、公共服务机构的绩效是否达标等方面提供独立、可靠且客观的信息，因此国家审计署成为英国问责和治理系统的重要组成部分。

（二）美国审计模式

另一个典型代表是美国的审计模式。美国的制度设计也大多借鉴英国的做法，两者审计体制有较高的相似性。

1. 美国会计总署的设立

1921年，美国国会通过了《1921年预算与会计法》（The Budget and Accounting Act

of 1921），其目的是加强联邦财务管理，减轻因第一次世界大战而剧增的债务。该法第42章第20条要求，总统编制联邦政府年度预算并完善有关报告，同时设立会计总署（General Accounting Office，GAO），取代之前的财政部履行审计、会计及举报职能。自此以后，会计总署成为一个独立且无党派的机构，服务于国会，属于宪法机构，其主要构成有：（1）审计长是会计总署的领导人，其任命流程是先由两党代表共同组成的委员会（包括国会参议院和众议院的领导层）提出候选人名单，再由总统从名单中选定提名人，最后经参议院确认后由总统任命；（2）审计长任期15年，不可连选连任且不受总统和国会换届影响，所有其他会计总署雇员则是国家公务员；（3）只有当审计长触犯法律并且构成犯罪时，才能由国会提出指控并罢免，美国总统无权随意罢免审计长；（4）会计总署并不具有执行权，主要依靠报告的说服力，但能对建议的执行情况进行监督；（5）政府出纳人员根据支付凭证进行支付，会计总署则负责审核这些凭证。从《1921年预算与会计法》通过到20世纪40年代初，这个时期为会计总署第一个发展阶段，即凭证审计时代，此时会计总署的核心职能是监督。

2. 会计总署职能的多次转变

第二次世界大战以后，会计总署进入第二个发展阶段，即从支付凭证审计开始转变为全面的联邦开支审计，并对战后时期政府运作的经济性和有效性进行检查。美国国会颁布了《1946年立法机构重组法》（The Legislative Reorganization Act of 1946），该法确定了会计总署是立法分支的一部分，但会计总署不是国会的一部分。此外，国会还先后颁布《1945年政府公司监督法》（The Government Corporation Control Act of 1945）和《1950年预算与会计程序法》（The Budget and Accounting Procedures Act of 1950），前者赋予会计总署要对政府公司的财务事项进行审计的权力，后者授权会计总署为联邦政府制定会计准则和审计联邦政府的内部控制与财务管理。

进入20世纪70年代后，会计总署的发展开始进入第三阶段，主要职能为拓宽工作范围，开展项目评估工作。此时，美国国会颁布了《1970年立法机构重组法》（The Legislative Reorganization Act of 1970）和《1974年国会预算和资金暂停拨付监督法》（The Congressional Budget and Impoundment Control Act of 1974），前者要求会计总署对政府在现行法律下实施的工作或项目的结果进行评估，后者授权会计总署对一系列联邦活动进行项目评估和分析。根据美国《公认政府审计准则》（Generally Accepted Government Auditing Standards，GAGAS），"项目"包括政府实体、项目、组织、活动及职能等内容。

20世纪80年代到90年代初，会计总署的主要职能再次转变，开始对政府运作的高风险领域进行审查，重点关注预算问题，致力于改进联邦财务管理。其具体体现在美国国会于1984年颁布的《1984年合同竞争法》(The Competition in Contracting Act of 1984)中，该法赋予会计总署对联邦合同领域有争议的项目进行审查的权力。此外，《1990年首席财务官法》(The Chief Financial Officers Act of 1990)和《1994年政府管理改革法》(The Government Management Reform Act of 1994)也授权会计总署审计联邦各机构的财务报表和美国政府的合并财务报表。由此，会计总署的发展进入第四阶段，即重点关注高风险领域的阶段：会计总署每两年会对其高风险项目进行更新，专门罗列出存在欺诈、浪费、滥用和管理不善的风险，或列出需要大规模改革的重点领域，并在绩效审计的基础上提出几百条改进意见。

3. 美国政府问责署的设立

2004年7月7日，会计总署更名为美国政府问责署（U.S. Government Accountability Office，USGAO），这标志着美国审计模式进入了一个全新的阶段。在美国的国家治理体系中，政府问责署的首要任务是"促进联邦政府提高绩效，确保它对国会和美国人民的责任"，其90%以上的工作都来自国会要求，并且集中在政策分析、绩效审计和项目评估等方面，如图1-3-1所示。总体而言，美国政府问责署通过为国会服务，推动了联邦政府工作的改进，最终达到为美国民众服务的宗旨。

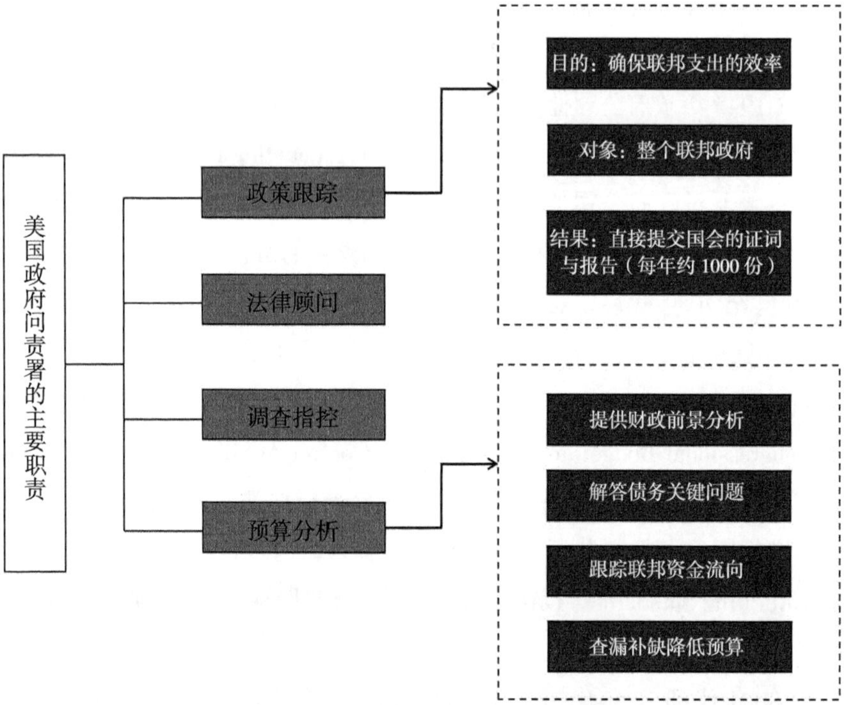

图1-3-1 美国政府问责署的主要职责

4. 美国政府审计准则的修订

2017 年，美国修订了《公认政府审计准则》并沿用至今。① 该准则主要由七大部分组成：前两章讲述该准则的基础、职业道德准则及总体要求等，第三章是审计人员应遵循的一般准则，包括独立性、职业判断、专业胜任能力、继续职业教育、质量控制以及同业复核等内容，最后四章则是具体业务准则，包括财务审计准则、鉴证服务准则、绩效审计工作现场准则、绩效审计报告准则等内容，如图 1-3-2 所示。其中，后四章的具体内容均充分参考了美国注册会计师协会发布的审计准则中的对应内容。

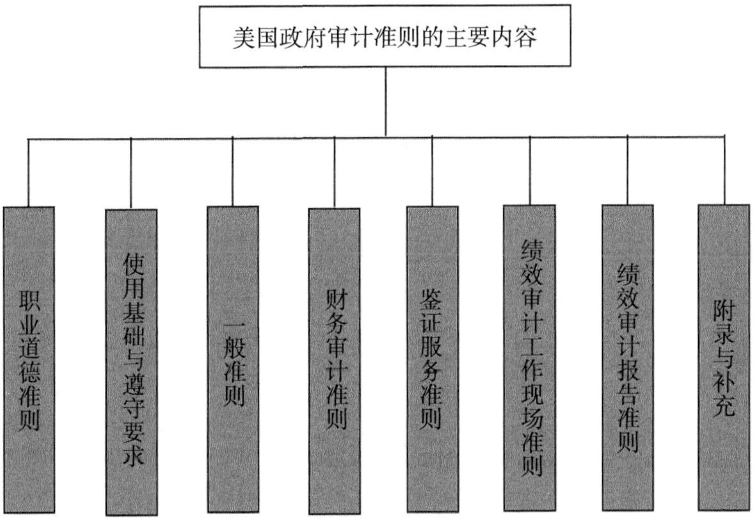

图 1-3-2 美国政府审计准则的主要内容

（三）立法模式的特征

目前，世界上主流的审计模式还是以英美为代表的立法型审计模式，同时采用这一模式的还有加拿大、澳大利亚、挪威等国家。总结起来，立法型审计模式的核心是权力的制衡，审计机关由立法机构任命，向立法机构负责。无论是从体制沿革上说，还是与本国政治制度的相关性来讲，立法模式的本质是：立法机构是监督并制约行政权力的重要工具。

二、司法模式

司法模式中，审计机关隶属于国家司法机关，独立于行政机关和议会，通过法律

① 2017 年 4 月，美国政府问责署公布美国政府审计准则征求意见稿，对 2011 年的版本进行了修订，本书所列美国政府审计准则的框架为 2017 年修订版中的内容。

来保障审计法官的独立性。审计机关在拥有审计职能之外，还有一定司法职能，即能够直接对违反财经法规、造成国家利益损失的事项和个人进行司法判决。本部分主要介绍法国的审计模式，以便读者了解司法模式的主要运作机制。

（一）法国审计模式

法国是半总统制半议会制的民主共和国家，其实行的是立法、行政、司法三权分立的政治制度，而司法型审计模式的起源地正是法国。

1. 司法型审计模式溯源

1319 年，法国创建了第一个专门的审计法庭，1467 年确立了审计法官终身制。1807 年 9 月 16 日，拿破仑签署了第 16 号法令（The Law of 16th September 1807），重建了审计法院。拿破仑创立的审计法院只对君主报告和负责，仅限于账目审计，是一种独立且集权化的司法审计机构。1814 年，法国专门制定了《审计法》，审计从此开始摆脱行政附属的地位，承担起独立审计和监督的责任。1869 年，审计法院正式成为一个独立的、介于立法与行政之间的国家最高审计机关。1946 年和 1958 年的法国宪法授权审计法院协助政府和议会，对财经法规、法律和制度的执行情况进行审计，确定了审计法院对国家预算执行的职能。1980 年 7 月 22 日，宪法委员会第 80—119DC 号裁决明确规定，行政法院（包括普通行政法院和专门行政法院，前者对各类行政案件享有普遍管辖权，后者只对某类特殊行政事宜享有司法管辖权）与司法法院（负责审理刑事、民事案件）是两套平行的系统，行政法院是独立于司法法院的。其中，审计法院属于行政法院系统，且属于专门行政法院。

2. 法国审计法院的机构设置

法国的审计法院是财经司法机构，是一种财政类的司法裁判机构，经其审理的案件形成的文书主要包括书面回复、合议形成审计判决和决定等。审计法院与立法机关和行政机关是相互独立且平等的，其成员为法官且拥有裁判权。审计法院内的所有法官均由总统任命，且任命后不可罢免。其中，审计法院院长从具有相当资格的法官中选出，经内阁会议决议之后由总统任命。审计法院院长为终身制，除非出于个人意愿、年龄或受到司法判决等因素，一经任命则不能被免职或撤销任职。此外，审计法院和法官享有不受国家治理变化影响的、绝对的独立性，其可以独立决定年度审计计划，独立编制各类审计报告并向公众公开，而且审计法院改革的时间不受总统选举时间的干扰。法国宪法规定，审计法院的使命是协助议会监督政府行为，协助议会和政府审计财经法律的实施情况并对公共政策进行评价，最终通过公共报告告知公民。为了达成使命，审计法院的主要职责有：一要确保收入与支出的合规性；二要确保审计管理的有效、规范运行；三要审查国家及公共机关进行的公共政策；四要确保国家及公共机关、社会保障机构账目的真实性、效益性。

3. 法国审计法院的具体工作

目前，在法国的国家治理体系中，审计法院能对包括总统办公室和议会在内的政府机关、部门与其他公共机关进行财务审计、绩效审计和专项审计。在国家预算方面，审计法院的具体工作机制有：（1）议会要求审计法院就特定事项出具报告，报告中的数据能够影响国家预算方案的编制。（2）在就下一年度预算方案进行商议前，审计法院应公布当年的预算执行情况和审计结果的报告。（3）由审计法院院长领导的公共财政高级委员会对评估国家预算平衡有重大影响。例如，在问责机制上，首先，审计法院履行监督职能，通过在议会相关委员会举行听证和特殊渠道沟通的方式，将揭露的问题告知被审计单位及相关部委负责人；其次，审计法院隶属于司法机关，其司法裁判权仅限于公共会计人员，能对公共会计人员进行判决，处以罚款。（4）虽然审计法院无权强制立法机关、执法机关或被审计单位执行审计建议，但能够跟踪其建议的执行情况，确保之后的司法行动能够及时跟进。

（二）司法模式的特征

司法型审计模式主要以审计法院的形式为主，它也被称为“审计现代化进程中的第二条道路”。目前世界上有法国、意大利、巴西、古巴等国家实行这种模式，其中以法国最为典型。司法型审计体制的核心在于公共财政领域实行的公共会计制度和审计法院制度，即将财政预算职能细分为预算拨付（预算单位执行）和会计核算（公共会计执行）。通俗来说，就是“记账的不管钱，管钱的不记账”，通过这两者的相互监督，在财政体系内部形成强力制约；另外，司法模式赋予了审计法院及人员特殊的司法裁决权，有权对财政执行官员和公共会计人员进行司法处置、司法判决，从而在财政体系外部形成有效监督。

三、独立模式

独立模式是一种最高审计机关独立于立法、司法和行政部门，单独形成一个国家部门的无隶属审计模式。采用这种模式的国家（除俄罗斯外）多为内阁制，审计机关拥有监督权而没有处理权，能独立客观地履行审计职责，为立法部门和行政部门提供帮助，但对审计中发现的问题只能要求有关部门予以处理，无法作出强制性的处罚。本部分将通过介绍日本审计模式的起源与发展，以便读者了解独立模式的主要架构。

（一）日本审计模式

日本从建立国家审计机关至今，已历经150余年的发展演进，从最初的行政型审计模式，逐步发展成立法、行政、司法混合型审计模式，最后实现了目前独立型审计模式。

1. 日本审计院的宪法依据

1869年，即正处于明治维新初期的明治二年，为解决财政上的困难，日本在太政官（日本内阁的前身）所属的会计官（日本财务省的前身，相当于我国的财政部）内设置了监查司（后改称检查局），掌管财政监督和行政监督，专门负责会计检查工作，这便是日本审计院的前身。明治十三年（1880年），首席参议大限重信建议，将设在财政部下的检查局独立出来，并更名为审计院，直属于总理大臣。明治二十二年（1889年），日本第一部宪法《大日本帝国宪法》颁布，这部宪法参考1871年《德意志帝国宪法》而制定，它规定审计院是独立于内阁的审计监督机关，直属于天皇，履行财政监督职责。

第二次世界大战之后，新的日本宪法于1947年（昭和二十二年）颁布，它宣布废除了天皇主权原则，确立了国民主权原则。该部宪法还规定，日本实行立法、司法、行政三权分立的政治制度，国会是国家最高权力机关，是唯一的立法机关；内阁是国家的最高行政机关。《日本国宪法》第90条规定："国家的收支决算，每年均须经审计院审查，内阁必须于下一年度将决算和此项审查报告一并向国会提出。审计院之组织权限，由法律规定之。"这是依法实施政府审计的根本原则。同年，为与宪法相适应，日本公布实施了《审计院法》，从各方面对审计院进行了大幅改革与强化。1947年的《审计院法》指出，审计院机构不再隶属天皇，是独立的国家审计主体，具有法律赋予的独立地位。目前，日本《审计院法》第1条规定："日本审计院相对内阁保有独立地位。"该法第20条规定："审计院根据日本国宪法第九十条规定除进行国家收入支出决算的检查外，还进行法律规定的会计检查。"由此确立了审计院依法进行会计检查，并向议会汇报工作的职责。

2. 审计院的组织架构与职责

日本审计院组织机构由进行决策的审计官会议（The Audit Commission）和实施检查的事务总局（General Executive Bureau）组成，具体组织如图1-3-3所示。审计官会议是由三名审计官组成的，其领导是审计院院长，由三名审计官互相推举，由内阁任命产生。审计官任期7年，可连任一届，经国会参众两院同意，由内阁任命，天皇批准，在任期间其身份予以保障以确保审计官的独立性。事务总局则是在审计官会议的监督指挥下负责执行审计业务的部门。事务总局设有官房及五个业务局。事务总局设事务总长、次长各一名，由审计官会议决定院长任免。

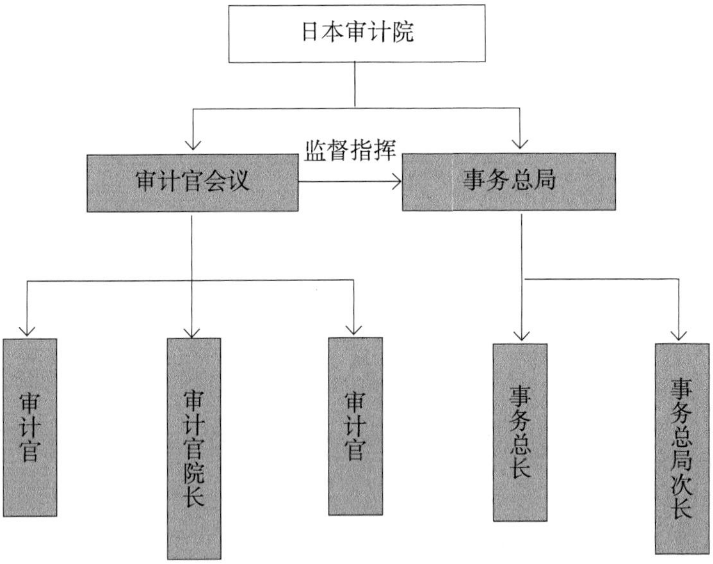

图 1-3-3 日本审计院机构设置

审计院是日本的最高审计机关，除行使独立的财政监督权和审计监察权以外，还拥有特别检查权，其主要工作与运行机制有：（1）审计院对政府的预算执行和决算报告进行确认和审计，并且对国会要求的一些特定事项进行特殊事项审计，最后将审计结果直接汇报国会。（2）审计院拥有与政令同等级别的法规制定权。在没有内阁政令依据的情况下，审计院能独立制定审计院法施行规则、计算证明规则、审计院审查规则等，各省厅必须遵守。（3）审计院经费来源相对独立。日本财政法规定，审计院是特殊的预算单位，可以按实际工作需要编制部门预算，财务省一般不予削减。必须在征得审计院院长的同意之后，财务省和内阁才能对审计院提出的部门预算进行削减。（4）审计院有较强的宏观服务职能，但无处理权。审计院能根据审计进行中的问题和收集的资料，展开分析并得出客观公正的判断，从而向被审计单位的主管部门或者司法机关提供有效的处理建议，并无实际的处理处罚权。

（二）独立模式的特征

独立型审计模式下，最高审计机关拥有和最高立法部门、最高司法部门和中央政府相同的地位，其也被称作“第四权力机构”。目前，德国、日本、荷兰等国家多采用这种模式，其核心在于审计机关超强的独立性。由于审计机关不隶属党派，不参与政府的组建，仅对法律负责，排除了政党因素对国家审计的干扰。相比于立法型和司法型审计模式，这种审计模式更能客观、公正且独立地执行审计监督职能，但有所不足的是审计机关并无实际处理权。

四、监审合一模式

监审合一模式下，监察职能与审计职能合为一体，审计监察部门独立于政府，隶属于总统，有独立的法律地位。目前国际上采用这种模式的有韩国、蒙古国等少部分国家。本部分将通过介绍韩国的审计体制来具体了解监审合一模式下政府审计的组织、地位与职能。

（一）韩国审计模式

1. 韩国审计制度的演变

韩国的审计监察制度最早可以追溯到2000多年之前，新罗王朝时期设立的司正府，其主要职责是揭露中央及地方政府公务人员的违法行为。1509年，当时的朝鲜王朝建立了皇家秘密监察制度，通过科举考试从年轻人中选拔出皇家秘密监察官，并赋予其秘密调查地方政府官员腐败行为的职权。大韩民国成立后，根据1948年《宪法》相关规定，韩国成立审计院，由总统领导。审计院主要负责对中央政府、地方政府、政府投资机构和其他相关机构进行审计。同年，根据《政府组织法》设立了监察委员会，同样由总统领导。监察委员会主要负责对中央政府、地方政府、政府投资机构和其他相关机构公务人员进行职务监察。1955—1960年，监察委员会曾短暂地更名并改为由总理领导，但其职务监察的职能并没有改变。1962年，由于审计院的审计职能与监察委员会的监察职能类似，新修改的《宪法》决定将两个机构合并。1963年3月20日，根据韩国《审计监查院法》规定，两个机构正式合并为审计监查院，履行国家审计与监察职能。此后，韩国《宪法》和《审计监查院法》经过数次修订，最终确立了韩国审计监查院的政府审计制度。

2. 韩国审计监查院的立法依据

韩国《宪法》第97条规定，为监督国家年度财政收支决算、国家及法律规定的其他机构的会计账目、行政机关及公务员履行职责的情况，在总统的直接领导下设立审计监查院。《宪法》第99条规定，审计监查院应每年检查财政收支决算，并在下一年度向总统和国会报告结果。除此之外，韩国审计监查院还应国会要求开展不定期审计并报告审计结果；在职责方面，韩国《审计监查院法》规定，审计监查院不受立法、行政、司法机关的影响，行使职责时保持独立地位；审计监查院在人员任免、组织、经费预算方面享有最大程度的独立性。审计监查院的经费由政府企划财政部提出，列入国家财政预算，交政府国务会议和总统审核，国会批准，并保证其逐年增加。

韩国《宪法》第 98 条规定，审计监查院院长经国会批准，由总统任命，院长为审计监查院的最高行政长官。审计监查院院长任期四年，连任一次，其最高退休年龄可到 70 岁；[①]院长的薪资较高，介于总理和国务委员之间；当院长因故不能履行职权时，由任职时间最长的监查委员代为行使。审计监查院下设有咨询委员会和审计监查委员会。其中，咨询委员会主要负责提供审计指导原则、职能地位、重大政策、审计战略等总体方面的咨询；审计监查委员会则是审计监查院的最高权力机构，其成员包括审计监查院院长在内的审计监查委员 7 名。审计监查委员经院长提名，由总统任命，其任期为四年，可连选连任一次，退休年龄为 65 岁。监查委员会通过监查委员会会议履行职权，当涉及审计重大事项时，需经监查委员会会议充分讨论，并由半数以上审计监查委员同意后才能作出决议。

3. 韩国审计监查院的职责与权限

韩国审计监查院的基本职责有以下五大方面：（1）国家财政收支决算审计。在年度财政预算执行结束后，审计监查院可以依法对国家财政收支决算进行审计，并向总统和国会报告审计结果。（2）法定单位财务收支账目审计。审计监查院可以对中央政府部门、地方政府、国家银行、其他自治机构及其持有一半以上投资的机构依法进行财务收支审计。（3）职务监察。审计监查院对中央政府部门、地方政府、国家银行、其他自治团体及其持有一半以上投资的机构，包括下属的公务人员，依法开展职务监察。[②]（4）调查政府行政行为。有关当事人如果认为政府行政行为不适当、不合法，且侵犯了其正当权益，可以向审计监查院申请对政府机构进行调查。（5）对会计法律事宜发表意见。审计监查院可以对有关会计、内部审计或涉及审计监查院职权的法律法规的实施、修订和废止事宜发表意见。

韩国审计监查院为完成其基本职责，同时拥有八大权限，包括：赔偿责任判定权、纪律处分权、责令纠正权、警告权、责令改进权、建议权、通报批评权和指控权。

① 韩国宪法．韩国宪法第九十八条 [EB/OL].[2022-07-24]. https：//www.law.go.kr/LSW/lsInfoP.do?efYd=19880225&lsiSeq=61603&ancYd=19871029&nwJoYnInfo=Y&ancNo=00010&chrClsCd=010202&efGubun=Y#0000.

② 纳入监察范围的还包括由以上单位直接任命或批准的机构及其所属工作人员，以及根据有关法律被以上单位授权行使行政职权的代理机构及其工作人员。

（二）监审合一模式的特征

监审合一模式与独立模式虽有相似，但本质不同。监审合一模式下审计机关隶属于总统，具有审计与监察双重职能；而独立模式下审计机关与政府地位相同，虽独立性强但不具备监察职能。在监审合一审计模式下，监察审计机关既开展财政财务收支等审计工作，又对行政机关和公务员进行职务监察，一方面可以实现“人”“账”合审，从根源上避免重复审计，另一方面赋予政府审计机关行政强制力，有效提升了政府审计能力和效率。

五、行政模式

行政型审计模式下，审计机关是政府的组成部分，它隶属于政府行政部门或政府某一部门，接受政府的行政领导。本质上，行政模式是一种半独立的审计模式，它的核心是政府的职能部门，或者说直接为政府服务。它的具体职能与定位有：（1）行政模式的最大优势在于监管经济发展。审计机关依法对政府各部门的财政预算和收支活动等进行审计，并对政府负责，以确保政府财经政策、计划和预算等的正常实施。（2）相比于其他模式，行政模式的独立性和权威性相对较弱。行政型审计机关的运行和发展更多地依赖同级政府和其他部门，在执行审计的过程中难免受到政府的影响，其独立性、权威性更难以得到保障。（3）审计职能的定位偏差。审计机关更多地定位于强化政府行政管理和经济管理的手段，而审计本身的监督职能则被弱化，更像是对财政、税务系统的一种补充。行政型审计模式曾在苏联采用，而目前包括我国，世界上还有泰国、瑞士、沙特阿拉伯等国也采用行政型审计模式。

六、五种审计模式的比较分析

通过上文的简要介绍可以看出，五种政府审计模式之间虽各有差异，但究其本质，都是以审计的独立性和权威性为核心。而五种审计模式间的不同特征是因为各国的政治制度、经济状况和历史文化的不同而产生的。因此，本部分将五种政府审计模式的差异和共性进行了归纳与分析，期望能为我国政府审计管理体制改革起到一定的借鉴与参考。

（一）审计机关的组织架构差异

由于各种政府审计模式与各国的政治制度、经济状况和历史文化有着密切联系，各种审计模式的组织架构也因此有所差异。具体而言，议会权力较大的国家往往会选择立法型审计模式或者独立型审计模式。以立法模式的代表英美两国为例，英国的议会权力较大，其隶属于议会的审计模式更能与其政治制度相适应，审计机关的独立性和审计结果的权威性也能得到最大限度的保障；而美国虽然是总统共和制国家，但其实际实行的是三权分立制度，国会仍拥有很大的权力，因此其隶属于国会的审计管理体制是其政治制度下的最好结果。而司法模式中，法国作为半总统半议会制的民主共和国家，其司法机关权限相比于议会更大。在这种情况下，审计机关隶属于司法部门，拥有特殊的司法裁决权，能更好地确保审计机关的独立性与权威性。

与立法模式和司法模式不同，独立模式下，最高审计机关独立于立法、司法和行政部门。以独立模式的代表德国和日本为例，两国同是内阁制国家，由于两国独特的历史背景和政治体制，审计机关独立于三大权力部门之外，具有极强的独立性。这种模式下的审计机关主要履行监督职能，实际处理权则相对较弱。而监审合一模式虽与之相似，但其实质不同。韩国作为总统制国家，实行监审合一的审计模式，其审计机关隶属于总统，具有审计与监察双重职能。这种模式下，审计机关不仅保持了独立性，其执行能力和效率也得到了有效提升。与其他四种审计模式不同的是，行政型审计模式是一种半独立的审计模式，审计机关是政府的组成部分，直接为政府服务。行政模式下，审计机关能对政府各部门进行审计，确保政府部门的正常运转，但审计机关的独立性和权威性容易受到影响。

（二）审计机关的职责权限差异

一般来说，各种审计模式中，审计机关和审计人员的权限虽各有差别，但都遵循着同一个原则——确保审计监督工作能正常有效开展。因此，审计机关的检查权、报告权、建议权作为审计中最基本的权力，不论国家采用哪一种审计模式，其政府审计机关都必须具备这三种权力。除此之外，调查权也是审计机关的基本权力，但由于诸如英国和日本这部分国家已经存在其他政府部门行使相应的权力，其审计机关便不再具备审计调查权。

五种审计模式中，真正有差异的是审计机关的处理处罚权和裁决权。在立法模式下，审计机关一般不具有审计裁决权和处理处罚权；而其他模式中，审计机关或多或少都会具备一定的处理处罚权和裁决权。具体来说，司法模式中，法国审计法院隶属于司法部门，拥有特殊的司法裁决权；独立模式下，审计机关不具有裁决权和处理处罚权，但像日本审计院还拥有一定的审计立法权；监审合一模式中，韩国监查院还能行使对公务人员的职务监督；行政模式下，审计机关在拥有行政裁决和处理处罚权的同时，还附带行使审计监督的职能。

（三）审计人员的职位安排差异

在职位安排方面，五种审计模式都比较强调审计人员的职业性和审计管理体制的规范性，对审计机关和审计人员的要求都以法律形式进行了规定。而五种审计模式的最大差别则是审计机关最高负责人的任职期限。具体来说，立法模式、司法模式和独立模式中审计机关最高负责人的任期一般较长，如立法模式中，英国任职期限为10年，美国任职期限为15年，司法模式中，法国的任职期限则为终身制，独立模式中的日本则是7年一任。之所以任期较长，是因为这三种审计模式中，审计机关的最高负责人并不属于行政机构，维持较长的任期更能保持审计机关的稳定性，有助于审计政策执行的连贯性和长久性。但为防止审计长权力过大，一般任期结束也不会允许其继续连任，即使像日本允许连任一届，任期最长也不会超过15年。而行政模式和监审合一模式中，审计机关的最高负责人是同级政府的官员或是直接隶属于总统，其所处审计立场需要与同届政府保持一致，因此任期都规定得较短，一般在5年左右。

如表1-3-1所示，五种审计模式间略有差别，但其核心目的都是确保政府审计的独立性和权威性不受侵害。总之，世界上并不存在最好的审计模式，只有最符合本国国情，最有利于本国政治体制、经济发展、社会文化的审计模式。而最适宜我国政治、经济、文化等各方面发展的审计模式才应是政府审计管理体制改革所追求的目标。

表 1-3-1　五种审计模式概况

审计模式		隶属关系	主要审计职责	审计机关权限	审计长任期规定
立法模式	英国	议会	财务审计、绩效审计	检查、报告、建议	任期10年
	美国	国会	财务审计、绩效审计、国会要求的特殊事项审计	检查、调查、建议、报告	任期15年，不可连任
司法模式	法国	司法部门	财务审计、绩效审计、审计裁决	检查、调查、建议、报告、处罚、裁决	终身任职，总统任命
独立模式	日本	独立	财务审计、绩效审计	检查、建议、报告、审计立法权	任期7年，可连任一届
监审合一模式	韩国	总统	财务审计、绩效审计、监察审计	检查、调查、建议、报告、处理、裁决、职务监察	任期4年，可连任一届
行政模式	中国	国务院	财务审计、绩效审计、审计监督	检查、调查、建议、报告、监督	任期5年，可以连任

第二章　政府审计管理体制演进历程与宏观环境分析

第一节　中国政府审计管理体制的演进历程

一、中国政府审计的起源

中国政府审计管理体制的历史可以追溯到公元前 11 世纪。随着西周时期国家制度构架的形成、完善，中央审计制度初步确立，如宰夫、司会等官职，就拥有部分审计权。1840—1949 年，中国的政府审计在战争与革命中发展。中国共产党一直较为重视审计工作，如在革命根据地的政府及其部分部门单位中设立了审计机构。中国共产党领导下政府审计机构在革命时期的发展历程如图 2-1-1 所示。

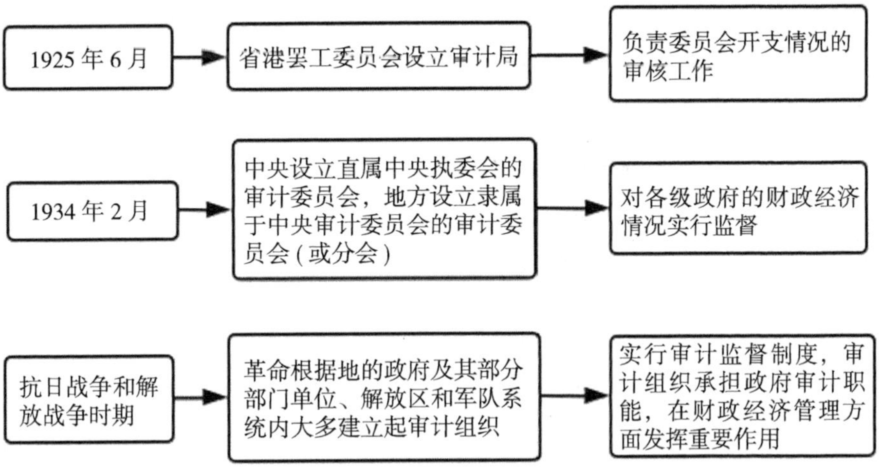

图 2-1-1　政府审计机构在革命时期的发展历程

二、近现代中国政府审计的发展历程

新中国成立后，直到 1983 年 9 月 15 日，我国才正式成立中华人民共和国审计署。

由于没有独立的政府审计机构，在这期间，我国经济、行政等情况的监督职能分散在各个机构的内嵌审计部门中，在不断变化的审计环境中曲折发展。中国政府审计机构的发展历程如图 2–1–2 所示。

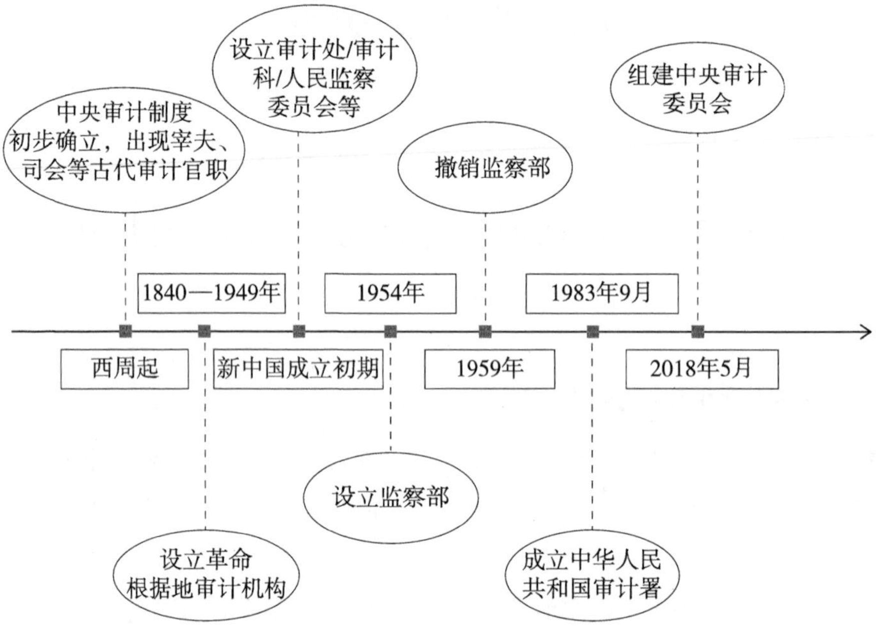

图 2–1–2　中国政府审计机构发展历程

（一）近代中国政府审计的发展历程

近代中国政府审计经历了曲折发展，正如唯物辩证法原理所说，政府审计管理体制的发展是“螺旋式上升、波浪式前进”。中国政府审计管理体制的发展与历史进程相适应，克服了发展过程中的挫折与停滞，在起落中不断适应时代发展，为各个时期我国的发展提供了一定的审计力量。

新中国成立初期，没有独立审计机构进行经济监督，只有萌芽期“财审合一”的政府审计体制承担了一定程度上的审计职能。我国的政府审计组织分散嵌套在各地区政府及各个部门中，在经济监督方面具有较强的局限性。当时政府审计机构的设立情况如表 2–1–1 所示。

表 2-1-1 新中国成立初期政府审计机构设立情况

地区	设立审计机构的政府部门	政府审计机构存在的形式
东北、华北、中南等区域	人民政府（或军政委员会）财政部	审计处
西北区（即陕甘宁边区）区域	财政经济委员会	审计处
西南、华南、华中等区域	财政机关	审计处、审计科或审计室等
中央和部分地方部门	—	设有专司审计监督的机构

但是上述政府审计机构不足以从宏观上对国家财政进行经济监督，于是由多方组合而成的“政府审计网络”在职责范围和监督对象等方面相互补充，成为政府审计机构的“代班”。其中，财政部门、税务机关以及中国人民银行等金融机构以及相关专门机构承担国家经济监督责任；临时性机构——财务大检查办公室等主管部门负责开展会计检查工作；政务院下设的人民监察委员会负责行政、党风党纪等方面的监督。然而，这样的“政府审计网络”在监督对象、职责范围等方面可能存在交叉或相互之间关联性较强，经济监督的覆盖面、全局性、整体性很弱，无法完全承担起政府审计职责。

根据当时所处的国际环境和历史条件，我国从 1950 年开始学习苏联高度集中的计划经济体制经验，监察工作的施行也多加以借鉴，于 1950 年建立了由中央财政部、大行政区及内蒙古自治区财政部、省财政厅（局）、县财政科共四级构成的分级负责审计制。1954 年，财政部原审计处等审计监督机构被改为隶属国务院的监察部。到了 20 世纪 50 年代末期，国内政局的“左”倾思想认为各项监督是资本主义“管、卡、压”，承担政府审计职能的各个机构或部门的监督职能进一步被削弱，直到 1959 年撤销了监察部。20 世纪 60 年代起到 70 年代中，基于历史原因，我国政治经济发展活动受到重大影响，尚处于萌芽期就遭到重创，还处于缓慢恢复期的经济监督再次遭到重大打击，政府审计停止实施。

尽管这些“先天不足”的审计机构存续时间不长，但仍然在新中国成立后的财政收支管理、执行财经纪律、积极实行经济监督等方面，起到了重要的奠基作用。

（二）现代中国政府审计的发展历程

现代中国政府审计的发展与政治、经济等各个方面的发展息息相关，逐步发展为法制化、规范化的监察审计机构。随着改革开放和经济的发展，1982 年第五届全国人民代表大会第五次会议通过了《宪法》，在《宪法》的推动下，中华人民共和国审计署于 1983 年 9 月 15 日正式成立，在国务院领导下，主管全国的审计工作。我国政府审计现代发展重大历史事件如图 2-1-3 所示。

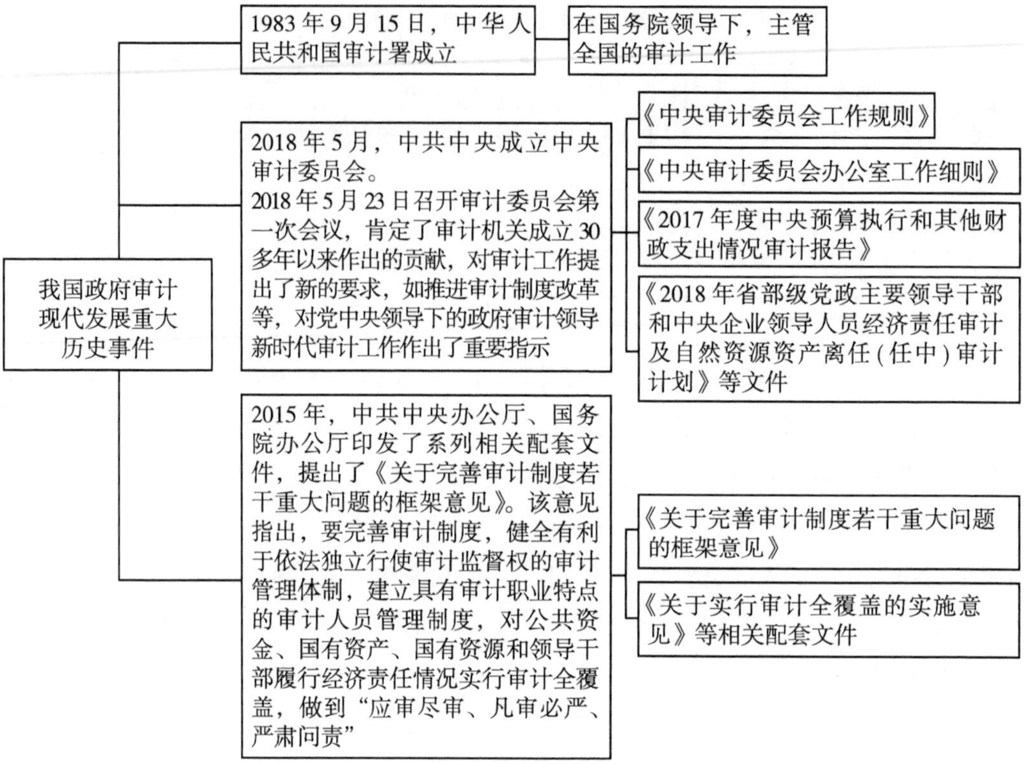

图 2–1–3　我国政府审计现代发展重大历史事件

现代中国政府审计管理体制的发展，大致可分为新中国成立初期、改革开放转型时期以及新时代政府审计管理时期这三个阶段，在后续章节会对政府审计管理体制在各个时期的机构设置、职能与目标、审计内容、审计方法以及创新试点领域的审计等进行详细阐述。

根据“经济基础决定上层建筑”理论，政府审计管理体制作为社会主义市场经济体制构架中重要的一环，受到国家发展经济基础的影响，服务于经济基础。新中国成立初期，国营企业[①]等国家经济主体受政府领导、接受政府审计监督。国有企业的迅速发展很大程度上促进了法律、信息技术等方面文化软实力的提升。政治体制、经济、法治建设、信息技术等因素共同构成了审计环境。审计环境的变化影响着政府审计的理论发展和审计职能，从而对政府审计的需求以及供给产生了重要影响。本章从历史发展阶段这一维度出发，重点探讨影响政府审计管理体制的环境因素，主要包括政治环境、法制环境、经济环境、技术环境和文化环境等五个环境的发展变化。

---

① 1993 年《宪法修正案》将《宪法》第 16 条中的“国营企业”修改为“国有企业”。本书在谈及新中国成立至 1993 年的全民所有制企业时，使用国营企业一词，在谈及 1993 年（含）以后的全民所有制企业或者概括谈新中国成立以来全民所有制企业时，使用国有企业一词。

第二节 影响政府审计管理体制的环境分析

审计环境是政府审计发展的必要条件，影响政府审计的发展。一方面，审计环境可能会对政府审计的发展起到积极的促进作用，更加适应政府审计发展进程的审计环境能够促进政府审计，使政府审计更好地行使审计监督功能，推动政府审计最大限度地实现其经济、政治及社会价值；另一方面，与政府审计发展要求不匹配的审计环境会制约政府审计的发展，甚至导致政府审计停摆。

本书采用狭义上的审计环境定义。政治环境研究重点包括国体、政体、社会治理机制等；法制环境研究重点包括直接影响政府审计的法律法规和对政府审计的开展有重大影响的相关财经法规等；经济环境研究重点包括国家经济体制及配套经济体制、重要市场主体等；技术环境研究主要涉及影响政府审计管理体制的内部审计方法、审计技术与辅助审计的外部科学技术；文化环境研究重点包括影响政府审计管理体制的文化内核、审计学科发展与人才培养等。

《审计理论与实务》一书中提到，我国审计行业的发展，在很长时间内主要受到政治因素的影响，直到 1992 年后，随着社会主义市场经济体制确立，社会发展对财政经济活动监督提出了更高要求，经济环境对审计行业的影响才逐渐增大。[①] 本节从五个主要审计环境因素出发，重点探讨审计环境因素对政府审计管理体制发展的影响。

一、政治环境影响分析

政治环境是国家发展的基石，稳定的政治环境才能为全国各个行业的发展提供良好的条件。国内政治制度中，国体与政体、社会治理机制以及相关政治制度安排等，通常代表着国家发展的上层建筑，即中国特色社会主义制度体系和治理体系，这些是政府审计发展的框架。在中国特色社会主义各种制度中，政治制度处于关键的环节，符合社会发展的政治制度能够营造稳定、可持续发展的政治环境，政府审计需要在良好政治环境的指引下找准自身定位，承担应有的职责，并且顺应政治发展而发展变化。

新中国成立以来，我们党坚持马克思主义基本原理同中国具体实际和时代特征相结合，开辟了中国特色社会主义道路。党的十八大以来，结合新时代发展的实践经验，将习近平新时代中国特色社会主义思想纳入中国特色社会主义理论体系，为坚持完善

① 陈汉文，韩洪灵．审计理论与实务 [M]. 北京：中国人民大学出版社，2019.

中国特色社会主义政治制度提供了理论指导，我国先后出台了审计相关的法律法规，健全了社会主义法制体系。

（一）国体与政体的确定

国体与政体是国家政治制度的核心与基础，也是政府审计制度体系的基本框架，我国政府审计管理体制的审计关系与委托授权都依托于国体与政体。

《宪法》第1条规定了我国的国体——人民民主专政，该条规定：“中华人民共和国是工人阶级领导的、以工农联盟为基础的人民民主专政的社会主义国家。社会主义制度是中华人民共和国的根本制度。中国共产党领导是中国特色社会主义最本质的特征。禁止任何组织或者个人破坏社会主义制度。”

《宪法》第2条规定了我国的政体——人民代表大会制度，该条规定：“中华人民共和国的一切权力属于人民。人民行使国家权力的机关是全国人民代表大会和地方各级人民代表大会。人民依照法律规定，通过各种途径和形式，管理国家事务，管理经济和文化事业，管理社会事务。”

在中国特色社会主义各种制度中，政治制度是用来调节政治经济关系、建立社会治理秩序、推动国家发展、维护国家稳定的，处于关键的环节。谢志华和张庆龙认为，政府审计作为一种政治制度，是由宪法规定作为国家强制性权力监督与制约机制的一个重要组成部分。[①]

胡忠良、孙杰指出，社会公众是政府审计最大的需求者。[②]公众对国家财政与国家治理的相关信息的需求，在我国深化体制管理改革的过程中不断增强。20世纪90年代以来，西方国家开展了以重塑政府、再造公共部门为理念的行政改革运动，主张政府等公共管理部门采用企业管理思路、借鉴企业成功的管理方法和竞争机制，从而从根本上对传统行政管理进行调整。随着我国对国际事务的参与度越来越高，在西方政府管理模式的影响下，我国的政府行政管理创新行政方式，逐渐向服务型政府转变，政府和社会公众的关系也在“建设人民满意的服务型政府”这一政策导向下重新定位。

现代民主政治下，我国政府与社会公众具有普遍意义上的“委托代理”关系，相关的公权力部门成为民众权利的“代理人”，政府接受社会公众的“委托”，作为行政机关实施行政活动，对社会资源、财政活动等进行调配和管理，接受人民的监督。因此，我国政府审计自诞生伊始就体现出强烈的“替人民监督政府”的特性，政府审

---

① 谢志华，张庆龙．宪政价值与政府审计良治启示[N]. 北京工商大学学报（社会科学版），2008，23（06）：87.

② 胡忠良，孙杰．基于现实需求的国家审计实践及创新研究[J]. 财会通讯，2017（19）：95.

计的发展对推动民主法治、加强政府职能监督、逐步构建有效的国家治理体系有重要意义。

基于社会公众与政府的委托代理关系，政府等各级领导组织共同承担了双重委托人的角色。一方面，委托政府审计机关履行审计监督职责，包括对国家财政收支和法律法规规定属于审计监督范围的财务收支的真实、合法和效益进行审计监督；对国家有关重大政策措施的贯彻落实情况进行跟踪审计；对公共资金、国有资产、国有资源和领导干部履行经济责任情况实行审计全覆盖；对领导干部实行自然资源资产离任审计等。另一方面，委托审计客体，即被审计单位，以部门、企业等为单位对社会公共事务、国有资产等进行管理。在这样的审计关系里，政府等领导机关是最主要的审计客体管理信息和审计机构审计结论的使用者，社会公众对这些审计信息进行广泛的监督。

由于“代理方”——政府机构中的人员具有天然的“信息优势”，可能会为了保护或增加个人利益而产生机会主义倾向，从而造成公共权力、公共资源、财政收支的错位或滥用，导致公共基础建设缺位、盲目追求政绩而不顾当地可持续发展、公权力缺位、公共投资不符合经济效益原则等问题。政府审计通过对财政、金融、公共投资、政府部门及机关单位、国有企业等领域进行审计，代为行使财务行政的监督权，保证财务行政活动的合理、合法、有序、高效实施，及时发现问题，并通过政府审计报告向全社会通报并作出解读，回答社会公众关注的问题，辅助提高财务行政的效益。

公众将政府审计报告作为了解中央及各级政府、各部门财政资金运用情况的窗口，通过审计署的报告结果及其解读来认识公共资产、资源的分配及使用情况。2019 年 12 月 25 日在第十三届全国人民代表大会常务委员会第十五次会议发布的《国务院关于 2018 年度中央预算执行和其他财政收支审计查出问题整改情况的报告》中，就关于审计查出问题的整改情况进行通报，涉及有关部门单位和地方财政预算资金使用及结转、税收的补征或退还等整改建议，列示了公共预算列收列支重复、预算管理整改、转移支付制度体系不健全等问题的整改具体情况，并基于存在的问题和整改情况制定完善相关规章制度 1538 项。[①] 这些问题的整改及制度完善报告，都是基于政府审计的职责和工作成果。

① 胡泽君．国务院关于 2018 年度中央预算执行和其他财政收支审计查出问题整改情况的报告 [R/OL]. [2022-07-24]. https：//www.audit.gov.cn/n5/n26/c136294/content.html.

（二）社会治理机制的变化

社会治理机制的变化对政府审计管理体制有着深刻影响，同时，政府审计作为我国国家治理能力体系现代化的重要组成部分，通过监督国家治理主体的治理方式、审查其治理过程中的不足，推进社会治理机制的完善。

党的十八届三中全会上，中国共产党成立以来首次在正式文件中提出“社会治理”这一概念，明确形成了“依法治理、源头治理、系统治理、综合施策”的管理体制。但事实上，我国社会治理体制的奠基发展由来已久。

我国幅员辽阔，各地方政治、法制、经济、科技、文化等方面在长期的发展中呈现出不平衡的情况，人们对审计的需求程度也体现出较大差异。但是，受我国历史上行政管理模式的影响，行政型审计模式相对其他审计模式而言具有更好的社会基础，能够获得人们普遍的认可。基于我国 1992 年以前政治因素对社会各个方面的影响均较为深刻的现实，社会治理体制的变迁对政府审计管理体制的发展也产生着深刻的影响。

1. 新中国成立初期（1949 年—20 世纪 80 年代初）

新中国成立初期的政府审计与后来有所不同，更多承担着保障政局稳定的作用，这种职能安排主要是为了适应当时的政治环境和社会治理机制。

新中国成立初期，国内形势严峻，国内反动残余势力暂时蛰伏随时可能反扑，国外敌对势力潜伏起来伺机而动，我国需要内外双线同时努力以巩固新生政权。在这种政治环境下，1949—1957 年国内实行以巩固政权为目的的社会治理机制，加强从中央到地方的各级政权建设，制定颁行法规条令，建立政府职能机构，在财政部等财会机构内设审计处、审计科来实施经济监督，维护社会经济秩序。此时的政府审计职能更多的是为了保障政局稳定和国家机器的正常运转，对经济发展和政府财政收支的投资等方面监督力度不足。

1958—1978 年，社会结构分化不足，社会治理体制呈现出“高度一元化”“指令集中化”的特点，同时推行高度集中的计划经济，由同时兼具政治、经济、社会管理与报账等多重功能的人民公社领导国内各地建设，维护社会秩序，促进社会的安定团结。这一时期，基于高度集中的社会背景，国内法制建设进程和经济发展停滞不前，政府审计管理体制也就此中断，1959 年甚至撤销了由原审计处、审计科改制而来的监察部。在此期间，国内的政府审计机构撤销后并未恢复建立，经济监督遭到重大打击。

中华人民共和国成立初期的审计延续了革命时期政府审计对国家财政经济秩序的监督和保障职能，为政府审计管理体制的重新建立埋下了火种，对国民经济恢复与建设等发挥了一定的促进作用。

2. 改革开放转型时期（20 世纪 80 年代初—2012 年）

改革开放时期，重新确立的政府审计管理体制同样带有行政型的特点。20 世纪 80 年代初，历经了近十年政治体制、法制、经济的动乱，全国百废待兴的各行各业都急需一个行之有效且适合当时国情的社会治理体制。彼时，我国政治体制改革刚刚起步，政府审计管理体制需要与行政模式有较高的适配性，才能在接下来的政治、经济、社会建设等方面发挥最大的效用。与立法型、司法型和独立型的审计模式相比，行政型的审计模式一方面能够延续新中国成立初期的政府审计模式，另一方面高度符合那个时期政府仍然是政治、经济、文化的中心这一实际情况和客观条件。在人们对政府审计工作并未有太多认识和了解的情况下，行政型的审计模式在当时最具有可行性，成为重建政府审计管理体制的“最优解”。

1982 年《宪法》规定在国务院设立审计机关，负责对财政经济进行审计监督。次年 9 月 13 日，在《宪法》的推动下，形成了统一领导、分级审计的行政型审计体制，中央正式成立隶属于国务院的审计署，县以上各级人民政府下设地方审计机关。

从 1992 年到 2012 年的 20 年间，我国社会治理机制逐步摆脱了计划经济的影响，由高度集中的社会治理机制向市场化、经营化转变。但社会治理机制仍受到集中化管理的影响，不能完全适应建立并完善市场经济体制的要求，在满足人民群众多样化的社会服务需求方面还存在不足。因此，这一时期的政府审计管理体制很大程度上依然受到政治环境的影响，未能形成对财政监察和经济监督的全覆盖监督，有所关注但仍存在较大的局限性。

政府审计管理体制汲取了早期国内政府审计机构监督对象和审计范围的经验，综合考虑了我国政治经济等审计环境发展的需要以及人民的历史习惯，延续了我国政府审计发展的一贯模式——行政型政府审计管理体制。这一管理体制经历了社会发展的检验，推动政府审计工作及时回到正轨，与我国国情具有良好的适配性和相容性。

3. 新时代（2012 年至今）

从 2012 年起至今，我国实行制度化的社会治理机制，国家治理正式进入制度化、体系化建设的新阶段，政府审计管理体制也日趋法制化、规范化，新时代关于政府审计管理体制发展的重大决议如图 2-2-1 所示。

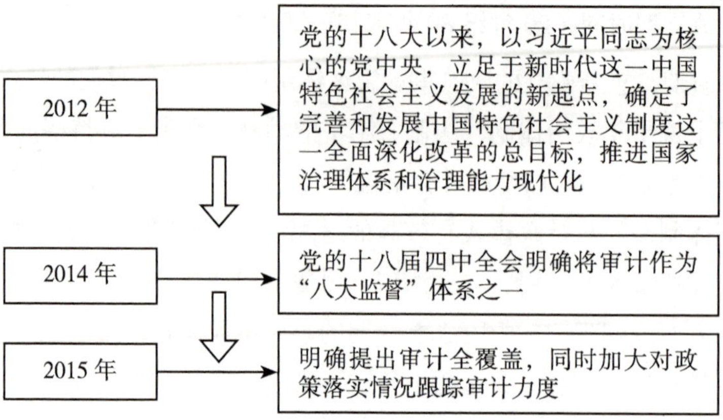

图 2-2-1　新时代政府关于审计管理体制的重大决议

进入新时代以后，审计呈现出政府审计职能范围缩小、社会审计在市场经济中发挥更大作用的变化趋势。政府审计作为国家治理体系的重要环节，在新时代焕发出了新的生机，承担更适应新时代的审计责任。近年来，各级审计机关持续推进审计全覆盖，在政府审计监督的深度和广度方面作出了重大贡献，尽力做到消除监督盲区，加大了对党中央重大政策措施贯彻落实情况跟踪、对经济社会运行中各类风险隐患揭示、对党政机关财政预算管理与执行情况、对重点民生资金和项目、对领导干部经济责任等领域的审计力度。

2018 年 5 月 23 日，召开了中央审计委员会第一次会议，会上中央审计委员会主任习近平突出了三个重点：其一强调了组建中央审计委员会是加强中共对审计工作领导的重大举措；其二明确了中央审计委员会的职能定位，即中央审计委员会强化顶层设计和统筹协调，提高把方向、谋大局、定政策、促改革能力，为审计工作提供有力指导；其三明确了中央审计委员会工作的指导思想和工作目标，即坚持以习近平新时代中国特色社会主义思想为指导，坚持稳中求进工作总基调，坚持新发展理念，紧扣中国社会主要矛盾变化，紧紧围绕统筹推进“五位一体”总体布局和协调推进“四个全面”战略布局，依法全面履行审计监督职责，促进经济高质量发展，促进全面深化改革，促进权力规范运行，促进反腐倡廉。

要做好新时代的政府审计监督工作，及时且恰当地应对市场经济发展中各领域、各经济主体在新形势下出现的新情况、新态势、新问题、新手段等，需要深化审计理念创新，强化审计制度改革，整合审计资源，与社会审计、内部审计的协同共进，形成全面有效的社会经济领域监督网，深化审计全覆盖，发挥政府审计的带头作用，主动适应时代发展的审计需求。

（三）行政管理体制的变化

我国行政管理体制的发展方向大致稳定，但是具体发展战略和理念却随着时代发展的新形势不断作出调整，从而影响到政治经济的各个层面，并且对政府审计管理体制的创新提出了新要求。

1. 国家总体布局演进历程

改革开放初期，党的文件没有提出“总体布局”的概念，直到1986年9月召开的中国共产党第十二届中央委员会第六次全体会议中，才首次在党的正式文件中明确提出“总体布局”的概念。我国的国家总体布局经历了从“两手论”到“三位一体”“四位一体”的阶段，在发展进程中形成了现在“五位一体”的总体布局，发展历程如图2–2–2所示。政府审计管理体制发展阶段的侧重点与国家总体布局的主要内容紧密关联。

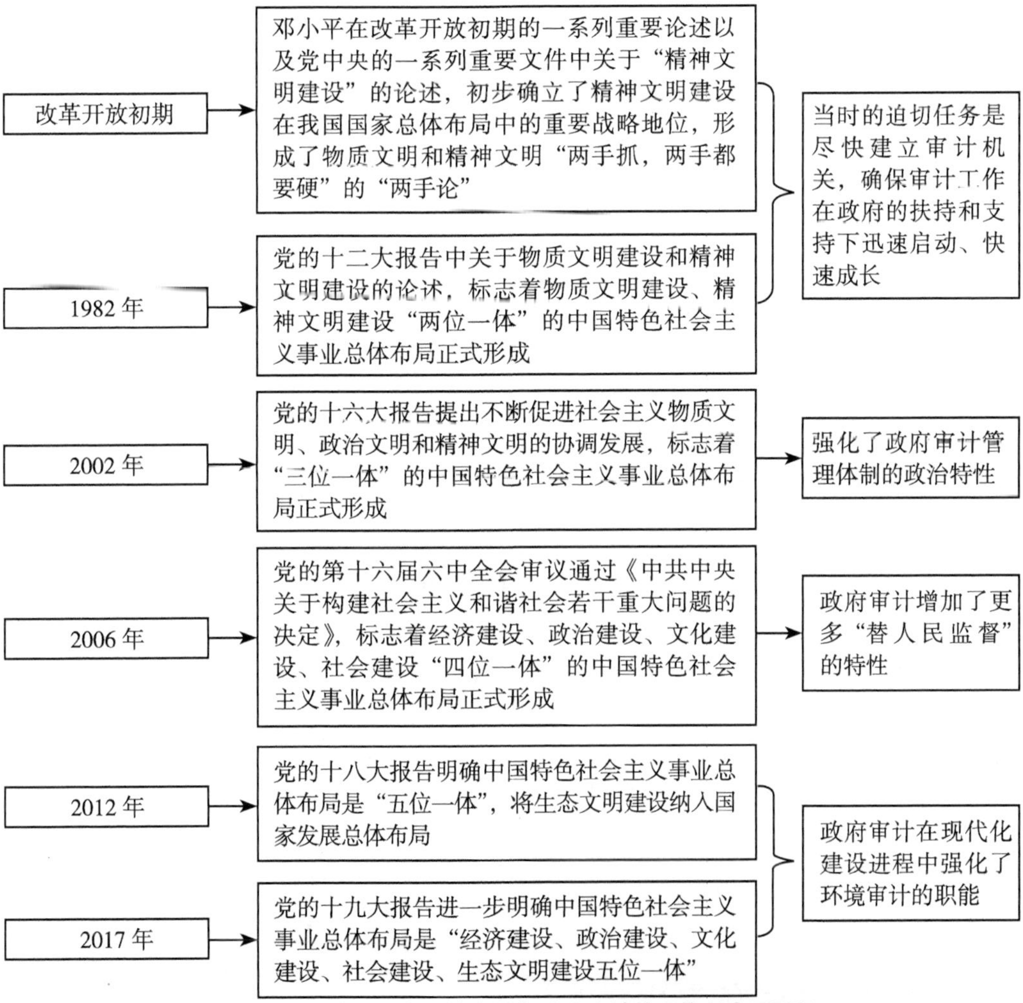

图2–2–2　我国国家总体布局与政府审计管理体制发展历程

从1982年开始，我国经济逐渐恢复，经济制度发生转变，逐步走向市场经济。到了20世纪90年代，市场经济体制基本确立，政府职能开始转变，激发了市场经济活力，证券市场在我国出现，政府审计在这一时期得到极大的发展，真正开始发挥经济监督、行政监督、政府财政监督等方面的作用，但政府审计的执行与监督在很大程度上仍体现出受行政管理体制制约与影响的特点。随着改革开放不断推进，以邓小平同志为核心的党的第二代中央领导集体逐步认识到，政治文明在中国特色社会主义的宏伟蓝图中不可或缺。2002年11月，党的十六大明确提到"建设社会主义政治文明，是全国建设小康社会的重要目标"。建设社会主义政治文明被摆到了与物质文明、精神文明同样的战略高度，在此基础上形成了"三位一体"总体布局。"三位一体"总体布局的提出，进一步强调了政治文明在国家发展各方面的重要领导作用，政府审计管理体制中的政治特性更加突出，在此后的发展中进一步强化了对国有资产和资源、公共资金与公共资产的审计监督。2006年2月28日，第十届全国人民代表大会常务委员会第二十次会议通过了《关于修改〈中华人民共和国审计法〉的决定》，对原《审计法》中关于廉政建设、预算审计等方面的职责作出了进一步的规定。2021年修正的《审计法》进一步加强了审计机关对国家财政收支的监督力度。

2006年10月，党的第十六届六中全会审议通过《中共中央关于构建社会主义和谐社会若干重大问题的决定》（中发〔2006〕19号），标志着经济建设、政治建设、文化建设、社会建设"四位一体"的中国特色社会主义事业总体布局正式形成。民主政治的社会契约关系在此时得到加强，人民对社会治理的监督参与程度提高，政府审计增加了更多"替人民监督"的特性。

在社会主义现代化建设进程中，我国资源、环境等方面的问题日益凸显，主要包括生态污染、资源短缺与利用率不高并存、环境恶化等生态问题。早在1998年的政府机构改革中，国务院就在批准审计署的机构改革方案中强化了环境审计的职能，审计署据此设立了有关环境审计的机构：农业与资源保护审计司，审计署18个驻地方特派员办事处，31个省、自治区、直辖市政府的审计机关也分别设立了从事环境审计的机构。① 政府环境审计的主要职责包括：审查与环境问题有关的会计报表，验证环境报告的真实性，评价环境管理系统的有效性，审查环保资金筹集和使用情况，监督经济主体在生产建设过程中产生的废气、废水以及在环境保护的其他方面遵守国家环境政策法规的情况等。到了21世纪，针对这些经济发展的"伴生问题"，国家将"生态建设"

① 佚名．政府环境审计 [EB/OL]. [2022-07-24]. https：//baike.baidu.com/item/%E6%94%BF%E5%BA%9C%E7%8E%AF%E5%A2%83%E5%AE%A1%E8%AE%A1/7567290?fr=aladdin.

纳入总体布局。2012 年，党的十八大报告明确“五位一体”概念，将生态文明建设纳入国家发展总体布局。政府审计的“环境审计”职能进一步深化，需要承担起对政府和企事业单位的环境管理系统及经济活动中产生的环境问题和环境责任进行监督、评价和鉴证的职责。

2017 年，党的十九大报告再次明确中国特色社会主义事业总体布局是“经济建设、政治建设、文化建设、社会建设、生态文明建设‘五位一体’”。2022 年，党的二十大报告指出，着力推动高质量发展，主动构建新发展格局。

政府审计管理体制的发展根植于政治环境，在新时期更加需要在“审计工作全国一盘棋”的要求下，有效服务于国家“五位一体”发展理念和“四个全面”战略布局。

2. 政绩考评机制

我国党政组织绩效考评法规体系本身的法治化问题，是建设法治国家、法治政府与法治社会，优化党政组织绩效考评法规体系，推进政府审计管理体制创新发展的客观要求。政府作为社会资源、社会事务、经济事务等方面的管理机构，其机构行政人员的政绩考评机制会对政策的施行效果产生较大影响。在不同的政绩考评标准下，政府人员可能会为了自身利益最大化产生不恰当的决策行为，如果只重经济不顾环境、“只管眼下挖树哪管后人乘凉”，那么就会影响政府审计的内容和职责。

我国成体系的政府绩效评估管理工作起步较晚。在厦门市、青岛市等地方政府进行区域性“政府绩效评估”试点后，国务院在 2005 年的政府工作报告中首次提出“建立科学的政府绩效评估体系”。

政府绩效管理的一个重要任务，就是对政府行政管理和施策惠民的过程和结果进行科学、合理的效率效果评价，因此，政府审计成为管理体系的重要组成部分，面临的直接审计对象是政府经济发展、财政收支、资源配置、重点国有企业发展等方面的各项工作。2008 年党的十七届二中全会发布的《关于深化行政管理体制改革的意见》（中发〔2008〕5 号）进一步明确了推行政府绩效管理的工作任务。2011 年 4 月，国务院批准四川省、新疆维吾尔自治区等 8 个地区和农业部、国家发展和改革委员会等部委进行试点。[①] 在这一阶段，中央没有对如何开展政府绩效管理工作出台具体办法，而是由地方政府结合实践经验和初步认识在实务工作中不断探索。以 2003 年 7 月环境审计协调领导小组成立为标志，环境审计成为一项全局性工作，定位得到明确。这一阶段环境审计的特点是：兼顾环境审计理论和实践的双重探索，积极吸收国际环境审计的先进经验，充分考虑我国环境保护工作不断取得的新成效，不断拓展环境审计的新

① 何灵芝，李志明．论政府绩效管理的科学内涵与考评体系 [J]．兵团党校学报，2016（1）：46.

领域，及时总结既往环境审计工作中行之有效的实践经验，环境审计的各项工作取得明显成效。

但在这一过程中，由于各地绩效评价标准不同，并且重点放在经济责任审计上，导致政府审计特派办在审计过程中无法很好地将标准统一量化。在关注经济责任审计的情况下，各地政府往往将发展重点放在经济上，我国市县政府的试点情况显示，许多试点方案“重绩轻效”，甚至对“效”只字不提。这种试点方案，片面地将绩效管理简化为“以经济等工作成绩为主线”的政绩管理，忽视资源配置的重要性。传统的“经济导向”发展思路引发了我国发展的“效益短板”，政府绩效管理成为政府审计工作中需要重点关注的“问题导向”。

党的十八大，特别是十八届三中全会后，地方政府绩效管理试点工作全面展开，政府审计特派办、地方政府审计机构初步进入国家治理体系，对政治、经济活动开展层次更深、范围更广的监督和检查。

政府审计管理体制近些年有了将环境效益纳入考核指标的趋势。2013 年 11 月 12 日，中国共产党第十八届中央委员会第三次全体会议通过的《中共中央关于全面深化改革若干重大问题的决定》提出，建设生态文明，必须建立系统完整的生态文明制度体系，用制度保护生态环境；对限制开发区域和生态脆弱的国家扶贫开发工作重点县取消地区生产总值考核；探索编制自然资源资产负债表，对领导干部实行自然资源资产离任审计。有了具体的考核指标，干部任职不再以 GDP 论政绩，而是要考核其是否保护所管理的自然资源。

将自然资源资产纳入领导干部离任审计是一个全新的尝试，目前这一审计项目还没有形成有实践指导意义的、可操作性强的量化标准，未来的政府审计可以构建一个具体的评价体系，从政治高度增强领导干部对生态环境的重视程度。将生态环境保护纳入政府考核体系这一举措必然会引导各级市县政府、党委领导干部以及重点国有企业管理层在行政施策时充分考虑生态环境因素。

二、法制环境影响分析

我国的政府审计属于国家监督，其监督权来源于《宪法》。新中国成立之初，基于当时加强对财政经济活动管理与监督的迫切需要，中央沿用了革命根据地审计工作的历史经验，综合考量各种因素后颁发了一些与财经、经济活动审计有关的法规文件，如《中华人民共和国暂行审计条例（草案）修改稿》《中央人民政府政务院为加强国家财政管理严格执行财政纪律令》等，这些法规文件中明确规定了设置审计机构的相关要求。从中央到地方政府的财政机关，以及一些政府机关的财务部门，依据这些法规文件普遍设立了审计机构。为了进一步提升审计工作规范化水平，提高审计质量，审计署从1996年起推动审计工作规范化，制定了《审计工作规范化建设规划方案》和《审计工作规范化项目分工实施计划》，组织制定各类审计工作规范，最终制定颁布了以《中华人民共和国国家审计基本准则》为核心的，包括准则类、业务类和管理类规范在内的38个审计规范。① 我国成立初期颁布的与审计相关的法规规章如表2-2-1所示。

表2-2-1 新中国成立初期有关政府审计的法规规章

颁发时间	法规规章名称	制定目的	有关内容
1950年初	《中华人民共和国暂行审计条例（草案）修改稿》	为了加强国家的财政管理，对于各项收支，实行严格的审核与监督，以达取之合理，用之得当，保证节约财力，发展生产政策之实施，必须建立全国统一的审计制度，并贯彻执行	第3条规定：各级人民政府及所属机关、部队，其财政收支，均须按照全国预算决算暂行条例之所定，编造预算决算呈报各该级审计机关审核，其预算之执行，应受审计机关之监督。 第4条规定：财政收支审计，由各级人民政府财政机关办理，并在财政机关内部设置适当形式与数量的工作机构或人员，司理审计事务。 第5条规定：为执行国家预算及实施财政管理之需要，得在中央级及大行政区级军事系统、经济系统、外交系统财务机关内，设置审计机构或人员，办理各级财务审计事宜。 第6条规定：根据国家财政之分级管理方针，实行分层负责审计制，各管其财政范围之审计事宜
1950年12月	《中央人民政府政务院为加强国家财政管理严格执行各级财政纪律令》	巩固对财政经济的统一领导与管理，巩固财政收支平衡，厉行节约，严明财政纪律	第4条规定：责成中央人民政府财政部及各级财政部门，均应设置财政审计和检查机构，对一切预算、决算实行事先、事中、事后的审核与检查
1950年3月	《中央人民政府政务院关于统一国家财政经济工作的决定》	克服国家财政收支不平衡与收支脱节的现象，节约支出，整顿收入，统一国家财政收支的管理	共10项决定，与审计相关的有： 1. 国家财政统一于中央人民政府； 2. 统一财政必须严格执行预决算、审计制度及财政监察制度等

资料来源：1. 省厅史志办，建国初期审计史料收集取得突破性发展［J］. 湖北审计，2001（11）：33.
2. 佚名 . 改革开放初期的审计工作：宪法确定审计制度［J］. 审计与理财，2019（10）：5.

① 朱殿骅 . 新中国成立70年国家审计制度的演进历程与未来展望[J]. 西安财经学院学报，2020，33（2）：34.

改革开放以来，为加强对审计工作的指导与管理，推进对国家财政经济工作的管理监督工作，我国政府审计的法律地位、机构设置、法律政策依据、工作计划等发生了一系列重大变化，如表 2-2-2 所示。

表 2-2-2　1982—2010 年政府审计的一系列重大变化

时间	重大变化
1982 年 12 月 4 日	第五届全国人民代表大会第五次会议通过的《宪法》承认了政府审计的法律地位
1983 年 9 月	根据《宪法》，1983 年 9 月成立了中华人民共和国审计署，成为中国政府审计恢复的标志，之后，在各省、市、县也相继设置了地方审计部门——审计厅（局）
1988 年 11 月 30 日	颁布了《中华人民共和国审计条例》（中华人民共和国国务院令第 21 号）
1994 年 8 月 31 日	颁布了《中华人民共和国审计法》（中华人民共和国主席令第 32 号）
1997 年 10 月 21 日	颁布了《中华人民共和国审计法实施条例》（中华人民共和国国务院令第 231 号）
2003—2007 年	审计署提出了 5 年审计发展计划并实施
2006 年 2 月 28 日	修正了《审计法》（中华人民共和国主席令第 48 号），增添绩效审计内容
2010 年 10 月 12 日	颁布了《党政主要领导干部和国有企业领导人员经济责任审计规定》（中办发〔2010〕32 号）

2018 年 3 月，第十三届全国人民代表大会第一次会议审议通过了国务院机构改革方案，该方案优化了审计署职责，扩大了审计署的职能范围。政府审计管理体制进一步细化，在原有的政治属性基础上，突出强调了政府审计作为国家财政经济活动监督机构的特性。此次机构改革后，增加了审计署对财政部的中央预算执行情况和其他财政收支情况的监督检查、对国家发展和改革委员会的重大项目稽查、对国务院国有资产监督管理委员会的国有企业领导干部经济责任审计的职责，同时将国有重点大型企业监事会的职责划入审计署。

与此同时，政府审计管理机构着力对派出审计监督力量——如审计局、审计署 18 个特派办等进行整合优化，构建统一高效的党和国家审计监督体系，为构建全面覆盖的国家治理体系发挥审计力量。

2015 年，中共中央办公厅、国务院办公厅印发了《关于完善审计制度若干重大问题的框架意见》及《关于实行审计全覆盖的实施意见》等相关配套文件，针对审计工作的开展提出了许多具体意见。意见表示，要认真贯彻落实宪法、审计法等法律法规，加大改革创新力度，完善审计制度，健全有利于依法独立行使审计监督权的审计管理体制，建立具有审计职业特点的审计人员管理制度，对公共资金、国有资产、国有资源和领导干部履行经济责任情况实行审计全覆盖，做到“应审尽审、凡审必严、严肃问责”。文件中还对审计工作提出具体要求，到2020年，要基本形成与国家治理体系和治理能力现代化相适应的审计监督机制，更好发挥审计在保障国家重大决策部署贯彻落实、维护国家经济安全、推动深化改革、促进依法治国、推进廉政建设中的重要作用。

2019年，中共中央办公厅、国务院办公厅印发了《党政主要领导干部和国有企事业单位主要领导人员经济责任审计规定》，要求强化对党政主要领导干部和国有企事业单位主要领导人员的管理监督，促进领导干部履职尽责、担当作为，确保党中央令行禁止。

这些审计规范的贯彻施行，对推动各地审计制度建设，开展审计监督工作，起到了指导、规范作用。本书将我国政府审计相关的法律法规体系分为法律、法规以及部门规章三个层面。下面我们对政府审计相关的法律法规体系作简要介绍。

（一）政府审计相关法律

1.《宪法》

《宪法》是我国的根本法，其第3条第3款规定：“国家行政机关、监察机关、审判机关、检察机关都由人民代表大会产生，对它负责，受它监督。”《宪法》对审计机关的领导机构、审计监督的范围、审计监督的基本原则、审计长的地位和任免等作了明确规定。例如，《宪法》第91条规定：“国务院设立审计机关，对国务院各部门和地方各级政府的财政收支，对国家的财政金融机构和企业事业组织的财务收支，进行审计监督。审计机关在国务院总理领导下，依照法律规定独立行使审计监督权，不受其他行政机关、社会团体和个人的干涉。”《宪法》第109条规定：“县级以上的地方各级人民政府设立审计机关。地方各级审计机关依照法律规定独立行使审计监督权，对本级人民政府和上一级审计机关负责。”

2.《审计法》

广义的审计法是指由国家制定或认可，并由国家以强制力保证实施的具有普遍约束力的、调整审计活动中形成的各种审计关系的法律规范的总称。本部分所提到的《审计法》是狭义的，专指1994年8月31日第八届全国人大常委会第九次会议通过的《审计法》，该法已经2006年和2021年两次修正。

2021年修正的《审计法》的立法目的是加强国家的审计监督，维护国家财政经济秩序，提高财政资金使用效益，促进廉政建设，保障国民经济和社会健康发展。《审计法》第 2 条规定，国家实行审计监督制度。坚持中国共产党对审计工作的领导，构建集中统一、全面覆盖、权威高效的审计监督体系。国务院和县级以上地方人民政府设立审计机关。该法第 7 条规定，国务院设立审计署，在国务院总理领导下，主管全国的审计工作。审计长是审计署的行政首长。该法第 8 条规定，省、自治区、直辖市、设区的市、自治州、县、自治县、不设区的市、市辖区的人民政府的审计机关，分别在省长、自治区主席、市长、州长、县长、区长和上一级审计机关的领导下，负责本行政区域内的审计工作。

3. 其他财经法律

除上述两个确立了政府审计工作基本原则的法律以外，全国人民代表大会及其常务委员会颁布的其他法律，也对与审计监督有关的问题作出了规定。例如，《中华人民共和国会计法》（以下简称《会计法》）第 33 条规定，"财政、审计、税务、人民银行、证券监管、保险监管等部门应当依照有关法律、行政法规规定的职责，对有关单位的会计资料实施监督检查"。该法第 34 条规定，实施监督检查的部门有保密义务。该法第 35 条规定，接受监督检查的各单位应当如实接受检查，不得隐瞒。《中华人民共和国预算法》（以下简称《预算法》）第 89 条规定，县级以上政府审计部门依法对预算执行、决算实行审计监督。

此外，政府审计具有审计监督权，因此，部分行政监督相关的法律中也能体现政府审计的监督责任。

（二）政府审计相关法规

1. 行政法规

行政法规是国务院为了贯彻执行国家法律、解决行政管理活动中遇到的具体问题而颁布的规范性文件的总称。在审计监督方面，现已失效的《中华人民共和国审计条例》（中华人民共和国国务院令第 21 号）（以下简称《审计条例》）和《国务院关于违反财政法规处罚的暂行规定》（国发〔1987〕58 号）一度作为审计工作的基本行政法规，为审计工作提供了重要的法规依据。其中，《国务院关于违反财政法规处罚的暂行规定》，在《审计法》正式实施后，依然是审计机关行使审计职权的重要法规依据，直到 2004 年《财政违法行为处罚处分条例》（中华人民共和国国务院令第 427 号）（已被修改）施行后将其废止。此外，诸如《全民所有制工业企业转换经营机制条例》（中华人民共和国国务院令第 588 号）、《国务院关于加强审计工作的意见》（国发〔2014〕48 号）等法规均有关于审计行使职权的规定。

此外，《审计法实施条例》以《审计法》为基础，对《审计法》中提及的名词作出进一步解释，对审计机构及其审计人员的行为和审计程序作出规范，明确了审计机关的职责、权限和法律责任。

根据《审计法》制定的《中央预算执行情况审计监督暂行办法》（国务院令第 181 号）对审计署的机构领导关系、审计要达到的目的、审计职责以及各级预算审计中的审计内容作出了具体要求，详细指导了审计署实行预算审计的实践活动。

2. 地方性法规

地方性法规是由地方各级人民代表大会及其常务委员会制定的规范。地方可以结合本地具体情况制定法规，但不得同宪法、法律、行政法规相抵触。民族自治地区施行的与审计工作有关的民族自治条例也是审计法的法律渊源之一。专门规定政府审计的地方性法规、与政府审计有关的地方性法规都是政府审计工作的依据。例如，有的地方性法规规定以审计结果作为政府投资建设项目竣工结算的依据。

（三）政府审计相关部门规章

部门规章既包括由审计署制定颁发的规范，也包括审计署和其他部门联合发布的规范，还包括其他部门自行发布的与审计工作有关的规范。曹刚峰将政府审计规章分为四类，本书在这里借鉴其分类。[①]

1. 审计准则类规范

审计准则类规范对审计机关及其审计人员的从业资格条件、职业道德准则、实施审计程序全过程行为规范以及出具审计报告、审计意见书等书面报告提出了具体要求。2010 年 9 月 1 日，审计署发布了《中华人民共和国国家审计准则》，自 2011 年 1 月 1 日起施行。该准则共 7 章，200 条，包括总则、审计机关和审计人员、审计计划、审计实施、审计报告、审计质量控制和责任、附则。

2. 审计项目类规范

审计项目类规范是对审计实施业务项目的具体规定，涉及的领域可能有国家财政性资金、专项资金、国家计划安排的银行贷款和利用外资等的基本建设和技术改造项目、项目质量检查等。

① 曹刚峰 . 我国政府审计法规体系的构成 [J]. 郑州航空工业管理学院学报（社会科学版），2004，23（6）：51-52.

3. 审计管理类规范

这类规范通常规定了审计机关行使监督权及行政管理过程中涉及的审计主体管理、审计行为及审计过程的要求，审计底稿、审计报告等文件档案管理办法和要求，如《审计机关审计档案管理规定》。

4. 审计督导类规范

该类规范是指审计机关对审计行业其他审计行为的指导意见等规范性文件。例如，《审计署关于2015年地方审计机关开展审计业务工作的指导意见》（审办发〔2015〕1号），《审计署关于内部审计工作的规定》（审计署令第11号）。

以上法律法规体系是基于当时的政治、经济、社会、文化的客观要求以及财政、经济、会计、审计技术的现实情况，结合各地的实际问题作出的总体规定和具体规范，同时也对政府审计的职责、审计过程、审计方法、审计领域和法律责任等方面作出了具体规定，产生了符合历史阶段的影响。到了2019年，审计署不断完善审计法律法规体系，持续推进严格规范公正文明审计。审计署党组还高度重视决策法治化，严格执行重大执法决定法制审核制度。

三、经济环境影响分析

审计的经济环境通常是指在一定时期内，国家和社会经济发展对审计工作内容、职责范围以及审计质量的客观要求。尽管经济发展会由于当时的政治、社会生产力、经济体制等因素的影响呈现阶段性的特点，但不同时期对政府审计的要求基本一致，即审计过程、审计结果要客观公正，审计机关及其审计人员要独立并勤勉尽责等；不同之处在于，不同的历史阶段会对政府审计管理体制的具体内容、职能要求以及审计质量提出不同要求。

经济环境是国家经济和企业组织赖以生存发展的土壤，对于政府审计来说，经济环境的发展影响着国民经济和财政状况的发展，从而使政府审计的职能和审计内容因时而变、顺势而为。本部分着眼于对我国政府审计管理体制发展进程影响较大的国内经济环境进行分析。

随着国内经济体制由计划经济向市场经济转变，政府审计的工作内容和职责范围也几经调整，最显著的表现在于，近年来政府审计范围的缩小与社会审计范围的扩大。此外，基于新中国成立初期国内生产萎缩、物价上涨、收入少、支出大的财政情况，我国在国民经济恢复时期建立了财政预算制度，相应地，政府审计也建立起了预算审计体制。预算审计监督主要是指由专门审计机构对公共部门、公共资源、公共资金进行分配、使用的部门及部门人员进行检查、督促。

本部分从新中国成立以来预算审计体制与我国经济体制发展、国有企业管理体制演进两个层面出发，基于上层建筑和经济基础的变化，重点关注市场经济重要组成部分——国有企业管理体制的发展历程，论述经济环境对政府审计管理体制的影响。

（一）预算审计体制与我国经济体制发展

我国社会主义初级阶段实行以公有制为主体，多种所有制经济共同发展的基本经济制度；我国的经济体制是以共同富裕为目标，以宏观调控为手段，以公有制为主体的社会主义市场经济。新中国成立后，逐步建立起政府预算制度。在国民经济恢复时期与市场经济发展的历程中，我国不断改革与完善政府预算制度，最终建立起了与计划经济体制相适应、以行政为主导的分级预算制度，预算审计的工作重心也由最开始的财政收支监督转向了更为全面的经济监督。

1. 预算审计体制

叶青、鄢圣鹏认为，我国预算审计体制的类型不能简单归类为行政型，而是介于行政型与立法型之间，主要具备行政型体制特征。[①] 究其原因，可以归结为三点：第一点，基于我国预算审计机关根据《宪法》《审计法》确立的现实，具备了部分立法型体制的特征；第二点，我国审计机关依法由政府设立，是国家行政机关，所行使的审计监督权是一种行政监督权，因此具备了行政型的大部分特征；第三点，我国的预算审计体制与其他国家的行政型体制相比具有差异性。两位学者认为，以上原因体现了我国现行预算审计体制的过渡性，现行体制是我国经济体制转轨时期的产物，也将随着环境的变化而改变。本书将我国预算审计体制归类为行政型。

1995 年颁布的《中央预算执行情况审计监督暂行办法》对预算审计工作提出了总体要求。该办法规定，审计署在国务院总理领导下，对中央预算执行情况进行审计监督，维护中央预算的法律严肃性，促进中央各部门严格执行《预算法》，发挥中央预算在国家宏观调控中的作用，保障经济和社会的健康发展。政府审计对中央预算执行情况进行审计监督的主要内容包括：中央预算执行中调整情况和预算收支变化情况；税收征收部门及时、足额征收应征的各项中央预算收入情况；年度预算的用款计划和实际用款进度，以及拨付中央本级预算支出资金情况；拨付补助地方支出资金和办理结算情况；国内外债务还本付息情况；中央各部门执行年度支出预算和财政、财务制度，以及相关的经济建设和事业发展情况；有预算收入上缴任务的部门和单位预算收入上

---

① 叶青，鄢圣鹏．预算审计体制改革研究：反思与比较 [J]. 审计与经济研究，2006，21（5）：5.

缴情况等八个方面。

2. 中国经济体制发展历程

回顾国内审计经济环境中经济体制的发展，如表 2-2-3 所示，我国市场经济体制的建立经历了曲折的过程，政府审计的内容、范围等方面也在此过程中几经调整。随着计划经济体制向市场经济体制的转变，我国政府审计逐渐形成了当下最符合国家发展现实情况和历史阶段的行政型政府审计管理体制模式。2018 年起，我国政府审计具有了双重属性，既是党的监督机关，又是国家机关。

表 2-2-3　中国经济体制发展历程及政府审计重大发展

时间	经济体制	社会经济发展历程	政府审计重大调整
1949—1977 年	计划经济体制	1949 年新中国成立后，党和政府着手对旧中国半殖民地半封建的社会经济形态进行根本性改造和变革。 1953 年，经过了三年国民经济恢复时期，我国开始实施“第一个五年计划”。 1957 年，新的社会主义经济体制基本形成。 1958—1960 年，“大跃进”、人民公社化运动扰乱了国民经济秩序，这场运动是党在探索建设社会主义道路过程中的一次严重挫折。 1966—1976 年，在国务院、国家计划委员会领导下的计划经济体制没有大的改变，“三五”“四五”国民经济计划得到完成	新中国成立后，在中央政府和地方政府的财政部门设置了审计机构。 1950 年初，人民革命军事委员会总后方勤务部财务部下设审计处，负责全军的审计工作。 1952 年前后，随着全国财政部门监察机构的陆续设立，各级审计机构随即撤销。 1958 年，相继撤销财政监察司和地方各级财政监察部门。 1962 年，政府审计在中央调整“大跃进”时期错误经济方针时得到恢复，“文化大革命”时期又再次被撤销
1978 —1982 年	实行“计划经济为主、市场调节为辅”的经济管理原则	1978 年，十一届三中全会意识到计划经济的弊端。 1979 年 4 月，中央工作会议提出，国民经济要“以计划经济为主，同时充分重视市场调节辅助作用”。 1982 年，十二大明确了“计划经济为主、市场调节为辅”的原则	1978 年 8 月，财政监察司和各省、自治区、直辖市的财政监察机构恢复设置。 1982 年，将审计写入《宪法》，最终确立了行政型审计体制

续表

时间	经济体制	社会经济发展历程	政府审计重大调整
1983—1986年	实行“在公有制基础上的有计划的商品经济”	1984年10月，党的十二届三中全会明确了我国社会主义经济是在公有制基础上的有计划的商品经济。 1985年上半年拟定的《中共中央关于制定国民经济和社会发展第七个五年计划的建议》进一步勾画出中国经济体制改革的基本轮廓	1985年8月,《国务院关于审计工作的暂行规定》(国发〔1985〕195号)正式颁布。 1985年起，审计机关开始探索并开展了国有企业厂长（经理）经济责任审计试点，为后来的领导干部经济责任审计制度的建立奠定了基础
1987—1991年	国家调节市场，市场引导企业	1987年，党的十三大指出“国家调节市场，市场引导企业”的机制。 在本阶段中,“市场”已在国民经济中占有相当的比重，在某些领域甚至开始起主导作用	政府审计管理体制不断发展，逐步建立健全审计组织机构，丰富了审计业务内容。 1989年，建立了党政机关和事业单位财政、财务收支定期审计制度
1992年至今	社会主义市场经济体制正式确立	1992年，党的十四大提出了建立社会主义市场经济体制的经济体制改革目标。 2002年，党的十六大提出一系列建成和完善社会主义市场经济体制的重大决策。 根据党的十五大、十六大的部署，从2001年起，我国社会主义市场经济进入完善成熟阶段	1993年，审计署发布《中外合资合作经营企业审计办法》。 1995年，制定《中央预算执行情况审计监督暂行办法》。 1998年，审计署成立了农业与资源环保审计司，明确了环境审计职能。 2003年7月，成立了环境审计协调领导小组，明确了环境审计的定位。 2010年，颁发《党政主要领导干部和国有企业领导人员经济责任审计规定》(中办发〔2010〕32号)。 2013年，提出对领导干部实行自然资源资产离任审计，建立生态环境损害责任终身追究制

本章将国内经济体制的发展历程分为从改善到计划经济体制转型时期、建立和完善社会主义市场经济体制两个主要发展阶段，特别是改革开放后，改革与开放并举，体制与生产共同激发潜力。在市场经济的激发下，原本的政府审计职能发生变化，政治监督职能由政策跟踪向经济责任审计转变，经济监督职能加强，并随着经济环境发展要求增添了新的审计领域。

（1）从改善到计划经济体制转型时期。新中国成立初期到1978年，我国实行的是计划经济体制。这一体制起源于20世纪50年代，彼时中国决定向苏联学习，不仅在政治上高度集中，也在经济上实行由政府主导的计划经济体制。在此期间，政府审计存续时间不长且发展缓慢，但是为20世纪80年代重建后的政府审计工作打下了良好的基础。1954年，我国将原审计处、审计科、审计室等机构改为隶属国务院的监察部。20世纪50年代末期，由于受“左”倾错误的影响，作为经济政治监督机构的政府审计同样被打上资本主义的印记，1957年后撤销了政府审计机构。20世纪60年代到70年代中期，基于历史原因我国政治经济发展活动受到重大影响，已经受过重大打击的经济监督再次遭受重创，政府审计停止实施。我们将这一时期的经济环境分为三个阶段分别介绍。

第一阶段：计划经济建立前的经济环境。

新中国成立初期，经济千疮百孔、百废待兴，遭受了多年战乱重创，面临着需要尽快打好国家财政经济基础、推行经济计划、做好经济建设的繁重任务。与此同时，我国财政收支管理却处于脱节状态，征缴的公粮和税收由地方政府掌握而非中央，这种状况使得中央无法掌握国内经济财政的准确情况，从而无法集中全国财力进行全局性调度，不利于经济的好转和尽快恢复。

为了尽快对财政收支进行整合管理，统一全国的经济税收工作，1950年2月13日至25日，政务院财政经济委员会召开了全国财政经济会议，在认真考察了解当时国内财政收支、经济贸易、农业生产及金融状况等情况后，对统一财政经济、紧缩编制、现金管理和物资平衡这四个主要问题进行了深入研讨，起草了《关于统一国家财政经济工作的决定》；同年3月13日，政务院通过并颁布了这一决定；同年6月，第七届三中全会上，毛泽东同志做报告，报告要求全党和全国人民团结起来，认真做好各项工作，统一全国的财政收支管理，争取国家财政经济状况的基本好转。

第二阶段：确立计划经济体制。

1953年，我国开始发展计划经济。1956年，社会主义“三大改造”完成，这为计划经济体制的确立创造了条件。发展计划经济的主要方式是：加强集中统一管理、直接计划和间接计划相结合、对主要农产品进行统购统销等。

在计划经济体制与生产资料社会主义公有制的共同作用下，我国在短时间就建立起了较为完整的工业体系，在科技领域取得了巨大成就，突破了核弹、导弹与人造卫星等尖端技术，但同时也存在工农生产效率低、经济发展产业结构不合理、经济建设中政企不分等问题。尤其是1959年我国撤销了监察部，在全国经济管理较为混乱的情况下，更是失去了经济监督，使得经济发展没有了控制的“缰绳”，财政状况的监督管理陷入停滞阶段。此后，财政监察制度又出现了几次反复，1962年，中央对“大跃进”时期的错误方针进行调整，政府审计短暂地得到了恢复，但到了“文化大革命”

时期再次被撤销。

第三阶段：计划经济体制转型阶段。

1978年，党的十一届三中全会拉开了改革开放的序幕，我国重新遵循市场规律搞经济建设，确立了以经济建设为中心的总路线。同年，国务院研究经济管理体制改革问题时对社会主义经济体制的提法依然是“计划经济和市场经济相结合”，没有放弃“计划经济”这一思想。1979年4月召开的中央工作会议提出，国民经济发展要“以计划经济为主，同时充分重视市场调节辅助作用”。1979年开始，商品经济展露苗头，开始了价格管理体制改革，以议价、浮动价格、分批放开小商品价格、恢复和发展市场贸易等方式，对农副产品的收购价格、销售价格、运输价格以及纺织业价格进行大幅调整。由此开始，计划经济和市场经济脱下了“对立”的外衣，走上了通行的道路。党和政府在当时对两者进行了不平等的结合，计划与市场依然存在“排座次”问题。

1981年11月和1982年9月依次召开的第五届全国人民代表大会第四次会议、党的十二大中不断深化对计划经济和市场调节关系的认识，明确了“计划经济为主、市场调节为辅”的经济管理原则。党的十二大指出：“正确贯彻计划经济为主、市场调节为辅的原则，是经济体制改革中的一个根本性的问题。我们要正确划分指令性计划、指导性计划和市场调节各自的范围和界限。”自此，市场经济奠定了良好的基础，市场调节机制在国内经济发展中发挥作用，市场成为配置资源的重要辅助手段。

1986年“七五”计划开始至1995年“八五”计划完成期间，审计组织机构不断发展、健全、丰富了审计业务内容，为保障经济体制的顺利转变和规范财政经济秩序发挥了重要作用。在这一时期，审计署初步建立特派员办事处制度，以应对地方审计机关对驻地方的中央单位的监督力量不足问题。根据《审计署关于明确各特派员办事处审计分工范围的通知》（审综发〔1997〕72号）显示，要设置16个特派员办事处。

尽管“计划经济为主、市场调节为辅”符合当时的历史发展需要，在这一原则的指导下，中国进行了循序渐进、市场与计划双轨并行的改革。但就实质而言，“计划经济为主、市场调节为辅”仍是传统计划经济的“衍生产品”。在当时，计划与市场还不是平等融合、相互助力的“合作伙伴”，市场发展自主权有限，只能在其规定的框架下发展，其自由权基本只属于有限流通的特定货物，也因此政府审计管理体制的经济监督职能受到授权和审计范围上的限制。

（2）建立和完善社会主义市场经济体制。我国的市场经济体制开端大致从20世纪80年代起，也正是在这个时期，我国政府审计管理体制开始恢复，发展重点及工作职能的政治特征减弱，经济监督和财政监察职能得到加强。1978年，我国实行改革开放。改革开放初期，在经济体制改革的推进下，经济社会焕发出勃勃生机。20世纪80年代初，我国已经拥有上百万个国营企业（含商业和农垦企业）和大量的行政事业单位，国营独立核算企业拥有 5000 多亿元的固定资产和 3000 多亿元的流动资产，每年有 1000 多亿元的财政收支和几百亿元的预算外收支，财政财务活动非常广泛复杂，但财政经济管理和监督水平难以与之匹配。[①] 党和国家在充分查阅、研究国内外有关财政监督和政府审计资料的基础上，结合经济改革和社会主义现代化建设的实际，正式决定实行审计监督制度、设立审计机构，并将相关内容载入 1982 年《宪法》第 91 条和第 109 条。

我国国民经济和社会发展第六个五年计划于 1985 年顺利完成。1986—1991 年，我国经济建设及发展历程如图 2-2-3 所示。从 1986 年审议批准“七五”计划到 1991 年审议批准“八五”计划的五年时间，我国进一步深化改革，产业结构调整开始起步，国民经济有所增长。

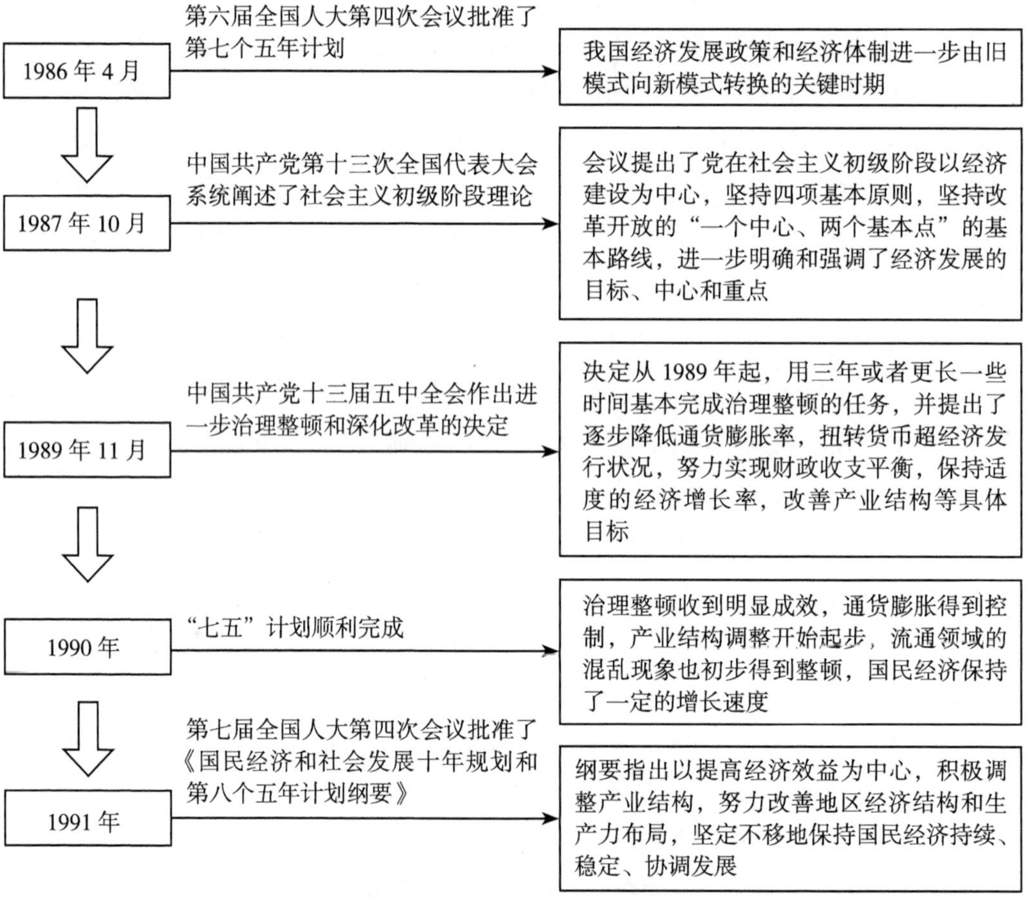

图 2-2-3　1986—1991 年我国经济建设及发展历程

① 沈科言．问题 12 1983 年审计署成立的背景是什么 [EB/OL].[2022-07-24]. https：//www.audit.gov.cn/n6/n37/c130504/content.html.

1992 年，党的十四大提出了建立社会主义市场经济体制的经济体制改革目标。此后，中国逐步构建起适应社会主义市场经济体制的系列配套制度体系，涉及财政、金融、投融资、外贸、就业、社会保障等领域，通过推进一系列改革，实现社会主义市场经济体制从建立、完善到深化的不断升级。伴随 1992 年开始的经济高增长，经济运行中出现了固定资产投资增速明显升高、货币投放量大、物价攀升、经济秩序（特别是流通和金融秩序）混乱等问题。政府审计管理体制在这个时期逐步明确了职责内容，扩大了经济监督范围，并且在社会保障体制等相关社会建设体制的完善过程中，具有了政策跟踪落实、公共资源分配使用、社会基础保障设施建设项目审计等方面的职能。

1993 年 12 月，国务院决定进行多项管理体制改革，涉及多个方面和领域，如工商税制改革、外汇管理体制改革、金融体制改革等，逐步建立起分税制财政管理体制，在外汇方面实现了官方汇率和外汇调剂市场汇率并轨。同时，在金融领域，中国人民银行调控能力得到强化，加强了金融监管，商业银行的发展也开始起步。这些改革措施在实行后的一年内就取得了突破性进展，新的宏观经济管理体制初步建立。

1995 年 9 月党的十四届五中全会，明确了到 2010 年形成比较完善的社会主义市场经济体制。在这一阶段，政府审计的职能定位为：以经济监督为主体，参与必要的政治监督和司法监督，对社会建设方面的监督有限。

2001 年，我国各级政府开始转变政府职能，对于经济的管理不再将重点放在微观经济上，而是开始转向宏观经济控制。与此同时，政府审计机关作为具有监督职能的行政部门，工作重心也转移到为政府加强宏观调控与宏观的国民经济监督管理方面，将更多的审计资源从直接对企业、单位审计转向实施国家宏观货币政策、财政政策的财政、金融部门，重点关注最直接体现宏观经济政策实施结果的重点国有企业和基础设施与民生、经济、社会保障建设项目，充分体现了审计领域中政府职能的转变情况。根据《宪法》及党的十六大的要求，新形势下的审计职能定位为：根据《宪法》及相关财经法律法规规定的职责，推动政策措施贯彻落实，对政府财政收支的真实性、合法性、效益性进行监督，维护国家经济安全。

2010 年，中共中央办公厅、国务院办公厅印发《党政主要领导干部和国有企业领导人员经济责任审计规定》，该规定健全和完善了领导干部经济责任审计制度，加强对党政主要领导干部和国有企业领导人员的监督管理。

2013 年，党的十八届三中全会指出，经济体制改革是全面深化改革的重点，要求处理好政府和市场的关系，更好发挥政府作用。此时，政府审计进一步体现出经济责任审计的职能，在政策落实跟踪、领导干部经济责任、环境审计等方面发挥了事后监督的作用，国有企业的发展状况及财政情况则很大程度上交由社会审计进行监督。

《国务院关于加强审计工作的意见》(国发〔2014〕48号)中提出审计监督全覆盖的构想，要求审计机关要依法履行审计职责，加大审计力度，创新审计方式，提高审计效率，对稳增长、促改革、调结构、惠民生、防风险等政策措施落实情况，以及公共资金、国有资产、国有资源、领导干部经济责任履行情况进行审计，促进国家治理现代化和国民经济健康发展。2015年，国内经济增速放缓，经济增速基本保持平稳，中国政府持续建立服务型政府，在经济调节方面持续推进简政放权。此外，由于2020年是脱贫攻坚的决胜年，2019年关于脱贫政策的落地跟踪审计加强，审计特派办开展了多地的脱贫工作审计，政府审计管理体制更加强调行政管理监督和政策落实方面的监督。

(3)我国经济转型与政府审计管理体制发展。新中国成立70多年来，与政府审计管理体制发展历程相合的经济转型主要表现在以下四个方面：

第一，经济体制方面，从计划经济体制向市场经济体制转型。新中国成立初期实行“三大改造”后，确立了社会主义公有制的基本经济制度。党的七届三中全会以后初步形成计划经济体制，对国民经济实行全面管理。1978年底，党的十一届三中全会提出改革开放，着手推进中国经济体制的改革。2013年，党的十八届三中全会提出经济体制改革的核心问题是处理好政府和市场的关系，使市场在资源配置中起决定性作用和更好地发挥政府作用。通过协调政府与市场的关系，构建服务型政府，由计划经济体制转变为市场经济体制，推动了国内市场经济的发展。政府审计管理体制在这个过程中，逐步由政府内的部门转变为相对独立的政府审计机构，对国民经济的监督也由微观国有企业转向宏观国民经济，政策的落实跟踪也成为政府审计的主要职能之一。

第二，对外开放方面，从封闭内向向开放发展转型。新中国成立初期，国际上以美国为首的西方国家对中国实行封锁，国内的经济政治条件与相对独立的外交意识决定了中国当时的政治经济发展较为内向。改革开放以来，我国经济转向开放发展，先是划定经济特区，然后开放沿海、沿江、沿边地区，2001年更是加入世界贸易组织，“引进来、走出去”的发展战略为经济对外开放提供了新思路。经过几十年的发展，中国经济从顺应全球化，到现在通过“金砖国家”组织和“一带一路”倡议引领全球化，国内经济产业发展日新月异，政府审计也在关注国内财政收支的基础上，更加关注对外投资与国内企业的海外发展情况。

第三，产业发展方面，从资源密集型向环境友好型转型。新中国成立以后，为了追求工业化的快速发展，产业发展多为资源密集型，大规模的经济建设导致了较为严重的环境污染，但此时的生态问题影响范围有限，政府没有对此过多约束。改革开放以后，以工业发展为主的经济现代化建设取得了重大成就，然而经济发展带来的“副作用”影响凸显。党的十八大提出了“美丽中国”的概念。党的十八届五中全会上，习近平总书记提出“创新、协调、绿色、开放、共享”的新发展理念，国家倡导绿色生态发展。与此同时，经济责任审计成为政绩考核的重要指标。近些年来，试水的“自然资源资产离任审计”也是基于环境友好型经济发展的需要而增加的政府审计职能内容。

第四，发展战略方面，从高速增长向高质量发展转型。改革开放前甚至改革开放后相当一段时间，我国经济发展都实行追赶战略，这一战略基于比较优势原理，在生产可能性边界不变的前提下，通过规模经济的路径形成传统的数量型增长模式和追赶型发展战略。[①] 这种粗放型发展战略，容易造成资源浪费和不易发展高端产业的后果。党的十八大以来，我们提出了新发展理念，更加关注产业升级转型和资源节约型社会，经济发展更加关注质量，特别是党的十九大作出了我国经济已经由高速增长阶段转向高质量发展阶段的判断。党的二十大报告指出，高质量发展是全面建设社会主义现代化国家的首要任务。在这样的经济政策导向下，环境审计在政府审计的职能中占据了越来越重要的地位，环境保护情况与产业发展是否做到“速度质量两手抓”成了政府审计的关注重点之一。

（二）国有企业管理体制演进

在我国的经济发展历程中，国有企业是经济建设活动中极为重要的组成部分，甚至一度成为市场经济发展的“先锋”和“排头兵”，在证券市场发展、行业发展布局以及基础民生领域建设等方面都发挥了重要作用。2001 年前，政府审计的内容之一就是关注国内重点国有企业的投资及发展情况，国有企业是财政支出的重点扶持对象。2001 年后，政府审计才将经济监督的审计重点由微观国有企业监督转向了宏观国民经济发展监督。国有企业审计成为政府审计管理体制转型道路上的重要节点。

本部分重点关注国有企业发展历程，将国有企业发展变化分为新中国成立初期、改革开放时期与新时代时期三个发展阶段，以此探讨此类经济市场重要环节对政府审计发展的重要影响。

1. 新中国成立初期的国营企业（1949—1977 年）

这一阶段的政府审计管理体制基本只是勉力支撑，面对政局波折和“先天不足”的国有企业，政府审计只能发挥很有限的力量。新中国成立初期，个体经济和私营企业还客观存在，但发展动力不足。为了发挥企业力量，促使国民经济尽快恢复，国内

① 任保平，郭晗．新增长红利时代我国大国发展战略的转型 [J]. 人文杂志，2013（9）：34.

通过发展抗日根据地原有国营企业、没收官僚资本主义与帝国主义在华企业、改造民族资本主义工商业企业等途径建立了一批国营企业。在随后的工业基础发展与国家基础建设部门中，国营企业逐步占据发展主导地位，其作为“排头兵”为国民经济恢复贡献了巨大的力量。

1953—1957 年，国营企业快速发展，这一阶段新中国成功实施并完成了第一个五年计划，基本完成对生产资料私有制的社会主义改造，确立了过渡时期总路线。发展迅猛的最直接表现就是国营企业数量的急剧增加，截至 1957 年，国营工业企业已达 5.8 万家。这一时期国营企业由国家直接经营，统一“计划”领导，投资、生产、定价、财务、薪酬等分级管理。直到 1959 年撤销监察部之前，国营企业的生产发展、利润支出等均由政府审计监督管理。

1958 年开始，高度集中的计划经济体制与占比极高的国营企业相结合，这一模式的弊端在国营企业的发展过程中逐步显露，企业经营效率与经济发展不匹配，效率愈发低下。在这样的情形下，国家将中央各部门管理的部分企业权限下放到地方，通过这种方式尝试对国营企业进行改革。刚开始这种权力下放有了一定成效，1958 年国营单位固定资产投资比上年增长 84.53%，① 但由于企业没有经营管理权，仅有其他的权限，反而造成企业管理模式混乱。

国营企业改革尚未取得成果，就遇上了 1958—1960 年的“大跃进”，再加上政府经济监督基本停摆，国民经济发展陷入了瓶颈。1959 年召开了庐山会议，会议决定将下放的部分权利重新收回中央。1961 年发布的《中共中央关于调整管理体制的若干暂行规定》要求经济管理大权集中到中央、中央局和省（市、自治区）委三级，最近两三年内，应更多集中于中央和中央局。② 由此，第一次国营企业改革尝试中止。直到 1963 年，随着国民经济的好转，才再次先后在几个重要基础行业领域相继建立了大型国有企业，包括盐业、医药、汽车等民生基础类，以及橡胶、纺织机械、机械仪器等工业生产制造类，此外还有烟草、地质等行业。

然而，国营企业由国家统一领导、分级负责的特点决定了其发展与我国政局情况息息相关。1966—1976 年的“文化大革命”期间，国家各方面工作，尤其是经济领域，都陷入了困境。尽管 1970 年中央也曾尝试再次对国营企业进行体制改革，但在计划经济体制的支配下，国营企业本质上依然没有获得自主经营管理权，结果只能是“在同

---

① 中共中央党史研究室．中国共产党历史．第二卷（1949—1978）[M]．北京：中共党史出版社，2011：491.

② 中共中央关于调整国家管理体制的若干暂行规定 [EB/OL].[2022-07-24]. http：//www.ce.cn/xwzx/gnsz/szyw/200705/30/t20070530_11545338.shtml.

一个坑里崴了脚”，国民经济管理依然混乱、财政赤字不减反增，不得已只能将权力再次收回中央。自此，改革开放前的国营企业改革工作基本宣告流产。尽管改革开放前国营企业的发展堪称一波三折，甚至一度陷入停滞，但总体上国营企业依然为我国构建完备的工业体系打下了坚实的基础，也为后期的经济恢复埋下了种子。

2. 改革开放时期的国营企业（1978—2012 年）

改革开放时期，国营企业在经济发展中扮演着重要甚至是主要角色，政府审计管理体制的侧重点也逐步向国营企业审计转移。1978 年，党的十一届三中全会不仅拉开了改革开放的序幕，也翻开了国营企业改革的新篇章。当时，国营企业占据着中国经济总量的绝对优势地位，工业总产值中国营企业占比高达 77.6%，集体企业仅占比 22.4%。[①] 与此同时，国营企业的发展仍然受到计划经济体制的制约。此外，原有的领导模式导致国营企业内部管理混乱，政企不分的特点使得国营企业自主管理权有限，而且传统管理体制激励性不足，国营企业内部普遍存在员工积极性不高的问题等，这些弊端严重制约了国营企业的进一步发展，甚至影响了改革开放后国民经济的健康发展。

改革开放后，我国开始了计划经济为主、市场经济为辅的经济模式，在这样的背景下，国营企业开始了 1978—1992 年的自主探索期。1978 年，在四川省进行了“扩大企业自主权”试点后，1979 年国务院发布了《国务院关于扩大国营工业企业经营管理自主权的若干规定》。以这一规定为起点，1979—1983 年国营企业逐步扩大企业经营管理自主权。1983 年，国营企业实施了利税并存的“利改税”模式，开启“利改税”的序幕，与此同时在《宪法》推动下成立了审计署，国营企业的经济监督再次提上了政府审计的日程。1984 年，进一步实施幅度更大的“利改税”；党的十二届三中全会提出所有权与经营权分离这一改革原则，后续又逐步实施了“承包制”“租赁制”等多种形式的经营责任制。为加强对国营企业的经济监督，规范相关审计工作，1985 年，国务院发布了《国务院关于审计工作的暂行规定》，规定了审计机关的设置、领导关系、任务、职权，以及审计程序、审计报告等内容，为贯彻落实《宪法》的规定和规范审计工作，提供了必要的法规依据。1988 年，国务院在上述暂行规定的基础上制定颁布了《审计条例》，初步形成了较为完整的审计制度体系。

1993—2002 年是国有企业现代企业制度的萌芽期与发展期。20 世纪 90 年代初期，周边国家经济迅速崛起。为了更好实现发展目标，国有企业通过产权改革，逐步开始

① 国家统计局 . 改革开放 30 年报告之九：工业经济在调整优化中实现了跨越式发展 [EB/OL].[2023-05-25].http://www.stats.gov.cn/zt_18555/ztfx/jnggkf30n/202303/t20230301_1920468.html.

构建现代企业制度，以便在与不同经济类型的企业在市场中竞争时能够保持竞争力，发挥国有企业的经济主导作用，应对市场经济体制对原有经济市场的冲击。1993 年 11 月，党的十四届三中全会进一步明确提出国有企业改革的目标是建立“产权清晰、权责明确、政企分开、管理科学”的现代企业制度。同年颁布了《中外合资合作经营企业审计办法》（中华人民共和国审计署令第 116 号）、《全民所有制工业企业转换经营机制审计监督规定》（审工发〔1993〕106 号）等一系列具体办法和规定，明确了针对中外合资企业、国有企业等市场主体的审计监督重点。1994 年，第八届全国人民代表大会常务委员会第九次会议通过了《审计法》，自 1995 年 1 月 1 日起施行。同年，国务院选择了 100 家国有企业开展现代企业制度试点工作，其后放开国有小企业，进而集中力量发展国有大型企业。《审计法》的施行为国有企业的审计提供了法律依据，规范了政府审计等审计主体对国有企业的监督内容、审计重点等具体审计工作。

当然，国有企业改革并非一蹴而就的事，即使已经开始培育国有企业的现代企业制度，社会主义市场经济体制也在逐步建立，但计划经济体制下的管理模式影响犹在，甚至与新的经济体制和企业制度发生冲突，国有企业表现出“水土不服”反应，出现大面积亏损。

为了解决改革进程中的“阵痛”，国家加快了国有企业改革步伐。1999 年 9 月，党的十五届四中全会推进改革，调整了国有企业的战略布局。到 2000 年，大多数国有大中型骨干企业初步建立现代企业制度。国务院确定的及各地选择的建立现代企业制度试点企业共 2700 户，绝大部分实行了公司制改革。① 与此同时，政府审计在国际国内经济环境的影响下，也调整了职能方向，不再将国有企业作为重点审计对象，转而更注重对宏观经济及财政收支的监督。

3. 新时代时期的国有企业（2013 年至今）

新时代的国有企业改革与市场经济发展相伴相生，政府审计资源面对日益蓬勃的商品经济和覆盖范围更广的政府财政显得有些“捉襟见肘”，政府审计管理体制的重点逐步向“政府审计”收缩，部分国有企业的审计工作转由社会审计承担，呈现出更多的协同配合倾向。

党的十八大以来，市场经济体制进一步深化，国有企业面临的问题可谓“内忧外患”。“内忧”在于国有企业自身还处在转型的新旧交接点上，管理结构尚未完善；“外患”则是因为国有企业很长一段时间内作为国民经济的中流砥柱，不仅要面对日益激

---

① 国家统计局 . 之五：国有企业改革稳步推进 [EB/OL].[2023-05-22]. http://www.stats.gov.cn/zt_18555/ztfx/yjsld/202303/t20230301_1920320.html.

烈的国内竞争环境，还面临着加入世界贸易组织后广阔的国际市场竞争。在这样的经济环境背景下，进一步完善国有企业的现代化治理结构，提升国有企业的市场综合竞争力，成为国有企业承担市场参与者和国家经济强有力肩负者双重身份的必然要求。

2013 年，党的十八届三中全会通过的《中共中央关于全面深化改革若干重大问题的决定》进一步对深化改革的重要事项作出明确指示，要求加快完善现代市场体系、宏观调控体系、开放型经济体系。该决定还明确提出要推动国有企业完善现代企业制度，规范经营决策、提高企业效率、增强企业活力，以适应市场化、国际化新形势。

2015 年颁布的《中共中央、国务院关于深化国有企业改革的指导意见》提出要继续推进国有企业改革，切实破除体制机制障碍，坚定不移做强、做优、做大国有企业。

近年来，国有企业现代化公司体制与治理体系改革成效突出，特别是在当前国内国际经济环境日趋复杂的背景下，国有企业仍然是国民经济发展的中坚力量。当然，随着市场经济体制进一步完善，国内市场经济的参与者不断向多元化发展，个体商户与私营企业成了重要的市场参与者。

随着社会主义市场经济的发展，我国国有企业数量增多、经济体量加大，这样的特点使得审计全覆盖的实现出现审计人才和审计资源缺口。国有企业现代化企业制度改革发展取得一定成果后，社会审计和内部审计已经可以满足部分国有企业的审计需求，政府审计在这些领域更多地起到了引导和监督的作用。而政府审计与社会审计、内部审计的职能、目标等方面既存在差异又有一致性，这就为政府审计领导下的三大审计工作的协同配合提供了可能。此外，部分政府审计特派小组在定期对国有企业进行审计时，会利用前任社会审计师的部分工作成果，了解其审计内容和审计结果后，结合自己掌握的资料完善审计计划，进一步优化审计资源的分配。在这样的基础上，政府审计不断退出国有企业审计领域，将市场主体的审计工作慢慢放权给社会审计与内部审计，政府审计则将更多的审计资源投向了宏观经济领域审计与政府经济责任审计等方面。

四、技术环境影响分析

本书中的政府审计技术环境指“影响政府审计的内部审计技术及外部科学技术因素”，主要涉及审计方法与审计技术的变化、与审计相关的科学技术的发展水平等。政府审计作为党和国家监督体系的重要组成部分，是国家治理体系的风向标之一，不仅会受到前文所述三个因素的影响，其管理体制的发展变化还与审计技术环境息息相关。

过去政府审计机构及审计人员在执行跟踪审计、经济责任审计时，大多依赖于人工查账、实地走访等手段，但这种手段在审计资源不足的情况下可能会造成审计内容不全面，尤其是如果被审计单位没有给出完整的信息资料及相关文件，审计进程可能会陷入瓶颈。进入新时代以后，我国科学信息技术日新月异，电子信息资源平台的发展为政府审计工作的开展提供了更多可能。审计署曾指出“中国审计的根本出路在于信息化”，如今的政府审计技术实现了更新，逐步实现了信息资料管理电子化、审计方法信息化、审计记录及审计证据传输便捷化等，充分利用信息时代的技术和信息资源，完成了政府审计管理体制的电子化、信息化及数据流升级。

本部分着眼于技术环境发展对政府审计领导模式的影响，分析了不同技术环境下政府审计领导模式由垂直领导向扁平结构发展的演进过程。

（一）传统审计方法下政府审计的垂直领导模式

传统审计模式下，我国政府的审计领导模式是垂直领导型。《审计法》第7条规定，国务院设立审计署，在国务院总理领导下，主管全国的审计工作。审计长是审计署的行政首长。该法第8条规定，省、自治区、直辖市、设区的市、自治州、县、自治县、不设区的市、市辖区的人民政府的审计机关，分别在省长、自治区主席、市长、州长、县长、区长和上一级审计机关的领导下，负责本行政区域内的审计工作。

在具体审计过程中，政府审计人员通常需要在完全了解被审计单位的相关政策法规的施行控制情况和长期发展情况的基础上，才有可能对政策的落实情况进行跟踪审计；对当地环境及自然资源的变化情况做到基本掌握才能更好地进行环境审计、经济责任审计及自然资源资产离任审计。而仅仅是了解被审计单位整体情况与业务部门情况，进行风险识别就需要大量的时间与精力，这无疑在无形中压缩了后续执行审计程序、落实问题后果、提出建设性审计意见，以及形成高质量审计报告的时间。整体而言，传统政府审计管理体制受审计方法的缺陷所限，如审计项目周期长、没有形成规范化体系化的审计方法和流程、审计质量因人而异等，无法实现分权管理、扁平控制的体制模式。

传统审计技术环境下，其实质上的审计模式和核心工作方法只能监督静态数据，属于将一个会计期间内的数据作集中批量处理式的事后结果审计。传统审计模式事后采集分析处理数据的工作模式，不能适应信息化时代实时收集采集信息、多种形式生成分析结果的工作需求，限制了新时代要求下的政府审计模式发展和审计效率效果的提升，只有垂直领导型的政府审计管理体制才能更好地对事后结果及审计过程保持更紧密的控制。

此外，长久以来，政府审计都以审计内容作为划分审计业务的依据。鉴于各个部门的业务性质、业务内容有很大差异，内部控制和内部资料文件管理也没有形成标准。

这些部门和业务性质不同，政府审计时的审计资源分配、审计程序的运用以及审计成本等也都各不相同，因此，扁平管理的模式下，审计机关很难对这些审计类型进行整合管理，对审计方法等统筹规划也有很大障碍，通过垂直领导模式进行统一调配、统筹管理更能满足工作控制要求。

（二）信息化审计方法下政府审计的扁平化领导模式

随着技术环境的变化，审计技术和审计方法依托于数据和信息有了长足的发展，国家要求政府审计建立数据平台，将电子计算机技术应用于政府审计，政府审计的管理体制开始由垂直管理向扁平化发展，也更加注重信息化审计在政府审计工作中的应用。

数据平台的建立，意味着政府审计的数据、信息采集、审计程序及相关信息的采集、存储、传输进入了计算机管理阶段，现场审计与非现场审计相结合的方式为政府审计管理体制扁平化发展提供了技术支持。2019 年，审计署充分利用信息化手段，加强数据采集和分析，完成了 2018 年度中央预算执行、编制决算（草案）情况和其他财政收支审计，首次实现了对中央一级预算单位审计全覆盖。

传统政府审计转型历程与我国社会发展的重大拐点基本相适应，在几十年的发展历程中，政府审计经历了传统的手工记录、人工审查到计算机辅助审计记录、查阅及数据筛选计算时期，再到如今大数据审计和区块链审计起步的几大审计技术转型发展阶段。事实上，目前政府审计领域的突出问题主要体现在“信息技术发展导致越来越高的审计期望与不平衡不完善的审计管理体制之间的矛盾”。政府审计机构及大部分审计人员还处在传统审计技术与利用计算机进行审计的转型期，大数据审计与区块链审计技术开始兴起，信息化的发展呈现出阶梯化跨越状态，其发展浪潮甚至远胜于政府审计理念和技术手段更新的速度。

《国务院办公厅关于利用计算机信息系统开展审计工作有关问题的通知》（国办发〔2001〕88 号）指出，要将高新技术运用于审计工作中。其中第 5 条第 2 款要求：“各地区、各有关部门要高度重视利用计算机信息系统开展审计工作，对审计机关的工作给予支持和配合。审计机关要加强业务和技术培训，培养熟悉利用计算机信息系统开展审计工作的专业人员，保障审计工作顺利进行。”

信息化审计手段为现代政府审计工作更加高效顺利地完成提供了保证。在目前的审计工作中，更加倾向于使用云计算技术、“大智移云”以及大数据分析等信息化手段进一步提升审计质量和效率。此外，云存储技术对于审计项目资料存储管理与资料的再利用非常重要，项目的资料属于核心资产，对资料的有效利用可大力提升审计项目的工作进度。"审计云平台"基于大数据和云计算，以数据为核心，以云存储为基础，搭建跨平台和跨领域的审计标准化平台，并且可以通过人工智能技术不断在海量数据中学习修正，建立审计行业的知识库，逐步实现审计流程标准化，审计数据全面化和标准化，审计工具平台化和自动化。这种信息化审计手段能够逐步实现海量信息的迅速收集处理，并且能够形成案例数据库，是政府审计管理体制扁平化发展的技术基础。

2015 年，中共中央办公厅、国务院办公厅印发的《关于实行审计全覆盖的实施意见》提出了对公共资金、国有资产、国有资源和领导干部履行经济责任情况实行审计全覆盖的明确要求，而创新审计技术方法就成了必要条件，国家自此着力构建大数据审计工作模式，通过大数据审计提高审计质量和效率，进一步扩大审计监督的广度和深度。

2016 年，审计署发布了《审计署关于 2016 年地方审计机关重点抓好的十项工作》第六部分"着力加强审计信息化建设"中指出，"加强审计信息化建设是提升审计能力、实现全覆盖的根本保障，省级审计机关要加强对本地区审计信息化建设的统筹规划，加快实施'金审三期'工程，大力推进以大数据为核心的审计信息化建设"，并提出加强基础设施建设、加大信息化人才培养力度、加大数据采集集中力度、加强大数据综合分析的指示建议，大力推广数字化审计方式，加强各财税领域间、部门单位上下级间、财务数据和业务数据间、各被审计单位与宏观经济运行系统间的数据关联分析，构建省级审计数据系统，提高审计延伸核查的精准度，增强发现重大违法违纪问题的能力，提高审计工作效率。①

在这样的技术背景下，政府审计管理体制能够更多地建立起多来源、多关系网的信息渠道，更加及时高效地对审计项目进行控制，中央适当地给各个地方审计机构放权，使得各个分支机构与中央管理机构的信息沟通更加通畅迅捷，不必像传统审计技术环境下层层管理、逐级上报，促进了政府审计管理体制的扁平化发展。

五、文化环境影响分析

审计文化环境是由指导审计活动的文化内核及理念、行为模式、行业特点或工作方法等内容构成的，为审计制度建设和行为规范提供精神指导的集合体。本节重点关注制度层面的审计文化，即政府审计管理体制。从审计文化层面来说，政府审计管理

① 佚名．审计署发布 2016 年地方审计机关应重点抓好的十项工作［EB/OL］[2022-07-24].http：//www.chinanews.com/cj/2016/01-08/7708216.shtml.

体制是审计机构及审计人员进行国家经济活动监督工作中所形成的适用于政府审计的审计规章制度和行为规范的总和，它包括政府审计机构的建设和完善，审计法律、法规、部门规章以及审计职业道德的建设和完善等。

影响政府审计管理体制发展的重要文化内核是中国特色社会主义文化体系，在此基础上不断进行具有时代特色的审计文化建设，其中一个重要环节是审计学科定位及专业发展、审计人才培养等教育系统的发展及演进。本部分从影响政府审计管理体制的文化内核和审计学科发展与人才培养两个方面出发，对影响政府审计管理体制发展的文化环境展开分析。

（一）影响政府审计管理体制的文化内核

政府审计管理体制的建立，需要以政府审计文化作为内核，建立相关的工作规范、标准以及职业道德准则等，而审计文化的发展离不开我们的宏观文化环境。周生春等认为是一个民族的文化教育发展水平及传统优秀文化遗产，影响着一个行业人的整体素质、价值取向和精神面貌，制约着审计文化环境。①

从传统文化角度看，我国最初的政府审计带有为中央统治者服务的封建君主制色彩。洪宇、隋雪在《历史变迁视角下我国审计文化建设》一文中指出，这个时期的审计不会对社会生产力产生直接影响，而是通过监督和审查来监管权力的运行，防止贪污、腐败等问题的发生，巩固君主的封建统治。② 随着社会生产力的发展以及社会结构、国家体制的变化，这一思想在进入近代以后实现了质的飞跃，带上了更多的民主色彩，侧重于维护人民和国家的利益，政府审计管理体制的价值理念也从“专政”进化为“监督与制衡”。

从蕴含的法治思想看，最初的审计“法治”思想实质依然是“人治”，没有形成规范化的政策与制度体系，行使权力更多体现了“君主的主观能动性”，有很大的主观与封建色彩。新中国成立后，民主法治成为中国特色社会主义制度建设的重要思想，政府审计文化也不可避免地向规范化、法制化发展，由“人治”走向“法治”，政府审计管理体制在这种思想内核的影响下，也不断建立健全审计规范和相关法律法规，加强了规范化的法制管理。

从独立原则看，中国古代的审计机构种类繁杂，但权力均来源于君主，审计制度对皇权依赖性过强，其独立性基本仅针对其他同级部门。在这种情况下，政府审

① 周生春，裴志军．审计文化的环境和功能 [J]. 中国审计，2003（3）：50.

② 洪宇，隋雪．历史变迁视角下我国审计文化建设 [J]. 航空财会，2020（1）：33.

计的独立性十分有限。随着我国民主政治的发展，我国设立了专门的审计机构，并且加强审计立法，最大限度地保持了政府审计的独立性，使审计机构能更好地行使职能。

在审计的实践工作中，大力推进审计文化建设是加强和改进审计机关思想政治工作的重要途径。审计文化建设可以丰富审计人员思想政治工作的内涵，同时发挥思想政治工作的优势，调动审计人员思想政治觉悟提高的积极性，提升审计人员“为人民服务”“为群众办实事”的思想高度，使得审计文化在思想政治工作的指引下向纵深发展。

政府审计管理体制的文化内核，在文化环境的发展过程中吸收了更多含义。社会主义核心价值观是社会主义精神文化的核心要素，现代政府审计管理体制的发展与社会主义核心价值观紧密相连，在与社会主义核心价值观相融合的基础上，政府审计管理体制的文化内核包括公正、民主、平等、敬业、诚信、法治等，政府审计管理体制也带上了公正、民主、法治等价值色彩。

（二）审计学科发展与人才培养

审计学科的建设是政府审计理论与学术发展的基石，是建立政府审计理论体系的教育资源保障，对于建成更加专业化、全面化、工作内容复合化的政府审计管理体制有着重要意义。

近十年来，审计学科有了较快发展，但是与审计工作所要面对的日益复杂的实践情况相比，现在仍隶属于“管理学”类“工商管理”一级学科下的二级学科的审计学专业，无论是审计理论的探索发展还是审计人才培养，甚至于大数据审计技术的教学与应用都呈现出强烈的滞后性。这样的滞后性，一方面使审计学科及审计理论的发展受限，对于实践的指导作用减弱；另一方面会导致现有审计人才的能力培养与实际工作不匹配，造成结构性审计人才缺口，从而制约审计实践的发展。

1. 政府审计学科发展

审计学的定位不当会导致审计学科建设滞后，从而导致政府审计学科内容建设与人才培养方案无法及时随着政府审计实践的现实情况发展，不利于为国家重大政策措施落实情况跟踪审计、领导干部自然资源资产离任审计、大数据审计等政府审计实践的发展培养高端研究型、复合型、实用型审计专业人才，制约政府审计管理体制的进一步转型和发展。

长期以来，我国重点建设一级、二级学科。依据《授予博士、硕士学位和培养研究生的学科、专业目录》（学位〔1990〕030号）的规定，审计学学科为管理学中工商管理一级学科下的会计学二级学科中所属的三级学科。而《学位授予和人才培养学科目录（2011年）》（学位〔2011〕11号）显示，在哲学、经济学、管理学等13个学科门类中，审计学科并未成为110个一级学科之一。然而，2021年底，国务院学位委员会办公室下发《博士、硕士学位授予和人才培养学科专业目录（征求意见稿）》，其中"审计"是管理学中与工商管理、会计、公共管理等平行的学科，且在专业硕士学位基础上拟增设审计专业博士学位。由此可见，国家已开始关注审计学科的发展和审计高端人才的培养。

金太军、赵军锋基于政治学视角对政府审计学科建设进行了讨论，他们认为，政府审计的学科定位取决于政府审计的实践属性。[①] 无论是从审计需求还是审计技术来看，政府审计都属于多学科交叉、跨领域融合的应用型学科。政府审计对于扩充工作内容及覆盖面、建立更加全面的管理体制提出了新的要求。

首先，从审计需求来看，社会公众的监督需求和国家治理需求都对政府审计学科建设提出新的发展要求。随着我国经济政治与新时代的融合发展，我国政府审计的范围随之扩展并逐渐实现全覆盖，审计范围包括政策跟踪审计、财政审计、金融审计、企业审计、民生审计、资源环境审计、经济责任审计、涉外审计等，几乎涵盖了国家治理的各个层面，成为国家治理体系的重要组成部分。审计职能范围的扩展进一步证明政府审计学科建设必须与多学科交叉融合。

其次，从审计技术层面来看，政府审计的审计过程涉及多个学科的知识和多种技术的应用。学者韩磊指出，在政府审计的实践发展过程中，政府审计与计算机技术、工程建设、资源环境等应用型自然科学已经发生深入的交融，同时系统论、控制论以及数据技术等各类科学研究方法和实践技术已经普遍应用于政府审计各项实践活动和理论研究中。[②] 审计署审计科研所2018年关于"科技强审战略研究"的审计研究报告中总结，要推动不同类型科学技术与审计工作的有机融合。当今，区块链、量子通信、高性能计算、人工智能、机器学习、人机交互等新一代信息技术将有可能从根本上改变审计组织模式、审计工作方式、审计报告体系；新材料研发应用、新能源汽车、合成生物技术、转基因生物新品种培育、新型生物医药技术等正深刻影响审计监督内容。[③] 这就需要审计机关跟踪前瞻科学问题研究进展，尽早探

① 金太军，赵军锋．国家审计学科建设论纲：基于政治学视角的分析［J］．审计与经济研究，2018（3）：4.

② 韩磊．国家审计的学科属性、特征研究以及教学规律认识[R]．审计研究报告，2016（29）：1-21.

③ 审计署审计科研所．关于"科技强审战略研究"的审计研究报告[R]．审计研究报告，2018.

索这些新兴技术与审计工作的关联度，分析对今后一段时期审计对象的影响趋势，及时揭示和反映新情况、新问题和新趋势，提供具有预见性、全局性、战略性的技术前沿方面的审计报告，建立更加全面、专业化程度更高的政府审计管理体系。

目前，审计实践的经验、审计理论的创新性研究等各个方面都表明，审计学科作为“管理学门类下的三级学科”这一定位是不科学、不准确的，会制约政府审计的理论研究与管理体制发展。因此，要想发展出适应甚至超前于政府审计实践发展的审计理论与学科建设，使得政府审计的理论研究能够总结实践经验，反哺政府审计管理体制，形成新时代的审计制度文化，就需要重新对审计学科进行审视定位，重视其学科的实践属性和多学科交叉应用属性。

2. 政府审计人才培养

政府审计管理体制建立初期，审计从业人员的知识和专业结构背景较为多样，很多审计人员并没有掌握财会知识，更不具备对财政财务状况进行审计的能力。因此，这个阶段注重培养审计人才的财政财务审计能力和财会知识、财务管理等相关学科的知识基础是符合当时审计实践需求的。这一阶段，审计的目标是监督财务会计信息的真实性、合法性、效益性，因此对审计人才的需求以财务专业方向的审计人才为主，审计人才的培养方案也更注重对会计财务和非财务信息审计的培养，对审计人才的评价和知识技能的衡量都将以对会计核算、财务管理等方面的掌握程度作为主要标准。这种人才培养方案和技能评价标准在很长一段时期内，对国家的经济监督和财政财务收支状况审计起到了积极的作用，为政府审计管理体制的专业化发展提供了财会专业人才基础。

高校在现行的审计人才培养体系中起主导作用，是中国教育审计学会发挥组织开展教育审计理论和实务研究及国内外学术交流、调查研究教育审计工作发展过程中遇到的新问题、培训教育审计人员、出版相关教育审计刊物、颁发《高校科研管理审计实务指南》等领导作用的主要平台，为审计人才的培养提供资源，并且是多学科、跨领域审计培养方案施行的前沿阵地。在这个平台上，基本完成了财务会计、审计、财务管理、财务分析、逻辑、电子信息技术应用等多学科的初步交叉融合教育，实现了审计多学科融合型人才培养的初步探索。

学者李晓钏提出，对于政府审计人员来说，如何从海量信息中发掘有价值的信息，预防、揭示和抵御风险，显得更为关键，因此对其信息技术的要求也会更加深入。① 目前的政府审计工作发展方向主要以大数据为核心，设立了构建全国统一的审计信息系

① 李晓钏．浅析审计岗位职业信息化能力需求 [J]. 中外企业家，2019（36）：21.

统这一目标，逐步推动审计全覆盖。面对新形势、新任务、新要求，审计人才培养需要在遵循高等教育发展规律的同时积极以社会需求为导向，制定更适应新时代发展的培养方案，推进审计学科教育的多学科交叉融合，培养符合社会需求的复合型审计人才，以适应和指引未来的审计发展，为更加专业化、全面化、工作内容复合化的政府审计管理体制发展提供必要的人才条件。

第三章　政府审计管理体制的初创、确立与改进

第一节　政府审计管理体制的初创

自1921年7月中国共产党成立以来，党团结带领着全国各族人民，探索出一条农村包围城市、武装夺取政权的正确革命道路，经过28年的浴血奋战，完成了新民主主义革命，建立了新中国，实现了民族独立，并实现了从封建专制制度向人民民主专政的伟大飞跃。全国各族人民在党的领导下进行社会主义建设，过程虽然有些曲折和坎坷，但总体取得了伟大而辉煌的成就。新中国成立后，党团结带领全国各族人民，完成社会主义革命，建立社会主义基本制度，促进社会主义建设发展，使中华民族有史以来最广泛、深刻的社会变革得以完成。这次社会变革也为当今中国的发展进步奠定了良好的政治前提和制度基础。

一、中国共产党成立后至新中国成立前的审计工作

（一）审计机构设置

中国共产党成立初期就重视审计工作，党的主要领导人将审计工作作为财经监督、控制财政财务、防止经济上违法乱纪的重要手段。1922年9月，江西萍乡安源路矿工人在毛泽东、刘少奇、李立三等的领导下，以要求当局承认俱乐部享有工人代表的权利和增加工资为由举行罢工，取得重大胜利。1923年4月，为加强对俱乐部财务经费收支的监督，俱乐部第一届最高代表会议第二十一次会议举行，会议决定组织经济委员会。第二十二次会议上通过了《经济委员会简章》并明确经济委员会下设审查部。1924年8月，新一届俱乐部成立经济审查委员会，以专门履行审计经济职能。经济审查委员会与执行委员会并列，同属最高代表会议，不再隶属于经济委员会。审计工作在领导的重视下发挥了应有的作用。

在革命根据地时期，各级革命政权都实行一元化领导，即党委统一领导党政军和审计工作，由各级党政军领导兼任各级审计机构主要负责人，这充分体现了党委对审计工作的重视程度。在抗日战争和解放战争时期，各根据地最高审计机关的领导大多由根据地军政主要领导人兼任。高规格的领导配备有利于加强党对审计工作的领导，有利于审计工作的开展，确保了审计工作始终在党的领导之下，提高了审计的权威性，也使审计监督能顺利实施。

在新中国成立之前，中国共产党领导审计工作的历史经验表明，各级党政军领导对审计工作的高度重视是审计机构能保持审计独立性的关键，审计机构地位得以提高。根据 1934 年 2 月 17 日中华苏维埃共和国临时中央政府执行委员会颁布的《中华苏维埃共和国中央苏维埃组织法》规定，审计委员会由中央执行委员会直接领导，与最高法院并列。1934 年 2 月 20 日，中华苏维埃共和国中央政府执行委员会颁布《中华苏维埃共和国中央政府执行委员会审计条例》（中字第 2 号），该条例规定审计委员会对政府预算决算的审查和对贪污浪费的处罚，应报由中央主席团批准和执行。每个会计季度终了时，审计委员会应将审计结果总结报告提交给中央主席团。中央审计委员会独立于财政部门，这使其在中央苏区的审计工作中保持了很大的独立性与权威性。

1921—1949 年，在中国共产党的领导下，审计事业总体上经历了从无到有、从初创到逐步发展壮大的曲折光辉历程。在组织层面上，党政军各级主要领导人对审计工作高度重视，各根据地的审计机构通常由党政军主要领导兼任，这赋予了审计较大的权威性。在制度层面上，各革命根据地注重审计法制建设，结合各根据地实际情况，制定了一系列实用性较强的审计法规，对审计机关的设置、职权、程序、工作方法等也作出了比较科学、合理、明确的规定。

（二）审计法规建设

在中国共产党领导下，各个根据地因地制宜，制定了大量的审计法规。据不完全统计，总共约 30 多部，主要有《中华苏维埃共和国中央政府执行委员会审计条例》《陕甘宁边区暂行审计条例（草案）》《陕甘宁晋绥边区暂行审计条例》《晋冀鲁豫边区岁入岁出审计规程》《华北区审计规程》《山东省审计暂行条例》《苏中区各级审计委员会暂行组织及审计法规（草案）》《西北人民解放军野战军审计工作暂行条例》等。

这一时期，党和政府没有制定审计法规来统一指导各个根据地。由于根据地情况各不相同，审计法规由各个根据地自行制定。为适应瞬息万变的战争环境形势，各个根据地不断修订颁布新的审计法规。在抗日战争、解放战争中，陕甘宁边区颁布近 10 部审计条例与规程，对审计工作各方面作出详细的规定。这些规定简洁明了，力求切实可行。根据地的审计法规作为审计工作的依据和标准，尽管因时因地有所调整，但内容变化不大，大部分法规都规定了审计目的、审计机构设置、职权、人员编制、审计方法、审计程序等。这些法规灵活机动，为适应战争环境，具有鲜明的时代特征，充分体现出共产党实事求是、具体问题具体分析、原则性与灵活性相结合的精神。

这一时期的审计目标就是明确审计工作一切为了革命和战争，节省每一分钱为革命战争的胜利做好保障。为支持革命战争，响应中央保障战争前线的号召，审计委员会和各级审计机构节省再节省。为坚决贯彻毛泽东同志在第二次全国工农代表大会上提出的“节省每一个铜板为着战争和革命事业，为着我们的经济建设”[①]的号召，审计人员着重抓节约开支，对部队的供给标准、规定、制度的执行进行严格检查，坚决杜绝贪污浪费，这使当时的审计工作具有很强的针对性和实用性。

（三）审计工作开展

这一时期，审计机关主要开展了三方面的工作：一是预决算审计。审计人员依照经费、被服等供给标准和经批准的人员、马匹编制，稽核、审查中央及地方各级政府和部队的预决算，及时进行防弊纠错。二是财政财务收支审计。审计人员稽核、审查国家各机关、企业和革命团体的财政财务收支，以提升苏区企业的管理水平，加强对成本的核算，提高经济收入。三是查处贪污浪费，严肃财纪。审计机关始终坚持严肃财纪、查处贪污浪费的职责。审计人员对预决算、财政财务收支中的不严重的问题予以纠正并进行批评教育；重大的问题如贪污盗窃等，则交由司法机关处理。除以上三方面的审计工作以外，审计人员还在审计过程中结合发现的问题，研究分析现行财经制度是否适应实际工作发展的需要，不断向上级提供相应改进意见，成为财经工作的参谋部。

为适应这一时期的抗日战争和解放战争，审计人员在工作实践中创造了多种审计方式。其中主要的五种审计方式为：一是送达审计，即审核各机关团体部队送报的收支预决算书、公营事业的营业报告、金库收支报告及应附表册等。二是实地审计。当审计机关对所送的报告有疑虑或发现如贪污浪费等重大问题时，派审计人员进行实地审查。审计机关派驻审计人员对重点单位日报、旬报、月报进行定期查验，并将各项账簿与凭证、现金财物等检查核对。三是委托审计。为加强审计工作的便利性与审计监督，审计处委托一些机关、团体、部队代为审查部分审计任务。四是集体会审，即组织会审人员集中学习相关政策制度，掌握审计原则和依据，对所属单位的预决算进

① 张满福．毛泽东厉行节约反对浪费思想的理论探索及现实意义［J］．党史博采（理论），2015（1）：4-5.

行交叉审查，集体讨论并处理审查中发现的问题。五是重视调查研究。根据地审计机关把调查研究作为在审计工作中搞好审计的重要手段。革命根据地审计机关建立后，先后开展了对中央政府各厅、部及瑞金直属县、粤赣省苏维埃预决算的审计，并对中央印刷厂、中央邮政总局等中央单位及群众团体开展财务收支审计，其审计结果在中央政府机关报《红色中华》[1]上公布。[2]审计结果的公开使审计工作提高了透明度，也使被审计对象和审计机关更好地接受群众监督，审计的作用得到了更好的发挥；中央审计委员会在肯定被审计对象取得的成绩的同时指出其存在的短板，并提出可行性建议，有利于被审计对象工作改进；对经济违法乱纪行为的公开揭露与批判，在苏区经济建设和革命战争中起到了较大的惩戒与威慑作用。苏区的审计充分体现了这一时期的审计是以维护广大工农的根本利益为目的的。1934 年 2 月 20 日中华苏维埃共和国中央政府执行委员会颁布的《中华苏维埃共和国中央政府执行委员会审计条例》第 2 条规定："中央审计委员会及分会须与中央、省及中央直属县、市工农检察委员会取得密切联系，使更能吸收广大工农群众对于审计的意见。"苏区工农检察委员会属于群众性的监察机构，这一条例规定中央审计委员会应与工农检察委员会联系，利于审计委员会随时随地接受工农群众的监督。

总之，在中国共产党领导下的根据地所取得的宝贵的审计工作经验，对在新历史时期审计机关能更好地发挥审计在保障国家经济社会健康运行中的"免疫系统"功能起到了重要推动作用，并且对促进党和政府的廉政建设、推进民主法治的发展、维护人民群众的根本利益，都具有重要的历史意义。

二、新中国成立后的经济改革

（一）经济体制改革

1949 年 10 月 1 日，新中国成立，在中国共产党领导下全国各族人民开始社会主义革命和建设。新中国诞生后，完成了土地改革，并完成了对资本主义工商业、个体农业和手工业的社会主义三大改造，全面确立了社会主义制度。

1956—1966 年，我国全面建设社会主义，党和政府在经济建设中贯彻"调整、巩固、充实、提高"八字方针，使社会主义建设取得了很大成效。

---

① 《红色中华》于 1931 年 12 月 11 日在江西瑞金创刊，初期为苏维埃临时中央政府机关报。1933 年 2 月 7 日起，改为中国共产党、中央工农民主政府、中华全国总工会和中国共产主义青年团合办的中央机关报。

② 佚名.《红色中华》与审计［EB/OL］.［2022-06-18］. http：//auditmuseum.icnao.cn/museum/article/2022-02-10/1070.html.

1966—1976年，我国经历了十年“文化大革命”。1978年12月，党的十一届三中全会在北京举行，会议围绕“把全党工作重点转移到社会主义现代化建设上来”这一中心议题讨论，为我国开创了社会主义事业发展的新时期，实现了伟大的历史性转折。

1982年9月，党的十二大在北京召开。经济体制改革在我国全面展开，各种形式的家庭联产承包责任制迅猛发展。国家在保证所有制经济占主导地位的基础上，从政策和措施上大力发展城乡集体经济，适当发展个体经济，并在一定范围内允许外商独资企业、中外合资、中外合作企业的发展，以及不同所有制经济单位联合经营的新型企业的存在，初步形成了以公有制为主体、多种所有制形式和多种经营形式并存的局面，所有制的内部结构以及经营方式发生了合理的变化。

1984年10月，党的十二届三中全会在北京召开。全会通过《中共中央关于经济体制改革的决定》，作为我国经济体制改革的纲领性文件，该文件确认我国社会主义经济是以公有制为基础、有计划的商品经济；指出经济体制改革的中心环节是增强企业活力；实行政企分开，正确发挥政府机构管理经济的职能；认真贯彻按劳分配的原则，建立多种形式的经济责任制等。以城市为重点的经济体制改革从1985年起全面展开，到1987年已取得明显进展，全国大部分国营企业已实行不同形式的承包经营责任制，企业内部也进行了以实行厂长（经理）负责制为主要内容的改革。

1987年10月，党的十三大在北京召开，大会系统阐述了社会主义初级阶段理论和以经济建设为中心，坚持四项基本原则，坚持党在社会主义初级阶段的基本路线。大会要求：按照所有权和经营权分离的原则，搞活全民所有制企业；促进横向经济联合的进一步发展；加快建立和培育社会主义市场体系；逐步健全以间接管理为主的宏观经济调节体系；在以公有制为主体的前提下，继续发展多种所有制经济；实行以按劳分配为主体的多种分配方式和正确的分配政策。

1992年10月，党的十四大在北京召开。大会强调以邓小平同志建设有中国特色社会主义的理论为指导，提出20世纪90年代改革和建设的主要任务，即坚持党的基本路线，加快改革开放，集中精力把经济建设搞上去。大会还指出经济体制改革的目标是建立社会主义市场经济体制，社会主义市场经济体制的建立有利于进一步解放发展生产力。党的十四大既为我国20世纪的前进航程作出规划，也确立了我国21世纪的行动纲领。

1993年11月14日，党的十四届三中全会通过《中共中央关于建立社会主义市场经济体制若干问题的决定》，标志着我国社会主义市场经济体制的基本框架的建立。在此基本框架中，我国要进一步改革政府机构，转变政府管理经济的职能，建立主要运用经济手段、法律手段以及必要行政手段管理国民经济的宏观调控体系，加快财税、金融和计划投资体制的改革，实施有效的宏观调控，保证国民经济健康运行。党的十四届三中全会是坚持党的基本路线，进一步贯彻党的十四大精神的会议，既有较完整的总体设想，又紧抓改革和发展中突出的矛盾和问题重点突破，便于有计划、有步骤地实施，具有很强的指导性。

（二）财政体制改革

新中国成立初期，我国实行了高度集中的财政管理体制，统一了全国的财政收支、物资调度和现金管理，主要的收入、资金和重要物资由国家集中掌握，资金和物资管理上的混乱状况得以改变。从 1951 年开始，中央提出“统一领导、分级负责”的方针，财政管理体制逐渐扩大地方财权。由中央财政部统一划定大行政区的收支，再由大行政区各省（市）的收支进行划定；按照隶属范围，划分各级企业事业行政机构的预算和收支范围；农业税收入超过任务者，其超过部分留 50% 给地方。

1953 年，中央、省、县三级财政开始在全国建立。1954 年，地方被赋予更大的预算管理权限。1957 年实行的“总额控制”办法再次扩大地方财权，地方在预算总额控制内可结合当地实际情况安排收支。1962 年，为克服国民经济失调的状况，中共中央和国务院颁发了财政六条[①]和银行六条[②]，强调应集中国家财权到中央、大区和省、直辖市、自治区三级，缩小专区、县、公社的财权，但必要时仍给以机动。1971—1973 年，财政实行“大包干”，地方管理权限又大规模扩大。受“文化大革命”的影响，1974 年改为执行“收入固定比例留成，超收另定分成比例，支出按指标包干”。

1978 年，党的十一届三中全会决定对权力过于集中的经济管理体制进行改革，有计划地大胆下放权力。经过 1978—1979 两年试点后，从 1980 年起，在巩固中央统一领导和计划、确保中央必要开支的前提下，国家改行“划分收支、分级包干”的体制，明确各级财政的权责关系，做到权责结合。

党的十二大后，为加快经济体制改革的步伐。1983 年 6 月 1 日起，在全国范围内实行第一步“利改税”，即对国有大中型企业征收 55% 的所得税后，以多种形式在国家和企业之间合理分配企业利润。1984 年 10 月 1 日起，第二步“利改税”开始实行，

---

① 1962 年发布的《中共中央、国务院关于严格控制财政管理的决定》对严格控制财政管理作了六项规定，被称为“财政六条”，其具体内容包括：（1）切实扭转企业大量赔钱的状况；（2）坚决制止一切侵占国家资金的错误做法；（3）坚决制止各单位之间相互拖欠货款；（4）坚决维护应当上交国家的财政收入；（5）严格控制各项财政支出；（6）切实加强财政监督。

② 1962 年发布的《关于切实加强银行工作的集中统一，严格控制货币发行的决定》，被称为“银行六条”，其具体内容包括：（1）收回银行工作下放的一切权力；（2）严格信贷管理；（3）严格划清银行信贷资金和财政资金的界限；（4）加强现金管理；（5）各级人民银行必须定期向地区党政机关报告相关情况；（6）严格财政管理作出检查，报经批准，财政才予以弥补。

企业依法纳税，不再上缴企业利润。1985年，国家财政管理体制继续改革，实行“划分税种、核定收支、分级包干”体制。1987年，增值税计税办法改为统一实行“扣税法”。1994年，改革流转税制，原征收产品税的产品改为征收增值税，为增加财政分配的透明度和提高预算管理水平，国家建立约束预算收支的机制，实行复式预算，改进国债的发行方式，开放国债的流通市场。

党的十四大后，适应我国社会主义市场经济要求的财税体制框架基本形成。1994年，全国各省、自治区、直辖市以及计划单列市实行分税制，分别按税种来划分中央与地方的收入范围；按政府事权划分中央与地方的财政支出范围；分别设立中央与地方税务机构；依据统一比例确定中央财政对地方税收的返还基数；过渡期内执行转移支付的制度。自此，适应我国市场经济发展的分级财政体制新框架已初步建立。

1994年3月22日，第八届全国人民代表大会第二次会议在北京召开，会议通过了《预算法》，该法作为我国第一部关于预算单项的法律，将政府预算成功纳入法治化管理轨道，强化了预算管理与预算监督。1994年的税制改革建立了符合社会主义市场经济发展要求的税收体系。税制改革取消对外商投资企业征收工商统一税，改革后的新流转税制对内资企业和外商投资企业同时适用。对内资企业实行统一的企业所得税，国营企业不再执行企业承包上缴所得税。相关的税收也被合并，同时，其他税制的改革也在逐步推进。

从新中国成立到1994年，随着财税改革的深入，原有的大部分财政审计的法律、理论和制度依据发生转变。为适应分税制改革，财政审计的对象由原有的地方一套税收征管机构转变为中央与地方两套税收征管体制，审计重点为与中央和地方的事权和财权相统一的原则相适应，并按新情况确定。

（三）会计管理工作的发展

新中国成立初期，与国家财政收支密切相关的会计核算体系逐步建立，国家实施了金库会计、税收会计、总预算会计、单位预算会计等制度，为会计工作的正常秩序提供了制度保证。1958年，“大跃进”和人民公社化运动严重破坏了财务会计工作的正常秩序。1961—1962年，为给财务会计工作恢复正常秩序提供依据和标准，中央颁发了一系列财务会计管理制度以规范国营企业的会计核算工作。1962年5月，财政部、中国人民银行联合召开全国会议，这是新中国成立以来第一次专门研究会计工作的全国会议。会议召开后，各项会计制度迅速恢复和健全，会计工作得以有序进行。

“文化大革命”在将经济社会生活带入混乱状态的同时，也使会计工作面临困局。1976年10月，“文化大革命”结束。1978年，党的十一届三中全会的召开使中国会计工作进入新的历史时期。1979 年底，中国会计学会成立，有力地推动了会计理论研究。1980 年 10 月，第二次全国会计工作会议召开，为我国会计工作的改革和发展指明了前进方向，制定了工作方针。

1985 年 1 月 21 日，全国人大常委会发布《会计法》，该法于 1985 年 5 月 1 日开始实施，规定由国务院财政部门统一管理全国会计工作，本地区会计工作由地方各级政府的财政部门管理。各单位可按照本单位实际会计业务的需要设置会计机构，或在相关机构中单独设置会计人员并指定会计主管人员，由各单位会计机构、会计人员对本单位实行会计监督。20 世纪 80 年代的会计工作改革取得了一定进展和成效，但会计模式本质上还未摆脱计划经济的束缚。会计理论研究和改革方案的设计已做好一定准备，但会计模式转换的实施仍受到经济管理模式的制约。

党的十四大确立社会主义市场经济体制的改革方向后，我国会计工作走上了“建立适应社会主义市场经济会计模式”的轨道，改革会计核算制度，建立适应市场经济要求的会计准则体系。1992 年 11 月 30 日，经国务院批准，财政部发布《企业会计准则》(财政部令第 5 号)，对我国建立符合社会主义市场经济要求的会计核算模式起到了相当关键的作用。1993 年，根据社会主义市场经济发展的迫切需要，全国人大常委会对《会计法》作出适当修改，将维护社会主义市场经济秩序写入立法宗旨；适用范围也从“国营企业事业单位、国家机关、社会团体、军队”扩大到“国家机关、社会团体、企业、事业单位、个体工商户和其他组织”。同时，我国进一步完善会计监督体系，探索新的会计监督机制，规范注册会计师行业，基层单位的会计核算和管理也逐步适应市场经济要求的运行机制，为审计工作提供了良好的审计依据和审计环境。

三、审计工作的存续与合并

（一）从审计机构到财政监察机构

中华人民共和国成立初期，中央至地方各级政府延续革命根据地和解放区的审计制度，在财政部内部设有审计处，财政部审计处内又设国防、行政、文教等科。审计处主要负责执行年度开支计划，审计支出的合法性、合规性并以书面形式通知主计处开取“支付令”凭证，巡视检查是否存在违法乱规事项。

1950 年 11 月，政务院颁布《中央人民政府财政部设置财政检查机构办法》将原审计机关的审计职权一并纳入财政检查机关的职权范围。在借鉴苏联的财政监察制度后，财政检查又改称为财政监察。11 月 25 日，财政部发出《为设置各级财政检查机构补充规定的通知》用以再次督促各级财政检查机构的建立。

1951—1953年，中央至地方各级审计机构的审计职能逐渐被财政检查（后改为监察）机构取代，绝大部分审计机构被相继撤并。1958年8月，全国各级财政监察机构也被撤销。1961—1962年，为整顿“大跃进”以来财政管理偏松、财经纪律松弛的现象，根据中央切实加强财政监督的要求，全国各地又先后恢复财政监察机构。1966—1976年，各级财政监察机构受“文化大革命”的冲击，再次被撤销。1978年8月，经国务院批准，财政部恢复建立财政监察司。1979年7月，根据《国务院关于进一步贯彻执行中共中央〔1978〕44号文件的通知》（国发〔1979〕42号）通知，“要建立和健全各级财政部门的监察机构，认真履行职责，同一切违反财经纪律的行为作斗争”，各级财政监察机构又得到恢复。1983年，全国各地方政府开始组建审计机构，各级财政监察机构又被撤销，原有人员大部分被并入审计部门。由于审计机关不能完全取代财政监察机构的职能，不久后，财政监察机构第三次得以恢复重建。财政监察机构的撤销与重建，增加了开展审计工作的难度，与此同时，也充分反映出审计工作在国家治理中的重要性。

（二）审计与财政监察法规

1.《中华人民共和国暂行审计条例（草案）修改稿》

1950年3月，中央决定统一国家财政经济工作，初步形成高度集中、统收统支的财政管理体制。“统一领导、分级负责”是财政管理工作的基本指导方针。为严格预决算制度和平衡财政收支，国家审计监督必须加强，于是中央人民政府财政部印发《中华人民共和国暂行审计条例（草案）修改稿》，对此加以具体规范。

《中华人民共和国暂行审计条例（草案）修改稿》依据《中国人民政治协商会议共同纲领》[1]第40条及国家财政管理方针而制定，包括总则、审计职权、审计实务、财务检查、附则等五章，共44条。其中明确规定了审计机关的设置、职责、权限、审计工作体制和财务检查等具体内容。

1950年制定的《中华人民共和国暂行审计条例（草案）修改稿》，是新中国成立后制定的第一个有关审计工作的全国性法规。虽然《中华人民共和国暂行审计条例（草案）修改稿》没有正式颁布实施，但在新中国成立初期的众多审计法规中仍然具有代表性、典型性。

① 于1954年《宪法》发布后失效。

2. **财政监察工作规定及实施细则**

1953年2月，财政部发布《各级财政监察机构执行财政监察工作实施细则》，该细则包括总则、财政监察工作计划的编制、进行检查的准备工作、财政监察工作的进行程序、检查报告的编造、检查案件的处理和附则等七章内容。

1980年7月2日，财政部制定《关于财政监察工作的几项规定》(国发〔1980〕169号)，由国务院批转。该规定共分为财政监察机构的设置、任务、领导关系，财政监察人员的职权，财政监察案件的处理以及对财政监察人员的要求等六部分。该规定的执行在加强财政监察工作，推动增收节支，维护财政纪律，促进社会主义四个现代化建设等方面起到了积极的作用。

新中国成立初期，各级政府审计机构仅存在一两年，虽然存在时间很短，但在财政经济状况困难的状况下，各级政府审计机关严审经费开支，严肃国家财经法纪，尽职尽责开展审计工作，认真履行审计监督职能，为国家建立正常的经济秩序和实现国家财经状况的根本好转，作出了应有的贡献。

总结新中国成立后三十多年的审计历史经验，可得到以下几点初步认识：

(1) 审计、财务检查和财政监察大同小异。新中国成立至1980年，政府审计、财务检查、财政监察同属财政部门领导。从对象、范围和内容上来看，三者作为对财经的监督，从事的工作也大体一致。甚至在人员上，也是根据情况互为调用，如新中国成立初期撤并审计机构时，审计人员大部分归到财政监察机构。1983年恢复审计机构时，财政监察机构的人员又回到审计机构中。

(2) 由于经济体制的限制和对审计重要性认识的不足，审计、财政监察工作时断时续。经过三大改造，我国所有制发生了根本变化，在国民经济中，国营经济与集体经济占绝对地位，私营经济逐渐消失。国家实行高度集中统一的计划经济体制，由政府直接管理企业，政企不分，企业没有自主权；商品生产与价值的规律被忽视；实行平均主义分配机制。这些现象都使人们严重低估了经济管理的复杂性，同时忽视了相互监督和制约在经济工作中的必要性。因此，在新中国成立后，从最初不设立独立的审计机构，把审计机构设在财政部门内；再以财政监察机构取代设在财政部门内的审计机构，最后连财政监察机构也被取消。财政监察机构经历了重置，再取消，再重置的过程。

(3) 新中国成立后三十多年的审计工作虽然受到过干扰，时断时续，但取得的成果也不少。审计工作不论在新中国成立初期实现财政经济的根本好转，还是后来在维护国家经济秩序的正常运转、促进国民经济的健康发展中都发挥了应有的作用，坚决同一切贪污盗窃、铺张浪费和违反财经纪律的行为作斗争。

第二节 政府审计管理体制的确立与改进

1978 年，党的十一届三中全会的召开标志着我国进入社会主义现代化建设的新的历史阶段，党和国家的工作重点转到了经济建设上来。国家实行对外开放、对内搞活经济的政策，各地区、部门、单位的自主权得到扩大，这对于调动各方积极性，促进生产的发展，起到了很大的作用。为顺应完善市场经济体制、加强财政经济领域监督的需求，审计制度也开始被恢复建立。

一、政府审计管理体制的确立

（一）审计机构或组织的设置

1. 审计署的成立

党的十二大提出，把全部经济工作转到以提高经济效益为中心的轨道上来。1982 年 4 月，全国人大常委会在新通过的宪法修改草案中提出，由国务院设立审计机关。随后，国务院指定财政部负责对审计机关的组建进行筹备。12 月 4 日，第五届全国人民代表大会第五次会议正式通过《宪法》，规定全国人民代表大会根据国务院总理的提名，决定审计长；中华人民共和国主席根据全国人大和全国人大常委会的决定，任免审计长。国务院设立审计机关，审计机关依法独立行使审计监督权，不受其他行政机关、社会团体和个人的干涉。县级以上地方各级人民政府设立审计机关。地方各级审计机关对本级人民政府和上一级审计机关负责，依法独立行使审计监督权。

审计被写入《宪法》，标志着政府审计管理体制的确立，确定审计机关隶属于国务院领导，显著提高了审计机关的独立性和权威性，也为当时审计监督的有序开展提供了有力保证。1983 年，在国家审计署筹备组建期间，全国各地贯彻“边组建、边工作”的方针，亦相继组建省、市、地、县、区各级审计机关。1983 年 9 月 15 日，审计署正式成立。经国务院批准，审计署机关下设办公厅和财政金融、工业交通、商粮外贸、农林水利、基本建设、行政国防文教审计局以及人事教育局，同时设立审计科研培训中心。从 1983 年 3 月至 1984 年 6 月，在短短一年多的时间里，全国各省、自治区、直辖市全部建立了审计机关，并在两三年时间里绝大部分所属市、地、县、区亦建立了审计机关。

2. 审计署下各司的设置

1986年，审计署在沈阳、上海、武汉、广州设立特派员办事处，以加强对这些地方的中央企事业单位的审计监督。1986年4月，审计署机关局级机构作出较大的调整：由国务院批准，增设金融审计局、财政审计一局、财政审计二局、工业审计局、交通审计局、法规局，撤销财政金融审计局和工业交通审计局。

1993年12月16日，国务院办公厅印发《国务院办公厅关于印发审计署职能配置、内设机构和人员编制方案的通知》（国办发〔1993〕89号），明确了审计署内设机构及各自职责。具体内容如表3–2–1所示。

表 3–2–1 审计署机关 15 个职能机构主要职责

职能机构	主要职责
办公厅	负责政策研究，草拟、修改重要文件，反映情况，编辑内部刊物、审计信息，承担对外宣传和文书、档案、信访工作，负责同驻部门、地方派出机构进行联系和机关行政管理等工作
综合司	负责编制署机关和派驻机构的审计工作计划，汇编全国审计工作计划和审计工作统计报表；划分审计范围，协调各业务司和派驻机构的审计事项；管理审计事业经费；对署所属单位的财务收支进行审计等工作
法规司	负责草拟审计法规，复核重大审计事项决定，参与研究财政经济法规等工作
财政审计司	负责审计省、自治区、直辖市和计划单列市的预算收支和预算外财政资金的收支及其使用效益以及地方财税管理情况
金融审计司	负责审计国家金融机构信贷计划的执行及其结果。根据署的计划，具体组织驻地方派出机构对国家金融机构在地方的分支机构和各地区、有关部门的债券发行、社会集资审批进行审计
行政事业审计司	负责审计国务院政法、文教等部门和直属机构、办事机构、事业单位的财政、财务收支及其资金使用效益。根据署的计划，具体组织驻部门、地方派出机构对这些部门管理的某些专项资金进行审计
工业交通审计司	负责审计国务院工业、交通部门和所属经济实体、部委归口管理财务单列经济实体的财政、财务收支及其经济效益和国有资产的保值增值。根据署的计划，具体组织驻部门、地方派出机构对工业、交通部门的直属单位进行某些行业审计、专项资金审计和专题审计调查
商贸审计司	负责审计国务院国内贸易、对外贸易经济合作等部门和所属经济实体、部委归口管理财务单列经济实体的财政、财务收支及其经济效益和国有资产的保值增值。根据署的计划，具体组织驻部门、地方的派出机构对内贸、外贸部门的直属单位进行某些行业审计、专项资金审计和专题审计调查
固定资产投资审计司	负责审计国务院各部门管理的固定资产投资、施工企业的财务收支及其经济效益。根据署的计划，具体组织驻地方派出机构对国家重点建设项目的资金来源、使用情况和经济效益进行审计

续表

职能机构	主要负责内容
农业审计司	负责审计国务院农业、林业、水利部门的财政、财务收支及其资金使用效益。根据署的计划，具体组织驻部门、地方派出机构和地方审计机关对农业、林业、水利部门管理的某些专项资金进行审计和专题审计调查
外资运用审计司	负责审计国务院各部门和省、自治区、直辖市和计划单列市借用的国外资金和使用的国外援助资金。根据署的计划，具体组织驻地方派出机构和地方审计机关对世界银行、亚洲开发银行等国际金融组织的贷款项目进行审计
审计管理司	负责对地方审计工作的检查；指导内部审计工作；通过注册审计师协会指导、监督审计事务所和注册审计师的工作
人事教育司	负责办理署机关、派出机构、事业单位的干部调配、任免、工资福利、专业技术职称考评；同地方协商省级审计机关负责人的任免事项；编制审计系统的干部教育规划，指导干部培训工作
外事司	负责办理署机关及直属单位人员出国考察、访问的有关事项，接待外国审计机关来访团组，组织专家讲学，同外国审计机关、国际审计组织进行联系
机关党委	负责署机关和在京直属单位的党群工作

资料来源：国务院办公厅关于印发审计署职能配置、内设机构和人员编制方案的通知 [EB/OL].[2023-06-17].https://www.gov.cn/zhengce/zhengceku/2010-12/13/content_7942.htm.

此外，署机关设机关党委，负责署机关党员干部、全体职工的思想政治教育工作以及工会、团委的管理、指导。署机关设老干部局，负责老干部的管理工作。审计署下属事业单位有 3 个，即审计科研所、中国审计出版社、审计干部培训中心，分别负责审计科学研究，审计图书、刊物的编辑出版和审计系统正处长以上干部的业务培训工作。

1988 年，审计署还在哈尔滨、南京、济南、郑州、成都、昆明、长沙、兰州等 8 个城市增设特派员及其办事处，审计特派员根据审计署的授权，可对邻近地区中央各部门所属企事业单位进行审计监督，并直接向审计署报告工作。

3. 审计科研机构的建设

我国的审计院校教育，经过 9 年多的努力，截至 1992 年已拥有南京审计学院、广东省审计学校等学校，并在中国人民大学、武汉大学、南开大学等 32 所大专院校和昆明市财政商贸学校、贵州省财政学校等 20 多所中专学校开设了审计专业，培养研究生、本科生、专科生、中专（含职业高中）等各层次的审计专门人才。截至 1988 年，就已形成年招生 3000 人和在校学生最大规模 1 万人的能力。[①] 同时，审计系统的成人

① 中国审计年鉴编辑委员会 . 中国审计年鉴（1983—1988）[M]. 北京：中国审计出版社，1990：293.

教育设施有了很大发展，在全国各地设置电大审计专业工作站。

此外，审计科研机构也纷纷建立，科研队伍日益成长壮大。到1988年底，已有包括审计署审计科研所和各省、自治区、直辖市以及计划单列市的审计科研所（科研培训中心）在内的审计科研机构33个，共有专职科研人员近200人，[①] 中国审计学会、内部审计学会和各地的审计学术团体也有大批人员从事审计科研工作，从而形成了以审计科研机构、审计学术团体和大专院校为主体的审计科研队伍。1988年，中国审计出版社在《中国审计》编辑部的基础上建立起来。中国审计出版社在审计署直接领导下，发行审计刊物，出版审计教材、专著、文献资料和国外审计译著；同时，出版与审计业务有关的社会、经济、监督理论及有关财政、税务、金融、经济法规、企业管理和计算机审计等方面的书刊。这对指导工作、交流信息和经验、繁荣审计理论研究、开展教育培训、提高审计人员素质、推动审计事业发展，起到了积极作用。

（二）审计法规制度的初步制定

1983年审计署成立以来，为了保证审计工作的正常开展，使审计监督工作有法可依、有章可循，审计署着手制定审计法规制度。通过几年的努力，我国颁布了一系列审计法规规章及其他规范性文件，其中主要审计法规规章及其他规范性文件如表3-2-2所示。

表 3-2-2 1985—1992 年主要审计法规规章及其他规范性文件

颁布日期	法规规章及其他规范性文件名称
1985年8月29日	《国务院关于审计工作的暂行规定》（国发〔1985〕195号）
1985年12月5日	《审计署关于内部审计工作的若干规定》（审研字〔1985〕217号）
1986年12月31日	《审计署关于开展厂长离任经济责任审计工作几个问题的通知》
1987年1月2日	《行政事业单位定期审计制度》（审行字〔1987〕4号）
1987年1月14日	《关于进一步开展社会审计工作若干问题的通知》
1987年6月16日	《国务院关于违反财政法规处罚的暂行规定》（国发〔1987〕58号）
1987年12月25日	《审计工作考核试行办法》
1988年7月1日	《审计署关于全民所有制工业企业承包经营责任审计的若干规定》
1988年10月4日	《关于审计范围划分原则的暂行规定》（审综字〔1988〕338号）
1988年10月14日	《楼堂馆所建设项目开工前审计试行办法》
1988年11月30日	《中华人民共和国审计条例》（国务院令〔1988〕21号）

① 中国审计年鉴编辑委员会．中国审计年鉴（1983—1988）[M]. 北京：中国审计出版社，1990：296.

续表

颁布日期	法规规章及其他规范性文件名称
1989年6月21日	《中华人民共和国审计条例施行细则》(审计署令〔1989〕1号)
1989年7月5日	《审计署关于社会审计工作的规定》(审计署令〔1989〕2号)
1989年12月2日	《审计署关于内部审计工作的规定》(审计署令〔1989〕3号)
1989年12月14日	《行政单位定期审计制度》(审计署令〔1989〕4号)
1991年10月9日	《执业审计师制度(试行)》(审计署令〔1991〕59号)
1992年6月29日	《股份制试点企业审计暂行规定》(审法发〔1992〕180号)

限于篇幅,下文主要介绍两部法规。

1.《国务院关于审计工作的暂行规定》

1985年8月29日,《国务院关于审计工作的暂行规定》发布。作为新中国成立以来的第一部审计法规,该暂行规定为贯彻《宪法》关于实行审计监督制度、使审计工作实现制度化法律化迈出了重要的一步。

该暂行规定共计17条,第一,明确了审计机关的性质。审计机关是代表国家执行审计监督的机关,依据法律独立行使审计监督权,不受其他行政机关、社会团体和个人的干涉。

第二,规定了各级审计机构间的隶属关系。由国务院设审计署,审计署在总理领导下,负责组织、领导全国的审计工作,对国务院负责并报告工作。县级以上地方各级人民政府设审计局,接受上级审计机关和本级人民政府的领导,负责本行政区内审计工作的开展,并对上一级审计机关和本级人民政府负责并报告工作。

第三,规定了审计机关的主要任务:(1)对财政计划、信贷计划的执行及其结果,进行审计监督。(2)对国营企业事业组织、基本建设单位、金融保险机构的财务收支及其经济效益,进行审计监督。(3)对行政机关、中国人民解放军和有国家资金或接受国家补助单位的财务收支情况,进行审计监督。(4)对严重侵占国家资产财产、严重损失浪费及其他严重损害国家利益的违反财经法纪的行为,进行专案审计。(5)对国家利用国际金融组织贷款的建设项目、联合国专门机构援建项目的财务收支,进行审计。(6)执行国家审计法规,制定审计规章制度,参与重要财政经济法规的拟定。

第四,规定了审计机关的主要职权:(1)检查被审计单位的账目、资财和有关文件、资料等。被审计单位必须如实提供,不得拒绝或隐匿。(2)参加被审计单位的有关会议;对审计中发现的问题,进行调查并索取证明材料。有关部门、单位和个人,应当积极配合,不得设置障碍。(3)责成被审计单位纠正违反国家规定的收支,制止严重的损失浪费。被审计单位和有关部门不得拒绝执行。（4）对违反财经法纪的单位，依照国家法律和行政法规的规定，分别作出没收其非法所得、处以罚款、扣缴款项、停止财政拨款、停止银行贷款等处理决定，通知和监督被审计单位和有关部门执行。被审计单位和有关部门不得拒绝执行。（5）对阻挠、拒绝和破坏审计工作的被审计单位，必要时可以采取封存账册和资财等临时措施，并追究直接责任人员和有关领导人员的责任。（6）通报违反财经法纪的重大案件，表扬遵守和维护财经法纪成绩显著的单位和个人。

第五，规定了国务院和县级以上地方各级人民政府各部门、大中型企业事业组织，应当建立内部审计监督制度，在本部门、本单位内分别设立审计机构或审计人员，在主要负责人领导下，负责财务收支及其经济效益的审计。

第六，规定了审计机关可以委托经政府有关部门批准、注册的社会审计、会计组织进行审计，审计报告应报送委托的审计机关进行审定。社会审计、会计组织应当将接受企业事业组织委托所作的查账报告报送企业事业组织主管部门的同级审计机关，并负责保守机密。

第七，规定了审计人员应当坚持原则、敢于斗争、忠于职守、秉公办事，不得滥用职权、徇私舞弊、泄露机密、玩忽职守，审计人员依法行使职权，受法律保护，任何人不得打击报复。

总之，该暂行规定对审计机关的性质、组织关系、任务、职权、内部审计、社会审计以及对审计人员的要求和应受到的保护均作了明确具体的规定，虽然还不是十分完备，但使审计工作有了初步的办事依据，也适应了当时条件下审计工作的需要，对加强审计监督、提高审计权威性发挥了应有的作用。同时，该暂行规定的颁布标志着改革开放后我国的审计立法迈出了可喜的第一步，为今后制定更为科学完善的具有中国特色社会主义的审计法奠定了基础。

2.《中华人民共和国审计条例》

1988 年 11 月 30 日发布的《中华人民共和国审计条例》（以下简称《审计条例》）是以《宪法》为依据，在施行三年多的《国务院关于审计工作的暂行规定》的基础上，借鉴、参考国外一些较好的审计立法，并结合我国经济体制改革出现的新情况，对审计工作作出的比较全面的富有条理性的明确规定。

《审计条例》共计 9 章 40 条，与《国务院关于审计工作的暂行规定》相比，《审计条例》在内容上作出了一些有意义的补充：一是对审计机关任务、职权、领导体制，审计工作程序，内部审计，社会审计，以及被审计单位和审计工作人员的法律责任等方面的规定，比《国务院关于审计工作的暂行规定》更具体、更明确、更完善。二是进一步明确了审计监督的地位，这对强化审计机关的监督职能，处理好审计监督与为改革服务的关系，提高被审计单位接受审计的自觉性，具有重要意义。三是比较系统地总结和规范了审计机关建立五年来审计工作中比较成熟的经验，使之成为必须执行的制度，有利于保持审计工作的连续和稳定。四是明确规定了国家审计、内部审计和社会审计之间的关系、各自的职责、任务等，进一步确定了我国审计体系的法规依据。五是增加了审计机关的任务内容，其中包括企业承包经营责任审计、国有资产管理审计等，有利于审计工作为改革和建设提供更好的服务。六是对财政财务决算审计、中外合营企业审计、社会审计等作出了明确规定，初步理顺了审计监督与财政经济管理部门监督的关系。

总之，《审计条例》对我国的审计体系、审计机关和工作人员、主要任务、主要职权、工作程序、内部审计、社会审计，以及与审计有关单位、人员和审计工作人员的法律责任等，都作了比《国务院关于审计工作的暂行规定》更为完善、系统、明确的规定，这对加强审计监督、保障社会主义现代化建设的顺利进行，具有重要的意义。

（三）审计类型和方式、方法的发展

党的十一届三中全会以后，国家实行经济体制改革与对外开放的方针，我国经济空前繁荣与发展，经济活动也日趋多样化。随着科学技术的发展和西方发达国家审计的进步和影响，我国自 1983 年恢复审计制度后，在短短几年里，我国审计无论在广度还是深度上，都较以往有了更快更大的发展。

1. 审计类型的发展

按审计内容和目的划分，审计类型可分为财政财务审计、财经法纪审计和经济效益审计。

财政部门是国民经济的综合管理部门，财政收支综合反映了国民经济各部门各单位的经济和财务活动，因此财政审计涉及面较广。财政审计主要负责收入、支出和结余的审查。随着经济搞活，财务收支日渐纷繁复杂，财务审计的层次也逐渐增多，如销售、生产、采购、货币资金、财产物资、借款、基金、利润和税金等各个方面都需要审计。

由于社会主义市场经济体制尚未健全，有关财经法纪审计内容相当广泛复杂。党和政府一向重视廉政建设，把财经法纪审计作为审计工作的重点之一。经济体制改革中不断涌现的新情况、新问题，使原来的规定可能不尽符合实际情况，导致在具体审

计工作中经常会没有明确的政策、法律、法规依据，增加了财经法纪审计的难度。与此同时，部分违反财经法纪行为的人，往往知法犯法，明知故犯；常常弄虚作假，隐瞒真相。案发后，有的违法人员多方串联，订立攻守同盟，企图掩盖错误或罪行。财经法纪审计的工作因此复杂又艰巨。

1982 年，党的十二大召开，指出要厉行节约，反对浪费，把全部经济工作转到以提高经济效益为中心的轨道上来。审计作为经济工作的一种，理应分担时代的任务，致力于促进经济效益的提高。20 世纪 80 年代提出的经济效益审计，就是在这样的历史条件下，汇总了其他国家的经验，并借鉴了历史上对官吏经济政绩考核的做法，而形成了一个具有中国特色社会主义的新的审计概念。

这一时期出现的经济效益审计主要包括效率审计和效果审计。主要负责进行合理性的审计，考察投入与产出的关系，以便促进被审单位挖掘潜力，改善管理，提高经济效益。经济效益审计的具体内容根据不同企事业单位的情况确定，以工业企业来说，主要审查和评价企业在一定时期内经济活动所取得的财务成果；审查不同业务的效益；审核企业资产的利用效率及对经济效益的影响；审查和评价产品试制，检查新产品是否达到预期的质量水平，并对目标成本和盈利目标进行评价；对投资效果进行评价等。

2. 审计方式的发展

审计署根据国务院颁布的《国务院关于审计工作的暂行规定》，结合各地审计工作的实践经验，于 1985 年 10 月 4 日颁布《审计工作试行程序》(审研字〔1985〕168 号)，该文件规定，审计机关根据工作需要，可以分别采用报送审计、就地审计、委托审计以及其他审计方式。

报送审计是审计机关根据制订的审计工作计划，对被审计单位以书面形式报送的有关财政财务收支计划、会计报表和决算及有关资料进行审计。1986 年审计署决定在全国范围内对行政事业单位财务实行定期报送审计制度，使行政事业单位的审计工作逐步做到经常化、制度化和规范化，从而控制违纪现象，并促使被审单位的财会基础工作达到《会计法》的要求。

就地审计是审计机关指派审计人员前往被审计单位经营地点进行审计。根据 1987 年审计署发布的《关于对中央级行政事业单位财务收支逐步实行定期审计制度的通知》(审综字〔1987〕79 号)，被审计单位要依照审计署的规定，定期报送财务报表、决算等资料。审计署要有重点地深入被审计单位进行就地审计。

委托审计就是审计机关委托经政府有关部门批准、注册的社会审计和会计组织进行审计。我国社会审计发展速度快，经政府有关部门批准、注册的各地审计事务所纷纷接受政府和审计机关的委托，承办审计事项；接受法院、检察院、市场监管部门的委托办理经济犯罪、经济纠纷案件的鉴定事项；接受国营、集体、乡镇、私营企事业单位委托，办理财务收支、经济效益审计等。审计事务所根据委托人提供的真实资料，在双方约定的范围内，向委托人提交审计、查证、鉴定、验资报告，并对报告内容的正确性和合法性负责。

这一时期，我国对行政事业单位实行定期审计制度。审计机关结合自身条件和被审计单位的具体情况，分别实行定期月审、季审、半年审或年审。审计范围包括财政部门核拨经费和补助经费的行政事业单位及其预算外单位的预算内、预算外财务收支，但不包括属于绝密事项的经费。审计的主要内容和重点是财务收支是否真实准确、合法合规、经济有效，内部控制制度是否健全等。审计机关主要审计一级预算单位，二级、三级预算单位由主管部门的内部审计机构审计，审计机关重点抽审。实行定期审计，可以及时发现和纠正违反财经纪律的问题，控制经费开支，支持和监督财会人员履行职责，对促进政府机关保持和发扬遵纪守法、廉洁奉公的优良作风有明显效果。

这一时期不定期审计一般是审计机关视需要对被审单位采用突击审查方式，随时随地进行审查，以监督其所有经济活动及财政收支活动是否正常。我国国营企业数量众多，国家审计机关对企业的审核只能进行间断的、有选择性的不定期抽查审计。财经法纪审计绝大部分也采取不定期审计，即一发现某单位或个人在经济上有违法乱纪现象，就组织人员进行专案审计。此类专案审计具有目标明确、力量集中、行动快速的特点，既能尽快查明真相，还可及时有效地防止和制止违反财经法纪行为的蔓延。

我国进行的审计工作基本上都属于事后审计，如普遍推行的两项经常性的审计制度就采取这种方式。其一是厂长（经理）离任经济责任审计制度。国营企业的厂长（经理）离任时，国家审计机关对其任期内企业财务收支是否合法合规、盈亏是否真实准确、经济效益情况、有无浪费国家资产等进行审查考核，以考察厂长（经理）在其任期内是否称职，协助组织部门选准用好干部。1986 年 9 月，为适应我国国有企业深化改革的需要，中共中央、国务院颁布了《全民所有制工业企业厂长工作条例》，明确规定："厂长离任前，企业主管机关（或会同干部管理机关）可以提请审计机关对厂长进行经济责任审计评议。"同年 12 月，审计署制定下发了《关于开展厂长离任经济责任审计工作几个问题的通知》，对厂长（经理）离任审计的范围、内容、程序和要求等方面作了规定。[①]1986 年底，全国已有安徽、湖北、山西、河南、四川、云南、新疆

① 李勋．我国经济责任审计发展历程研究 [J]. 鸡西大学学报，2012（2）：59.

等在全省（区）范围内推行厂长经理离任审计制度。[①] 其二是对行政事业单位经常性的审计监督。如 1986 年全国在县以上 3.6 万多个政府部门和事业单位，对财政收支实行了按月或按季、按年定期审计，主要是在其经济活动一段时间后，审计收支是否符合国家规定和资金使用效果。这对于及时发现和纠正违反财经纪律的问题，控制经费开支，支持和监督财会人员履行职责，发挥了巨大的作用。

我国事前审计的重点是：对财政支出、信贷计划及较大的经济合同和经营决策进行事前审计；对涉外项目进行可行性研究。如中外合营企业合约前审计，必须审查项目建议书、可行性研究报告、合约中有关财务条款。除此之外，我国还利用事前审计的长处，加强对一些较大规模经济活动的管理和监督。

我国对某些经济活动还实行全过程审计，即对经济活动的事前、事中、事后都进行审计，加强对经济活动全过程的控制和监督。如基本建设审计一般包括三个阶段：一是在项目前期工作阶段审计，着重对可行性研究进行审计，在确定建设项目前审查其技术经济论证；二是工程施工阶段审计，主要审计建设项目的施工管理和财务活动；三是项目竣工验收阶段审计，即审计机关参与工程完工后的验收环节，参加审查竣工决算，为今后改进工作提出参考意见。又如 1988 年 7 月 1 日颁布的《审计署关于全民所有制工业企业承包经营责任审计的若干规定》规定：承包经营期内各个阶段的审计重点是“承包经营合同订立前后，监督核实资产和债权债务；承包经营合同执行期间，审查年度决算；承包经营合同执行期满或企业经营者离任，核实承包经营目标的实现情况，对企业经营者的经济责任进行审计评议”。

3. 审计方法的发展

随着审计对象和内容的复杂化，以及科学技术的进步，审计方法日益丰富，达到前所未有的程度。常用的审计方法主要有核对法，查询法，比较法，分析法，顺查法，逆查法，详查法，抽查法（任意抽查法、判断抽查法、统计抽查法），盘点法（直接盘点法、监督盘点法），调节法，观察法，鉴定法等。

从 20 世纪 70 年代后期，我国大量引进和开发了先进的电子计算机生产和应用技术，已有相当一部分的企业，在不同程度上实现了管理信息系统的电算化。从此，我国开始出现电算系统审计。根据国家审计工作发展的需要，我国开发了微机辅助审计系统、审计对象调查计算机管理系统、财经审计法规检索系统、工业企业承包经营责任计算机辅助审计系统、电子账计算机辅助审计系统、审计法规数据库、审计档案计算机管理系统等一批计算机应用软件，完成了四个国家级数据库的设计工作。电算系

① 潘文林 . 经济责任审计大事记 [J]. 中州审计，2004（1）：22.

统审计向人们展现了审计方法和内容方面无限发展的广阔前景，是审计现代化的一个重要标志。

（四）审计工作成果

1983—1992年是我国审计工作的开创阶段，从上到下建立了一个比较完整的审计体系，审计工作的局面已经打开。

1983—1985年，审计机关实行“边组建、边工作”的方针，审计机关在组建机构，创造工作条件的同时积极摸索工作经验。

1986—1989年，审计工作实行“抓重点、打基础”的方针，以维护财经纪律为重点，开展审计监督，保证改革的顺利进行。

1990—1992年，审计工作制度化、法制化和规范化逐步实现，确定对一部分重点企事业单位、金融机构和计划单列市的财政收支实行每年必审制度，突出了对影响国民经济全局的重点部门、重点单位和重点资金的安排，使财政、金融、基建、重点企业、农业资金等多项审计工作得到加强，较好地发挥了审计监督作用，并为审计工作向高层次发展奠定了基础。

九年多来，各级审计机关迅速被组建起来，总结了工作经验，制定了审计工作的行政法规。广大审计工作者围绕当前经济建设的中心任务，狠抓对违反财经纪律的审计，认真查处违反财经法纪问题，重点抓大案、要案，主要查处弄虚作假、钻改革空子、为小团体和个人谋利的问题；抓经济效益的审计，针对一些企业出现的亏损和经济效益下降较大的情况，审计机关在财政财务收支审计的基础上，延伸检查企业内部管理制度和有关经济活动，紧紧围绕搞好国营大中型企业和转换企业经营机制，发现企业经营管理中的薄弱环节，并提出建议，促进加强内部管理，健全自我约束机制，提高经济效益。推行两项经常性的审计制度，对厂长（经理）实行离任经济责任审计，主要审查企业的财务收支是否合规合法，盈亏是否真实，经济效益是否达到任期目标，国家资财有无损失浪费等；对行政事业单位开展经常性审计监督，主要审查收支是否符合国家规定和资金使用效果。积极开展利用外资审计，承担在中国的贷款、援款项目的审计，对外审计公证的质量逐步提高，促进扩大了改革开放。审计监督的重点开始转移至财政、金融、重点建设项目等方面。对微观经济审计中发现的问题，从宏观角度进行分析研究，并围绕改革和经济发展中的重要问题进行审计和调查，向政府和有关部门反映情况，提出加强和改进宏观管理的建议。

总之，1983—1992年，各级国家审计机关和广大审计人员艰苦创业、忠于职守、努力工作，取得了显著的成绩，在维护国家财经法纪、提高经济效益、加强廉政建设等方面，发挥了积极的作用。

从 1987 年起，审计署对中央级行政事业单位的财务收支普遍实行定期审计制度，以促进各单位认真贯彻勤俭建国的方针，模范遵守财经纪律，廉洁奉公，加强财务管理，合理使用资金。审计范围包括国务院各部门及其所属行政事业单位、其他由中央级预算拨给或补助行政事业费的单位的财务收支以及国务院直属的总公司、专业银行总行、保险总公司等机关的行政（管理）费和事业费。①

二、政府审计管理体制的调整

（一）国家审计机关的改革与调整

1. 职能司的调整

1993 年，根据党的第八届全国人大第一次会议批准的国务院机构改革方案，按照转变职能、理顺关系、精兵简政、提高效率的原则和党的十四大关于强化审计监督的精神，对审计署的机构设置作了一些调整，设 14 个职能司和机关党委。14 个职能司为办公厅、综合司、法规司、财政审计司、金融审计司、行政事业审计司、工业交通审计司、商贸审计司、固定资产投资审计司、农业审计司、外资运用审计司、审计管理司、人事教育司、外事司。

2. 审计署内部结构的调整

根据 1993 年 12 月 16 日国务院办公厅发布的《审计署职能配置、内设机构和人员编制方案》(国办发〔1993〕89 号)，审计署职能转变的重点是强化审计监督职能，维护国家财经法规，监督国家资金的管理和使用，充分发挥其在国民经济宏观管理中的作用。按照统一领导、分级审计的原则，加强对国务院各部门特别是经济管理部门和省级人民政府财政收支的直接审计。减少统一部署的审计项目，地方的审计项目一般由地方审计机关根据政府的要求自行安排。改革企业审计办法，减少对企业的直接审计，重点审计占有、使用国有资产数额较多、接受国家财政补贴较多的中央部属国有企业，对其他中央部属国有企业逐步改为由审计事务所、会计师事务所进行审计，审计机关在必要时进行抽审。

1998 年，按照国务院机构改革方案，审计署实行机构改革，对内部机构进行了一些调整，在原工业交通审计司和商贸审计司的基础上组建经贸审计司；增加原农业审计司组织开展资源环保审计工作的任务，改原来的农业审计司为农业与资源环保审计

① 王振川 . 中国改革开放新时期年鉴（1987 年）[M]. 北京：中国民主法制出版社，2015：354.

司；另外，新组建社会保障审计司。审计机构改革后，审计署机关主要有办公厅、法制司、财政审计司、金融审计司、行政事业审计司、经贸审计司、农业与资源环保审计司、社会保障审计司、固定资产投资审计司、外资运用审计司、外事司和人事教育司。

3. 驻国务院部门审计局的撤销

驻国务院部门审计局是审计署经国务院批准，驻国务院有关部门从事审计工作的机构。驻国务院部门审计机构经审计署和驻在部门的授权进行审计监督，对审计署和驻在部门负责并报告工作，实行审计署和驻在部门双重领导，以审计署领导为主。

国务院机构改革前，审计署共设 41 个驻国务院部门审计局。1998 年，为加强审计机关对政府各部门的监督，改变派驻审计局独立性不强，作为国家审计的职能作用难以发挥的局面，审计署撤销机构改革前的 41 个驻国务院部门审计局，向国务院各部门派出了 25 个审计局，下设两个职能处。

4. 驻地方特派员办事处的设立

1993—2000 年，审计署在全国设立 16 个驻地方特派员办事处，分别是京津冀特派员办事处、太原特派员办事处、沈阳特派员办事处、哈尔滨特派员办事处、上海特派员办事处、南京特派员办事处、武汉特派员办事处、广州特派员办事处、郑州特派员办事处、济南特派员办事处、西安特派员办事处、兰州特派员办事处、昆明特派员办事处、成都特派员办事处、长沙特派员办事处、深圳特派员办事处。特派办办事处下又设办公室、机关党委、法制处、财政审计处、金融审计处、经贸审计处、行政事业审计处、农业与社会保障审计处、固定资产投资审计处、人事教育处等。

驻地方特派员办事处主要负责按照审计署计划安排，对省、自治区、直辖市和计划单列市政府预算执行情况和决算，以及预算外资金的管理和使用情况进行审计监督；对中央银行分支机构的财务收支，国有金融机构的资产负债损益进行审计监督；对审计署授权的中央部门所属行政、事业组织的财务收支，国有企业的资产负债损益进行审计监督；对审计署授权的中央部门所属国家建设项目预算执行情况和决算，国际组织的援助、捐赠和贷款项目的财务收支进行审计监督等。

5. 地方审计机关的设立

我国省、自治区、直辖市下设审计局，负责本市、县、区的审计工作，在上级审计机关领导下执行审计，对本级人民政府和上一级审计机关负责并报告工作。

1993—2000 年，我国在河北、山西、辽宁、吉林、黑龙江、江苏、浙江、安徽、福建、江西、山东、河南、湖北、湖南、广东、海南、四川、贵州、云南、陕西、甘肃、青海等22个省（台湾省暂不列入）以及内蒙古、广西壮族、西藏、宁夏回族、新疆维吾尔5个自治区设审计厅，在北京、上海、天津、重庆4个直辖市设审计局。各省、自治区、直辖市审计厅（或审计局）下设办公室法制处、财政审计处、金融审计处、经贸审计处、行政事业审计处、固定资金投资审计处、外资运用审计处、社会保障审计处、农业与资源环保审计处、人教处以及计算机中心、科培中心等部门。除此之外，我国还设新疆生产建设兵团审计局，下设财金审计处、社会保障审计处、固定资产投资审计处、经贸审计处、农业审计处、行政事业审计处、法规处和办公室等部门。

6. 审计教育、科研、出版等机构的发展

1993—2000年，审计教育、科研、出版等机构主要在内部有所扩充。2000年，审计署审计干部培训中心下设办公室、培训处、教育处、电教处、国际合作处、考试处（考试中心）。主要负责审计系统干部的培训工作，组织和协调全国审计系统的各类考试，开展审计人员对外进修培训的交流与合作工作。

南京审计学院是审计署所属唯一高等院校，是集普通高等教育、成人高等教育于一体的培养审计、经济方面人才的多科性高等学府。2000年2月，按国务院办公厅的统一部署，实行江苏省和审计署共建、以省为主的管理体制。学院设有审计、会计、财政、金融、经济、管理、法学7个学系，并且是审计署审计干部培训基地。

中国审计科研所主要从事审计理论与应用课题的研究，科研所下设财政审计研究室、金融审计研究室、企业审计研究室、外国审计研究室、办公室。

1994—1998年，中国审计出版社共设办公室、总编室、《中国审计》编辑室、图书编辑室、出版发行处、财务处等六个处室。1999年，中国审计出版社进行机构改革，下设办公室、总编室、财务处、发行处、编辑一室、编辑二室、编辑三室、编辑四室、世纪风云广告公司。

（二）政府审计法律法规的制定和完善

党的十四大确定建立社会主义市场经济体制以来，为了健全科学的宏观管理体制和方法，使审计监督成为在建立社会主义市场经济体制中加强宏观管理的重要手段，迫切需要完善审计立法，尤其要加快制定审计法，对审计监督的地位、作用、权利义务关系等作出明确完整的规定，使审计法律规范体系更加科学、合理，符合社会主义法制建设要求，充分发挥审计在监督国家财政收支和国有资产管理，维护国家财经秩序等方面的作用提供坚实的法律保障。

1.《审计法》

1994年8月，全国人大常委会发布《审计法》[以下简称《审计法》(1994)]。该法的颁布标志着审计监督进一步走上法制化、制度化、规范化的轨道。具体来说，该法的颁布具有以下几个方面的意义：

在财政审计监督方面有了重大的突破。《审计法》(1994)规定，审计机关负责对本级各部门(含直属单位)和下级政府的预算执行情况和决算进行审计监督。这一规定从法律层面进一步强化了财政审计监督在我国财政经济运行中的重要地位。作为政府宏观经济调控的主要手段之一，财政充分发挥其职能作用，直接关系到政府宏观政策的贯彻落实。为加强和完善宏观调控服务，审计机关必须把财政收支审计作为十分重要的任务，有效地发挥法定职能作用，以适应建立社会主义市场经济体制的要求。认真做好财政收支审计工作对树立审计机关的权威和提高审计机关的层次水平，十分重要。

《审计法》(1994)主要是为国家各级审计机关立法，因此删去了《审计条例》中第六章内部审计和第七章社会审计的内容，有关内部审计和社会审计，国家另外制定专门法规。为保证审计机关和审计人员更好地履行职责，较之《审计条例》,《审计法》(1994)在第二章中增加了一些新的条文。例如，第12条规定，审计人员应当具备与其从事的审计工作相适应的专业知识和业务能力。为使审计人员在审计工作中保持充分的独立性、公正性、权威性,《审计法》(1994)第13条规定，与被审计单位或者审计事项有利害关系的审计人员，在与之相关事项办理期间应当回避。为解除其独立执行职务的后顾之忧,《审计法》(1994)第15条规定，审计机关负责人应依照法定程序任免。除出现违法失职或者其他不符合任职条件的情况，审计机关负责人不得随意撤换。

《审计法》(1994)为适应历史发展趋势，对审计机关的职责作了一些具体明确的规定，主要包括审计机关负责对国有金融机构、国有企业的资产负债损益情况进行审计监督，以及对政府部门管理的、社会团体受政府委托管理的社会保障基金、社会捐赠资金以及其他有关基金、资金的财务收支情况进行审计监督。对国有资产占控股或者主导地位的企业的审计监督部分，由国务院规定。

为保证审计监督职能的充分发挥，较之《审计条例》,《审计法》(1994)对审计机关的权限增加了新的规定，其中第34条规定："审计机关进行审计时，被审计单位不得转移、隐匿、篡改、毁弃会计凭证、会计账簿、会计报表以及其他与财政收支或者财务收支有关的资料，不得转移、隐匿所持有的违反国家规定取得的资产。”第 36 条规定：“审计机关可以向政府有关部门通报或者向社会公布审计结果。审计机关通报或者公布审计结果，应当依法保守国家秘密和被审计单位的商业秘密，遵守国务院的有关规定。”

《审计法》(1994) 的公布施行，是中国财政经济活动和民主法制建设中的一件大事，对于强化审计监督、维护国家财政经济秩序、促进廉政建设、提高经济效益、保障国民经济的健康运行，有着十分重大的意义。

2.《审计法实施条例》

为保证《审计法》(1994) 的顺利实施，国务院实施了完善我国审计法律体系的又一重要举措，1997 年 10 月国务院颁布《审计法实施条例》。在将《审计法》(1994) 规定的审计工作基本原则具体化的同时，《审计法实施条例》根据审计工作近几年发展的实际情况和强化审计监督的客观需要，增加了审计处理处罚等方面的权限。审计权限的进一步明确，有利于审计机关依法独立开展审计工作，但责任也相应加大，要求审计执法水平有个新的提高。

3. 审计规范

1996 年，审计工作规范化建设有了突破性进展，审计署出台了《审计署关于贯彻执行审计规范的通知》(审法发〔1996〕328 号)，形成了 38 项审计规范项目文本，并于 1997 年 1 月 1 日开始施行。38 项审计规范一是对编制审计方案、收集和使用审计证据、编写审计工作底稿、评价审计事项、审定审计报告、出具审计意见书和作出审计决定、反映审计结果等审计程序和方法作了具体的规定。二是根据财政、金融、企业、基本建设等不同专业审计的目标和特点，规定具体的审计内容、范围和方法等。三是对审计机关在行使审计监督权以及审计行政管理过程中有关事项，如审计项目计划管理和审计管辖范围划分、审计机关专业技术资格管理、审计复核、审计复议、审计应诉的管理等，规定得更加具体。从审计规范发布施行的情况看，它在规范审计行为、提高审计质量、明确审计责任、克服工作随意性等方面都收到了很大成效，进一步增强了广大审计人员依法审计、照章办事的意识。38 项审计规范的发布施行，标志着中国审计工作基本达到了规范化的要求。

4. 中国审计准则体系

党的十五大以后，我国明确将“依法治国，建设社会主义法治国家”作为治国的基本方略，要求审计机关要坚持依法审计的原则，客观公正、实事求是地揭露财经领域发生的弄虚作假、违法乱纪以及腐败现象，保障国有资产的保值增值，促进廉政建设发挥作用。这就要求审计署必须按照国内外一般公认审计原则要求，抓紧对 1996 年发布施行的 38 项审计规范进行修订、补充和完善，构建审计准则体系，提高审计规范的科学性和可操作性，实现审计工作法制化、制度化和规范化。于是，审计署成立了审计准则体系草案论证修改委员会，构建了一套适应社会主义市场经济体制要求，符合中国国情并充分体现国内外一般公认的审计原则的审计准则体系。2000 年，审计署发布了《中华人民共和国国家审计基本准则》（审计署令第 1 号）、《审计机关审计处理处罚的规定》（审计署令第 1 号）、《审计机关审计听证的规定》（审计署令第 1 号）、《审计机关审计复议的规定》（审计署令第 1 号）、《审计机关审计项目质量检查暂行规定》（审计署令第 1 号）、《审计机关审计方案准则》（审计署令第 2 号）、《审计机关审计证据准则》（审计署令第 2 号）、《审计机关审计工作底稿准则（试行）》（审计署令第 2 号）、《审计机关审计报告编审准则》（审计署令第 2 号）和《审计机关审计复核准则》（审计署令第 2 号）等十余个重要审计准则，进一步规范了审计机关和审计人员的审计行为，为构建中国审计准则体系开创了一个良好的开端。

《审计法》（1994）颁布实施以来，随着我国社会主义民主和法制建设进程的加快，审计机关进一步加大审计工作法制化、制度化、规范化建设的力度。至 20 世纪 90 年代末，我国以《宪法》为根本依据，以《审计法》为核心，以《审计法实施条例》和《中央预算执行情况审计监督暂行办法》以及《中华人民共和国国家审计基本准则》等审计法规、规章为主要内容的审计法律规范体系基本形成。全国审计机关以审计复核、审计业务质量检查、审计行政复议、审计行政应诉、审计法制宣传教育为主要内容的审计法制工作体系也已经逐步建立起来。与此同时，一些地方人大及其常委会、政府也颁布了大量地方性审计法规和规章。据初步统计，截至 2000 年初除了《宪法》以外，全国人大常委会和国务院制定的有关审计的法律和行政法规有 5 个，地方人大及其常委会制定的地方性审计法规有 30 多个，审计署和地方人民政府制定的审计规章有 200 多个。总之，这些法律法规对保障我国审计事业的健康发展起到了很好的作用。

在看到审计法制工作取得显著成绩的同时，还要清醒地看到审计法制工作中存在的一些问题。这些问题主要有：审计法规还不够完善，有些审计活动还没有完全以法规的形式确定下来；既适合我国国情又符合国际公认审计准则的国家审计准则体系还没能完全建立；严格审计执法还不到位，审计准则的规定和审计工作的实际执行有较大差距；审计法制机构还不健全，人员素质有待提高。

（三）审计类型与方法的发展

1. 审计类型的增加

党的十四大以后，社会主义市场经济体制的逐步建立，使得企业竞争日趋激烈，我国审计总目标不再局限于查错防弊和为社会提供公证，而是向管理领域有所深入和发展。激烈的市场经济竞争必然会导致一部分企业因经营不善等发生财务困难，难以偿还到期债务。尽管债权人有权在债务人不能偿还到期债务时向法院申请债务人破产，但可能因司法过程持续时间长而无法保证债权人的最大利益。因此，通过要求债务人以低于债务账面价值的现金清偿债务或以非现金资产清偿债务、将债务转为资本以及修改其他债务条件等方式进行债务重组，越来越成为债权人解决债务纠纷的一种备选方案。在这种情况下，债务重组审计出现频率逐渐增加，成为一种特殊项目的审计。

20世纪90年代，随着证券市场的迅速发展和企业经营模式的变化，资产置换、股权交换等非货币性交易也日趋频繁。这些业务为企业开展生产经营、提高资金周转速度提供新途径的同时也产生了一些负面影响，甚至成为某些企业操纵利润的手段。因此，在审计中非货币性交易审计日益受到人们的关注，成为较常见的审计类型。由于激烈的市场竞争，一些企业从其自身利益出发，为了提高企业形象、体现领导者的经营业绩，或为了编造假利润、假业绩使公司股票上市或免于“摘牌”，或为了抽取资金转移资产等，往往利用非公平交易基础上的关联方交易，在财务报告中提供虚假信息，歪曲财务状况和经营成果。因此，对关联方交易的审计显得尤为重要，以确定被审计单位是否已按照企业会计准则的要求揭示、披露关联方及交易，向社会提供真实可靠的会计信息。

我国实行社会主义市场经济后，企业之间的收购、兼并、参股控股等行为越来越频繁。推动生产要素的重新组合和优化配置的同时也给审计带来了合并会计报表审计这个难题。合并会计报表审计难度较大，这就对审计人员的技术水平提出了较高要求。

2. 审计方法水平的提高

随着我国审计工作的法制化、制度化、规范化，审计方法水平也日益提高。在现代会计报表审计中，审计人员在了解被审计单位的内部控制、符合性测试和实质性测试三个程序后，根据审计风险的高低不同进行审计。随着社会经济飞速发展，许多企业规模扩大，组织结构也日趋复杂，抽样审计比详细审计更加适应日益增加的审计工作量。审计人员在抽样审计中为得出抽样决策，必须考虑审计风险、重要性和审计证据等诸多因素的最佳选择，从而达到既保证审计质量，又提高审计效率，还节约审计成本的目的。

在审计工作中运用抽样技术和方法，实现了审计理论和实践的重大突破，是详细审计到抽样审计的历史性飞跃。为了规范注册会计师在审计过程中合理运用审计抽样方法，提高审计效率、保证审计质量，中国注册会计师协会制定了《独立审计具体准则第4号——审计抽样》，于1996年1月1日予以实施。审计人员在进行控制测试时，通常采用属性抽样方法，如固定样本量抽样、停走抽样、发现抽样等；在进行实质性测试时，通常采用变量抽样方法，如均值估计抽样、差异估计抽样、比率估计抽样等。

1993—2000年，在审计方法上的重大发展表现为对预算单位银行开户情况进行审计监督。预算单位在银行开设的账户是财政性资金运作的载体。对预算单位银行开户进行审计是审计监督的重要内容，也是审计工作的基础方法，有利于从源头上弄清预算内、预算外资金的基本情况，从而全面检查财政、财务收支的真实性、合法性，分析资金的运动状况和趋势，规范财政收支秩序，加强财政收支管理，促进提高财政资金使用效益；有利于对账户开设是否符合国家规定进行监督，有利于审计内容和方法的进一步规范。做好预算单位银行开户审计，对于增强审计监督的力度，提高审计的质量、效率和效果，降低审计风险，都具有十分重要的意义。

3. 审计信息化建设

20世纪80年代以来，随着全球信息网络化、数字化的迅猛发展，信息技术向社会生活的各个领域迅速扩展和渗透。1992年美国提出建设信息高速公路（国家信息基础设施），其发展速度十分惊人。我国政府也一直非常重视信息化建设，自1993年以来，先后启动了若干项“金”字工程，如金关、金桥、金卡等信息化建设工程，现在已经在财政、金融、税务、教育科技、文化、卫生等各个领域发挥着十分重要的作用。

20世纪90年代以来，各级审计机关在审计信息化建设方面做了大量工作，在资金投入、人员配置、软件开发等方面，下了很大功夫，而且取得了比较好的效果，为我国全面开展审计信息化建设打下了良好的基础。

（1）实现信息化建设局部网络化。为适应我国经济信息化建设蓬勃发展的形势，1995年审计署决定建设全国审计机关办公决策服务系统。据此，计算机技术中心（包括以前的综合司计算机室）联合审计署办公厅认真总结多年来审计机关应用计算机技术的实践，吸取有关部委信息化建设的经验与教训，草拟了总体设想和相关的技术方案，并印发了《关于建设全国审计机关办公决策服务系统的通知》（审计署发〔1995〕88号）和《关于开通全国审计机关计算机远程通信网络的通知》（审计署发〔1995〕90号）。1996年又印发了《关于印发全国审计机关办公决策服务系统总体规划纲要的通知》（审计署发〔1996〕35号），1996年和1997年还连续下发了《全国审计机关办公决策服务系统年度技术方案指导书》。自1995年起，计算机技术中心和审计署办公厅密切配合，抓紧建设审计署机关局部网络，截至1996年，已与全国各省、自治区、直辖市、各特派员办事处和驻国务院部门审计局开通140个通信网点。随着加密网和管理制度的逐步完善，全国审计机关计算机远程加密通信网络即告开通，于1996年7月正式投入运行。截至1998年底，采用电子邮件的形式，通过网络传递公文和审计信息、简报、统计报表等，已超过5万份，约20GB信息量。除绝密数据以外，网上还可以传递任何格式的电子数据，大大提高了审计信息传递的效率。截至2000年，全国审计系统配备了近万台微机，已建成第二代远程通信站，有30多个省级审计机关和特派办已建成局域网。

（2）开展信息化建设技术培训工作。为改变过去各地审计机关对计算机技术培训采取自行制定培训标准、自定教材、自请教员的不规范状态，1997年计算机技术中心和审计署审计干部培训中心共同制定培训标准、培训大纲、培训规划。1999年11月，计算机技术中心与南京特派办一起，在南京审计学院举行了第一期信息化审计骨干培训班，标志着中级培训的起步。中级培训的内容主要有审计机关辅助办公室系统、审计数据采集分析软件、企业审计信息系统等。到2000年5月底，全国有1.2万名审计人员通过了计算机初级培训的考试，其中特派办通过1200人，署机关通过120人，同时还培训了一批中级人员。近几年间，计算机技术中心还较好地完成与英国、巴基斯坦等国家的审计机构关于计算机审计的学术交流合作项目，从中学习、借鉴了先进经验和技术方法。

（3）建设软件开发、应用和数据库迈出重要步伐。20世纪90年代，计算机技术中心大力抓计算机辅助审计软件的开发工作。1994—1995年，原计算机室与有关单位合作开发审计档案信息管理系统、商品流通企业计算机辅助审计系统、工业企业财务收支计算机辅助审计系统。为规范审计机关公文的收发、登记、管理，减轻文书管理人员的劳动强度，提高文书资料的利用价值，从1996年起，审计署办公厅、计算机技术中心与四川省审计厅合作开发审计机关公文管理及辅助办公系统（软件）。1999年，计算机审计软件开发取得了较大成效，主要包括开发了企业审计信息系统、企业审计数据汇总系统、外资审计项目管理软件、国务院各部门预算执行审计软件、地税审计软件、总预算会计审计软件、审计工作常用财经法规检索系统等。据统计，截至2000年，省级以上审计机关已经开发的软件有36项。

（4）开展计算机辅助审计。在1996年审计署制定审计规范时，计算机技术中心一方面认真总结原综合司计算机室对1993年审计署发布的《审计署关于计算机审计的暂行规定》（审计署令第9号）在实施过程中所积累的经验和存在的问题，另一方面汲取国际惯例做法，草拟了《审计机关计算机辅助审计办法》（审法发〔1996〕第376号），并建议在《审计法实施条例》中明确规定计算机审计的对象和内容。这些规范和《审计法实施条例》的实施为计算机审计的开展提供了依据。此外，计算机技术中心不仅较好地推广了财经审计法规系统，还不断更新法规，并推出网络版本。所有这些探索实践，加快了全国审计机关对计算机辅助审计的步伐。

（四）审计工作成果

1993—2000年，各级国家审计机关为维护国家财政经济秩序，促进廉政建设，保障国民经济的健康发展，进行了大量的审计工作，取得了丰硕的成果。以下仅简略介绍其中主要成果。

1. 开展本级预算执行情况审计，强化对国家财政收支活动的监督

1995年以来，各级审计机关对本级预算执行情况开展审计。审计署根据《审计法》的规定，1995年开始审计本年中央预算执行情况，于1996年第一季度末提出审计结果报告，经国务院审定后，向全国人大常委会提出对中央预算执行和其他财政收支的审计工作报告。各级审计机关也根据《审计法》的规定，认真做好对本级财政预算执行情况的审计，提出审计报告，接受本级人民政府委托向本级人大常委会作审计工作报告。各级审计机关在对本级预算执行审计时，查出挪用各种专项资金、拖欠或应缴未缴收入等违反财政制度等问题，为各级政府和人大加强预算管理和监督发挥了重要的作用。在重点抓好本级预算执行情况审计的同时，各级审计机关对税收的征缴、减免、提留情况进行审计。审计后，对违反有关法规的问题进行处理和纠正，提出加强和改进管理的建议。

2. 组织重点行业审计的开展，监督国有资产的保值增值

各级审计机关按照《审计法》的规定，以接受财政补贴较多、亏损数额较大的国有大中型企业为重点，对其资产、负债、损益的真实合法、效益情况进行了审计。重点检查了国有资产流失情况和建设资金的筹集、使用和管理情况，对查出的截留、挪用等问题进行处理。这些审计对促进国有资产保值增值、加强管理、严肃财经法纪起了积极作用。

3. 加强对金融、证券、保险机构和固定资产投资的审计监督

根据《审计法》确定的审计管辖范围，审计署统一组织驻地方派出机构和地方审计机关，对工商银行、中国银行、建设银行、交通银行及其各级分支机构进行审计，查出不少截留转移收入、虚列开支、挪用信贷资金和违章拆借资金等问题，并进行了认真严肃的处理。根据国务院指示，审计署还组织特派办和地方审计机关，对全国信托投资公司进行审计，查出资产、负债、损益不实，资产质量低、风险大，投资效益差，经营亏损等问题，并提出了处理意见，建议对信托投资公司进行全面清理整顿，尽快制定信托投资公司管理条例和证券管理条例。

1998 年，审计署根据国务院指示，对 88 家证券公司及 1218 个分支机构的财务收支进行审计。[①] 经审计，这些证券公司资产、负债、损益数据存在严重不实。其中，资产总额中虚增虚减数额占 8%，负债不实占 7%，利润不实占 45%。[②] 对这些问题，审计署会同有关部门进行处理。同时，审计署还组织对中保集团财产保险有限公司 25 家分公司及 1671 家分支机构，人寿保险有限公司 23 家分公司及 1247 家分支机构的财务收支进行了审计，查出少计收入、多列支出、漏缴税金等违反财经法规金额 48.54 亿元。[③] 这次大规模的证券保险审计，对促进整顿证券和保险市场秩序、加强管理、规范经营发挥了作用。

4. 开展对农业、教育、外资运用等专项资金审计，促进政府执法和经济管理部门改进工作

为管好用好农业资金，促进农业的发展，各级审计机关都把农业资金审计列为工作的重点。1994 年，根据国务院的指示，审计署会同有关部门对粮食财务挂账的情况进行了清理，提出了《关于粮食政策性财务挂账停息报告》(国发〔1994〕62 号)，国务院已批转各地各部门贯彻执行。1998 年，审计署会同财政部等 8 个部门开展了清查审计，对粮食系统新增财务挂账和其他不合理占用贷款情况进行审计。通过审计，政策性粮食企业占用农业发展银行粮油贷款情况基本查清，新增财务挂账和其他不合理占用贷款数额也得到核实，为解决粮食企业财务挂账和深化粮食流通体制改革提供了依据。有些省审计局开展对全省普教经费的审计，查出挤占挪用教育经费、乱收费、欠拨教育经费、欠征收教育附加费等各种违纪现象。审计纠正出的问题使教育经费的使用落到实处。为加强管理，提高外资使用效益，各级审计机关对利用国际金融组织贷援款项目进行了审计。查出超规模借用短期商业贷款、借取外债总成本超过国家核定标准、不按规定汇入境内、未经批准擅自出具对外借款担保、挪用外资和配套资金、

① 佚名 . 98 年证券保险审计成效显著 [J]. 陕西审计，1999 (1): 24.

② 中国人大网 . 中华人民共和国证券法释义 . 第二部分 释义 第六章 证券公司 [EB/OL].(2000-11-25)[2023-06-11].http://www.npc.gov.cn/zgrdw/npc/flsyywd/jingji/2000-11/25/content_9473.htm.

③ 李景鹏 . 论反腐败的系统工程 [J]. 国家行政学院学报，2000 (1): 77.

倒卖专项物资、虚报冒领款项等问题。同时，加强对借用外债、引进外资的主管部门、窗口单位和外资项目办公室等掌握外资较多的龙头单位的审计，促进地方政府和上级主管部门进一步加强外资运用的管理，收到良好的成效。

5. **开展经济责任审计**

1999 年 5 月，中共中央办公厅、国务院办公厅颁发了《县级以下党政领导干部任期经济责任审计暂行规定》和《国有企业及国有控股企业领导人员任期经济责任审计暂行规定》（中办发〔1999〕20 号）（以下简称《关于经济责任审计的两个暂行规定》），审计署高度重视，建立了专门的职能机构进行协调指导。地方各级审计机关根据本地的实际情况，抓紧制定或修改了地方性法规或规章，建立经济责任审计专门机构。地方各级审计机关积极稳妥地开展经济责任审计工作，1998—2000 年，通过审计，各地共查出贪污、受贿、挪用等个人经济犯罪金额 5.9 亿元，被撤职两百多人，受党纪政纪处分的有 470 人，移送纪检监察和司法机关查处的更达到 1010 人之多。[①]

6. **积极完成党委和政府交办的审计事项**

1993—2000 年，各地党委、政府直接向审计机关交办的审计事项大量增加。其一是关系当地经济全局的重点问题、改革和经济发展中的难点问题以及群众关注的热点问题。其二是对某些经济案件的审计查证。这一时期，在审计业务工作不断发展的同时，审计机关的“人、法、技”建设等各项基础工作也取得显著成绩。主要表现为：建立健全适应我国国情的各级审计机关审计管理体制，覆盖全国经济建设各个领域的审计监督网络基本形成；具有中国特色、与社会主义市场经济体制相适应的审计法律规范体系初步建立并日益完善；审计技术手段现代化、信息化建设发生革命性变化，大大提高了审计工作的质量、效率和管理水平；审计理论研究紧扣审计实践的发展脉搏，一批优秀的研究成果涌现，推动了审计工作的发展。

1993—2000 年，国家各级审计机关在审计工作中还存在一些不足之处：一是审计工作深度不足，存在一定随意性；二是财务收支审计传统模式的沿用，主要查处具体的违规违纪问题和收缴违纪款项，对如何贯彻落实《审计法》、全面履行审计监督职责研究得少，在检查财政财务收支真实性上下功夫不够、成效不明显；三是在遇到复杂情况或工作有难度时，碍于面子，有畏难情绪；四是对审计发现的有些违法犯罪线索没能一查到底，有些已查实的问题没有公开曝光；五是缺乏对审计决定执行情况的严

---

① 王以超．中国经济责任审计制度共查出违规金额近千亿元 [EB/OL].[2023-06-17]. https：//www.chinanews.com.cn/2000-10-27/26/52951.html.

格监督检查；六是在宏观上发挥审计监督作用不够。总之，严格审计执法不够有力，全面履行审计职责还不到位，充分发挥审计监督的作用不够。除此之外，还存在审计领导班子和队伍建设抓得不紧，下功夫不够；群众观念有待增强，工作作风不够深入；缺乏自觉性，对理论学习重视不足等一些问题。

三、政府审计管理体制的改进

2003 年，改革开放步入完善社会主义市场经济体制的新阶段，这一新阶段国家审计机关围绕加强对权力运行的监督和制约开展审计监督，同时围绕审计机关的自身建设，强化对审计权本身的监督和制约，为构建具有中国特色社会主义的审计制度体系而努力。

（一）审计法律法规的完善

1.《审计法》的修正

2006 年 2 月，第十届全国人大常委会第二十次会议在北京召开。会议审议通过了《关于修改〈中华人民共和国审计法〉的决定》，该决定基于《审计法》（1994）的基本框架和内容进一步明确了审计监督职责，适当拓展了审计权限，健全了审计监督机制，同时还从审计机关自身角度出发强化了对审计行为的监督制约。权力伴随责任，用权必受监督，作为专门监督制约权力的权力，审计权同样不能例外。公开在公权力运行中是最好的防腐剂。

2.《审计法实施条例》的修订

2010 年，为与《审计法》的修改内容相适应，国务院常务会议审议通过《审计法实施条例》（国务院令〔2010〕571 号）。该条例的部分条款在明确审计监督职责、健全审计机制、规范和约束审计行为以及完善审计监督程序等方面作出了修改完善。此外，该条例在以下几个方面作出优化：

（1）新《实施条例》进一步明确了财政资金运用的审计范围，进一步完善了财政资金运用进行跟踪审计的程序。

（2）新增了对审计机关的审计保全权，审计机关有权封存被审计对象的账册资料。同时，该条例明确了审计机关可不事先通知而直接审计的情形。为保障被审计单位的合法权益，该条例规定，审计机关在实施审计 3 日前通知被审计单位，但“遇有特殊情况”可不事先通知。“特殊情况”仅限于办理紧急事项、被审计单位涉嫌严重违法违规以及其他特殊情况。

（3）进一步完善政府或上级审计机关对下级审计机关监督的程序。该条例规定，对审计机关负责人的任免，应当事先征求上一级审计机关的意见。该条例第12条规定，在审计工作中遇到有可能影响公正审计的情况时，审计人员应当申请回避，被审计单位也有权申请审计人员回避，这些有可能影响公正审计的情况包括：与被审计单位负责人或者有关主管人员有夫妻关系、直系血亲关系、三代以内旁系血亲或者近姻亲关系的；与被审计单位或者审计事项有经济利益关系的；与被审计单位、审计事项、被审计单位负责人或者有关主管人员有其他利害关系，可能影响公正执行公务的。由审计机关负责人决定审计人员的回避；由本级人民政府或者上一级审计机关负责人决定审计机关负责人办理审计事项时的回避。该条例规定政府或上级审计机关的这些权力，有利于保障国家审计制度的正常运行，对提高审计工作效率和提升审计工作公正性具有重要意义。

3.《党政主要领导干部和国有企业领导人员经济责任审计规定》的颁布

经济责任审计属于中国特色社会主义审计监督制度的重要组成部分，同时也是干部管理和监督机制的重要组成部分。为推进党风廉政建设，健全和完善经济责任审计制度，加强对党政主要领导干部和国有企业领导人员的管理监督，2010年10月12日，中共中央办公厅、国务院办公厅颁布了《党政主要领导干部和国有企业领导人员经济责任审计规定》（中办发〔2010〕32号）（以下简称《经责审计规定》）。

《经责审计规定》依据《审计法》和其他有关法律法规，进一步拓宽了经济责任审计范围，同时规范了经济责任审计内容、审计实施、审计评价、结果运用以及组织协调等方面。《经责审计规定》是经济责任审计制度最终建立的标志，也是中国特色社会主义审计制度体系建设的主要成果之一。

《经责审计规定》的颁布施行贯彻落实了党的十七大和十七届四中全会精神，对于加强经济责任审计法规制度建设、规范经济责任审计行为、促进经济责任审计工作意义重大，对于增强领导干部依法履行经济责任意识、完善领导干部管理和监督机制、促进惩治和预防腐败体系建设也具有重要意义。

4.《国家审计准则》的颁布

在审计准则体系建设方面，过去的审计规范难以形成一个有机的制度整体，系统性、体系性有待增强。为进一步规范和指导审计机关和审计人员执行审计业务的行为，保证审计工作质量，防范审计风险。2010年9月1日，审计署制定颁布了《国家审计准则》（审计署令第8号），自2011年1月1日起施行。

《国家审计准则》是审计机关和审计人员履行法定审计职责的行为规范，是执行审计业务的职业标准。全文包括总则、审计机关和审计人员、审计计划、审计实施、审计报告、审计质量控制和责任、附则共七章200条。该准则的颁布实现了审计准则框架模式由分立模式向单一模式的转变，是中国特色社会主义审计制度体系建设的主要成果。

（二）审计结果公告制度的建立

审计结果公告制度，是将经审计机关对政府各部门工作审计得出的审计结果对外公开的制度。向社会完整、透明地公开政府完成的审计任务和审计结果，加深社会公众对政府各部门工作状况的了解并参与审计监督，促使政府与公众之间相关信息能公开、透明地流动，对政府的监督起着重要的作用。

2002年初，国务院作出应尽快建立审计结果公告制度的指示。为尽快建立审计结果公告制度，审计署于2002年印发了《审计署审计结果公告试行办法》（审法发〔2002〕49号）和《审计署审计结果公告办理规定》（审办发〔2002〕84号），建立起了审计结果公告制度，明确审计结果除个别涉及保密项目或因其他特殊情况不宜对外公告以外，原则上都应当对全社会公告。

2003年6月，审计长向全国人大常委会提交2002年度审计报告。2003年，“审计署关于防治非典型肺炎专项资金和社会捐赠款物审计结果的公告”发布，该公告的面世标志着我国国家审计结果公告制度的正式实施。2003年7月1日，审计署印发《审计署2003至2007年审计工作发展规划》（审办发〔2003〕38号），该规划规定，要推进审计结果公告制度，充分发挥社会舆论的监督作用；要改进现行审计报告的形式和内容要求，建立起适合对外公告的审计报告制度；力争到2007年做到除涉及国家秘密、商业秘密及其他不宜对外披露的内容以外，将所有审计和专项审计调查项目的结果全部对社会公告。

2004年11月30日，国务院发布《财政违法行为处罚处分条例》（国务院令第427号），该条例规定，单位和个人存在本条例所列财政违法行为的，财政部门、审计机关、监察机关可以公告其财政违法行为及处理、处罚、处分决定。

2006年，《审计法》作出修改，其中第4条规定，国务院和县级以上地方人民政府应当将审计工作报告中指出的问题的纠正情况和处理结果向本级人民代表大会常务委员会报告。通过不断探索，国家审计公告制度逐步得到完善。

（三）审计工作成果

2003—2011年，为加强对权力运行的制约和监督，各级国家审计机关逐步开展审计监督，同时围绕自身建设强化对审计权本身的监督制约。国家审计机关进行了大量的审计工作，努力构建具有中国特色社会主义的审计制度体系，实现了审计准则框架模式由分立模式向单一模式的转变，取得了丰硕的成果。

审计结果公告制度的确立是这一时期最具代表性的事件。审计结果公告制度的确立标志着我国的审计体制与国际接轨，逐步完善，对于构建具有中国特色社会主义的审计制度体系具有重大意义。

2006 年修正的《审计法》调整了审计机关职责，为适应我国社会经济和审计事业的形势发展，审计监督范围中纳入使用财政资金的事业组织、国有资本占控股地位或者主导地位的金融机构、以政府投资为主的建设项目，审计机关任期经济责任审计的法律地位得以明确，调整了应当建立健全内部审计制度的单位范围，明确了审计机关核查社会审计机构出具的相关审计报告的职责。该法还在审计内容中加入效益审计和经济责任审计，是重要的审计制度创新，经济责任审计的地位不断提高。

这一时期由于审计体制的完善，审计工作得到全面发展，审计工作的影响力和关注度得到突破性的提高。

第四章　新时代政府审计管理体制的完善

习近平总书记在党的二十大报告中指出，中国共产党已走过百年奋斗历程。我们党立志于中华民族千秋伟业，致力于人类和平与发展崇高事业，责任无比重大，使命无上光荣。全党同志务必不忘初心、牢记使命，务必谦虚谨慎、艰苦奋斗，务必敢于斗争、善于斗争，坚定历史自信，增强历史主动，谱写新时代中国特色社会主义更加绚丽的华章。基于此，审计机关应深刻把握新时代新征程审计工作战略定位和前进方向，依法忠实履行审计监督职责，努力发挥审计在党和国家监督体系中的重要作用，为实现党的二十大确立的目标任务提供审计保障。

第一节　政府审计管理体制的改革背景

一、新时代政府审计管理体制改革的重要举措

我国在新时代对政府审计管理体制改革采取了多项重要举措，如表 4–1–1 所示。

表 4–1–1　新时代政府审计管理体制改革的重要事项

时间	审计改革重要事项
2014 年 10 月	十八届四中全会通过的《中共中央关于全面推进依法治国若干重大问题的决定》提出：完善审计制度，保障依法独立行使审计监督权
2015 年 12 月	中共中央办公厅、国务院办公厅印发了《关于完善审计制度若干重大问题的框架意见》及《关于实行审计全覆盖的实施意见》等配套文件强调：实行审计全覆盖；强化上级审计机关对下级审计机关的领导；探索省以下地方审计机关人财物管理改革；推进审计职业化建设；加强审计队伍思想和作风建设；建立健全履行法定审计职责保障机制；完善审计结果运用机制；加强对审计机关的监督

续表

时间	审计改革重要事项
2017 年 10 月	十九大报告提出，要改革审计管理体制，构建党统一指挥、全面覆盖、权威高效的监督体系
2018 年 2 月	十九届三中全会通过《深化党和国家机构改革方案》，并提交十三届全国人大一次会议审议。2018 年 3 月，中共中央印发该方案，方案规定，为加强党中央对审计工作的领导，构建集中统一、全面覆盖、权威高效的审计监督体系，更好发挥审计监督作用，组建中央审计委员会，作为党中央决策议事协调机构。其主要职责是，研究提出并组织实施在审计领域坚持党的领导、加强党的建设方针政策，审议审计监督重大政策和改革方案，审议年度中央预算执行和其他财政支出情况审计报告，审议决策审计监督其他重大事项等
2019 年 10 月	十九届四中全会审议通过《中共中央关于坚持和完善中国特色社会主义制度 推进国家治理体系和治理能力现代化若干重大问题的决定》，其中专门对“坚持和完善党和国家监督体系，强化对权力运行的制约和监督”进行重大部署，进一步明确了加强权力运行制约和监督机制建设的重大意义和发展方向
2023 年 5 月	二十届中央审计委员会第一次会议指出：做好新时代新征程审计工作，总的要求是在构建集中统一、全面覆盖、权威高效的审计监督体系，更好发挥审计监督作用上聚焦发力。要如臂使指，增强审计的政治属性和政治功能，把党中央部署把握准、领会透、落实好。要如影随形，对所有管理使用公共资金、国有资产、国有资源的地方、部门和单位的审计监督权无一遗漏、无一例外，形成常态化、动态化震慑。要如雷贯耳，坚持依法审计，做实研究型审计，发扬斗争精神，增强斗争本领，打造经济监督的“特种部队”；做好与其他监督的贯通协同，形成监督合力

二、新时代政府审计管理体制改革的具体进程

党的十八大以来，中国特色审计管理体制进入全新的阶段。这一阶段的改革全面深刻、影响深远，有着全新的定位。因此，这一阶段的改革是一个长期的系统工程，无法靠某一种手段达到目的，必须多措并举、循序渐进。以下对新时代以来政府审计管理体制改革推进的具体进程做一归纳：

2012 年 11 月，党的十八大召开，标志着中国特色社会主义进入新时代。

2014 年 10 月，国务院印发《国务院关于加强审计工作的意见》，该意见提出加强审计工作要求：一是发挥审计促进国家重大决策部署落实的保障作用；二是强化审计的监督作用；三是完善审计工作机制；四是狠抓审计发现问题的整改落实；五是提升审计能力。

2015 年 12 月，中共中央办公厅、国务院办公厅印发了《关于完善审计制度若干

重大问题的框架意见》及《关于实行审计全覆盖的实施意见》等配套文件。该框架意见提出完善审计制度的总体目标是，到 2020 年，基本形成与国家治理体系和治理能力现代化相适应的审计监督机制，并指出完善审计制度的主要任务之一是强化上级审计机关对下级审计机关的领导。该实施意见则明确了审计全覆盖的目标要求，指出审计全覆盖即实现有重点、有步骤、有深度、有成效的全覆盖。

2017 年 10 月，党的十九大报告提出，要改革审计管理体制，构建党统一指挥、全面覆盖、权威高效的监督体系。可以说，这是首次将政府审计制度建设写入党的代表大会报告，体现了新时代党中央对审计工作的高度重视。

2018 年 2 月，党的十九届三中全会通过《深化党和国家机构改革方案》，其中就提到"组建中央审计委员会，作为党中央决策议事协调机构"，同时对审计署的职能进行优化调整，例如，将国家发展和改革委员会、财政部、国有资产监督管理委员会和国有重点大型企业监事会的相关监督职能都划入审计署。

2018 年 3 月，第十三届全国人大第一次会议通过了《中华人民共和国宪法修正案》和《中华人民共和国监察法》(以下简称《监察法》)，监察委员会成为独立于政府，与"一府两院"并列的国家机关。自此国家机关实现了从"一府两院"到"一府一委两院"的转变，标志着中国特色国家监察体制形成。

2018 年 5 月 23 日，中央审计委员会召开了第一次会议。习近平总书记主持会议并发表重要讲话，习近平总书记强调："审计机关要坚持以新时代中国特色社会主义思想为指导，全面贯彻党的十九大精神，坚持稳中求进工作总基调，坚持新发展理念，紧扣我国社会主要矛盾变化，紧紧围绕统筹推进'五位一体'总体布局和协调推进'四个全面'战略布局，依法全面履行审计监督职责，促进经济高质量发展，促进全面深化改革，促进权力规范运行，促进反腐倡廉。"① 这对我国审计工作及审计管理体制改革提出了主要方向，阐释了新思路，昭示着我国迎来了审计工作的新阶段。

2018 年 9 月以来，省一级机构的有关审计改革方案陆续获得批准，海南省委审计委员会、广东省委审计委员会等一批省一级党委的审计委员会开始陆续建立并运行。

2018 年 9 月 7 日，全国人大常委会召开立法工作会议，在会议上公布了十三届全国人大常委会立法规划，包括三类立法项目，其中审计法修改被列入第二类项目（第 39 项）。

2019 年 3 月 15 日，审计署公布了《中华人民共和国审计法（修订草案征求意见

---

① 习近平主持召开中央审计委员会第一次会议［EB/OL］.［2022-12-10］.http: //www.gov.cn/xinwen/2018-05/23/content_5293054.htm?cid=303.

稿）》并向社会公开征求意见，修订内容主要是将党的十八大以来党和国家对审计工作的新要求写入了审计法，主要包括坚持党对审计工作的领导、实行审计全覆盖等。同时，赋予审计机关依法开展监督工作所必需的相关权限以及建立健全了相关政策制度以加强审计监督的独立性、公信力、权威性和实际效果。

2019 年 10 月，党的十九届四中全会通过《中共中央关于坚持和完善中国特色社会主义制度 推进国家治理体系和治理能力现代化若干重大问题的决定》，提出要发挥审计监督职能作用，以党内监督为主导，推动各类监督有机贯通、相互协调。

2023 年 5 月召开的二十届中央审计委员会第一次会议高度肯定了党的十九大以来审计工作取得的历史性成就，在明确“审计是党和国家监督体系的重要组成部分”的基础上，强调审计“是推动国家治理体系和治理能力现代化的重要力量”，并指出，“做好新时代新征程审计工作，总的要求是在构建集中统一、全面覆盖、权威高效的审计监督体系，更好发挥审计监督作用上聚焦发力”。①

第二节　我国现行政府审计管理体制研究

习近平总书记在党的十九大报告中明确指出我们已经进入新时代，进入新时代就意味着国家经济、政治、文化、社会、生态等都发生了新变化，因而审计工作的重点也应随之发生变化。

一、新时代审计环境分析

此部分将总结党的十九大之后审计环境变化情况，主要从政治环境、经济环境、法制环境、信息技术环境的角度进行深入探究，如图 4-2-1 所示。

① 新华社. 习近平主持召开二十届中央审计委员会第一次会议强调 发挥审计在推进党的自我革命中的独特作用 进一步推进新时代审计工作高质量发展 [EB/OL].[2023-06-11].http://www.news.cn/politics/leaders/2023-05/23/c_1129640439.htm.

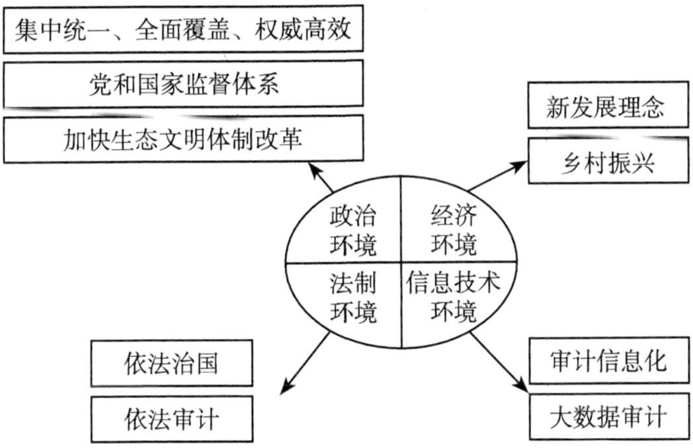

图 4-2-1 新时代审计环境

（一）政治环境

当前，我国政治环境发生较大变化，而这种变化需要审计给予强大的支撑。习近平总书记在党的十九大报告中明确指出，当前中国特色社会主义最本质的特征是中国共产党领导。这从侧面强调了政治建设有着相当重要的地位，此外人民日益增长的美好生活需要和不平衡不充分的发展之间的矛盾作为当前社会主要矛盾，都为新时代审计工作的政治建设提出更多的改革需求。

随着党和国家监督体系的逐渐完善，我国社会矛盾和政治建设的全新变化预示着我国人民代表大会制度进入新时期，新时期的人民代表大会制度为审计管理体制改革奠定了坚实的政治基础，而十九大报告也有史以来第一次把审计提升到“党和国家监督体系”的高度。2018 年 3 月，中共中央印发《深化党和国家机构改革方案》，专门成立中央审计委员会，以确保实现“集中统一、全面覆盖、权威高效”的审计监督体系要求，确保尽早落实审计全覆盖工作，从而保证审计工作的独立性以及审计结果的有效性与全面性。

想要更好地发挥党和国家监督体系的积极作用，就要把党和国家对监督体系的全新部署作为行动纲领，强化对领导干部的监督与管理，遵循“从严治党”的要求。从审计的角度来看，当前最重要的就是落实党对审计机关的领导，让审计更好地为党和人民服务，因此，这就需要各级审计机关配合中央审计委员会的指令以更好地完善审计管理体制改革工作，更好地发挥审计在党和国家监督体系中的作用。

此外，基于党的十九大报告中有关“加快生态文明体制改革”的倡导，下一步的审计工作要继续落实并全面推行领导干部自然资源资产离任审计，对生态环境损害责任进行严厉追究，将生态补偿、生态环境损害赔偿等制度落到实处；为进一步带动绿色低碳健康发展，大力提高节能环保资金相关项目的审计力度。在这一过程中，针对执行生态文明状况进行绩效评估，严格落实责任追究制度，有助于不断提高生态审计体系运行水平。这意味着相关人员要及时分析生态环境安全发展，树立良好的绩效观念，从而促进经济发展、社会发展，实现经济效益与环境效益和谐统一。各个审计机关要贯彻落实党的指导思想，如果自己的工作效率降低了，那么要及时予以纠正。

（二）经济环境

在中国特色社会主义进入新时代的同时，我国经济发展也进入新时代，我国经济已由高速增长阶段转向高质量发展阶段。党的十八届五中全会也明确提出创新、协调、绿色、开放、共享五大发展理念，由此拉开了我国社会经济发展方式变革的序幕，而始终与经济体制改革步履一致是我国社会变革过程中国家审计管理体制发展的一条基本规律。

我国审计工作在当前全新的经济环境指导下面临新任务，因此，制定新制度势在必行。2018 年 1 月，在北京召开的全国审计工作会议对下一阶段审计重点工作进行部署，其中指出，要举全国审计机关之力持续组织开展扶贫审计，实现对贫困地区审计全覆盖。同时，要以推进供给侧结构性改革为主线，着眼统筹推进稳增长、促改革、调结构、惠民生、防风险各项工作。

此外，党的十九大报告制定了“建设美丽中国”的目标，要求树立全新的生态文明观，而想要实现生态建设与经济建设互相促进、相互协调，就需要将生态建设与经济建设有效结合。党的十九大报告还肯定了十八大关于“节约优先、保护优先、自然恢复为主”的生态方针，这一方针不仅为生态文明建设的总体发展路径指明方向，更为贯彻执行“五位一体”的总体布局奠定了基础。

党的二十大报告指出，十年来我们提出并贯彻新发展理念，着力推进高质量发展，推动构建新发展格局，实施供给侧结构性改革，制定一系列具有全局性意义的区域重大战略，我国经济实力实现历史性跃升。未来，高质量发展是全面建设社会主义现代化国家的首要任务。发展是党执政兴国的第一要务。必须完整、准确、全面贯彻新发展理念，坚持社会主义市场经济改革方向，坚持高水平对外开放，加快构建以国内大循环为主体、国内国际双循环相互促进的新发展格局。

（三）法制环境

中国特色社会主义建设进入新时代意味着要面临新形势、立足新起点，这为我国法治建设提供了宝贵的历史机遇，想要同步引领我国社会主义法治建设进入新时代就要牢牢抓住这个机遇，以此更好地实现全面依法治国的总目标。而审计监督作为国家监督体系的重要组成部分，在推进依法治国过程中应同时推进依法审计，目前我国已初步形成以《宪法》为基础，以《审计法》等组成的专门法为核心，以《审计法实施条例》等行政法规、《中华人民共和国国家审计准则》等部门规章为补充的一整套较为完善的国家审计法律规范体系，如图 4-2-2 所示。

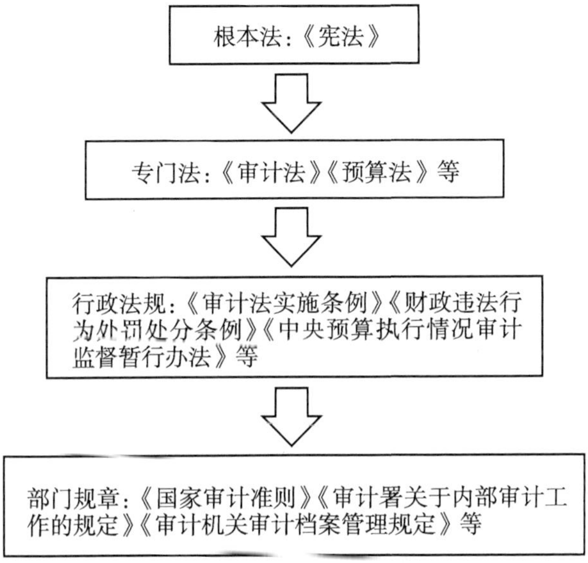

图 4-2-2 新时代审计相关法规体系

（四）信息技术环境

我们必须承认随着“互联网 +”时代的到来，在审计工作中互联网技术与信息化手段发挥了不可或缺的积极推动作用。大数据、人工智能时代已经来临，国家战略发展已将人工智能作为重要工具，审计信息化也必将成为发展趋势。党的十九大报告提出了“善于运用互联网技术和信息化手段开展工作”的要求，在 2018 年召开的全国审计工作会议上也指出要“扎实开展大数据审计”。与此同时，“人工智能”一词多次出现在政府工作报告中，这些都是我国信息技术不断更新换代的成果。

我们需要认识到，如果想要发挥审计信息化在生态文明建设中的重要价值，那么就需要各部门相互配合提高工作效率，执行平常上级下达的工作之后，要运用不同审计数据，及时提高自然资源与生态环境信息整合的力度，对各项信息进行全方位的分析总结，成立自然资源数据共享平台。运用审计信息化有助于不断提高资源管理的效率，提高审计的综合水平，有助于带动中国绿色发展。

然而，想要推动审计信息化的发展进程，还需要各级审计机关的积极配合、严格执行，在日常审计工作中积极主动使用云计算、大数据等先进技术，扩大信息技术的覆盖面，支持构建审计信息化的大环境，加强对相关系统辅助平台的建设，全面提高审计业务管理的信息化、数字化、智能化水平。

二、我国政府审计管理体制的特征分析

1982 年审计机关恢复设立，30 年后党的十八大召开，在这期间我国审计管理体制总体平稳。在审计机关内部组织领导管理体制上，地方各级审计机关接受上一级审计机关和本级人民政府的双重领导，审计机关内部实行首长负责制。然而，自党的十八大以来，党中央对完善审计制度进行了更深一步的决策部署，当前审计管理体制除部分沿用过去的审计管理体制以外，还对省以下审计机关人财物管理方式、党领导审计工作方式和审计署职责等方面作出了较大的改变。

（一）审计机关内部实行首长负责制

《宪法》中明确规定国家机构实行民主集中制原则，因此作为政府组成部门之一的审计机关需要实行民主集中原则下的首长负责制。审计署的最高首长是审计长，他同时是审计署党组书记，审计厅（局）的最高首长是审计厅（局）长，他同时是审计厅（局）党组书记。与此不同的是，人民法院和人民检察院实行的是民主集中原则下的集体负责制。当前，各级监察委员会作为国家监察体制改革的成果已经设立，不过《宪法》中并没有直接明确监察委员会是否采取首长负责制，同时《监察法》的相关内容规定得还不够细致，未来可能会通过制定监察委员会组织法对这一方面作明确规定。

（二）双重领导的行政型审计管理体制

审计机关管理体系应该依照国家制定的法律法规实行，而各个审计机关应该严格按照国务院制定的相关规定进行审计监督工作。依照《宪法》，县级以上的地方人民政府应该设立审计机关。如今我国设定了四级审计机关，其中国家审计机关是审计署。地方审计机关涵盖省级审计厅、市级审计局、县级审计局。地方审计机关受双重领导，除了受本级人民政府领导外，还受上一级审计机关、地方审计机关领导，需要及时对相应的领导部门汇报工作。如图 4-2-3 所示。

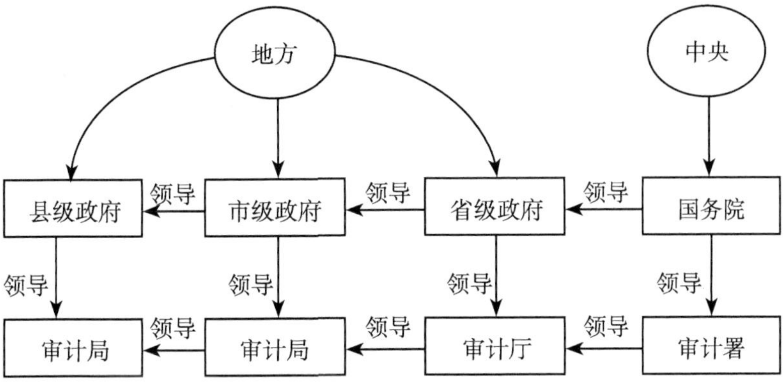

图 4-2-3 行政型审计管理体制结构

（三）改革试点阶段：省以下审计机关人财物统一管理

2015 年，国务院制定了《关于完善审计制度若干重大问题的框架意见》，并且为之出台了配套文件《关于省以下地方审计机关人财物管理改革试点方案》。该文件的出台进一步提高了上级审计机关对下级审计机关的领导能力，保障了各个机关可以及时地行使自己的监督权力。对各个机关的管理进行全方位的改革，可以重塑改革体制，进一步提高上级审计机关的领导能力，提高工作效率。具体来说，就是需要统一管理审计长期规划、年度计划、项目实施、结果报告、队伍建设、经费保障等方面，整合审计监督资源，使全国审计形成“一盘棋”。这次改革对后期进一步完善现行审计管理体制具有重要意义，有利于省以下地方审计机关人财物管理改革逐步展开。

该文件还对省以下地方审计机关人财物管理作出具体指示：我国在江苏、浙江、山东、广东、重庆、贵州、云南等 7 个省市开展省以下地方审计机关人财物管理改革试点。目前，试点地区各级党委、政府正积极推进改革，而相关的基本制度框架已初步形成。例如，广东省全面围绕提高审计机关管理水平作出相应的改善，进一步做好机构编制管理工作，为之制定相关措施，明确改善意见，并且确定改革方案的实施计划，对各个审计机关的财务管理进行全面规范。

（四）中央审计委员会和省级党委审计委员会陆续建立

2018 年 5 月 23 日，中央审计委员会第一次会议召开，习近平同志主持会议并发表重要讲话，标志着中央审计委员会正式运行。习近平总书记在会议上强调了审计工作的“三个力度”，并以此指明了今后一个时期审计工作需要重点关注的三方面任务，即“加大对党中央重大政策措施贯彻落实情况跟踪审计力度，加大对经济社会运行中各类风险隐患揭示力度，加大对重点民生资金和项目审计力度”。

党的十九届三中全会通过的《中共中央关于深化党和国家机构改革的决定》在“完善坚持党的全面领导的制度”部分明确，要优化党中央决策议事协调机构，负责重大工作的顶层设计、总体布局、统筹协调、整体推进，而《深化党和国家机构改革方案》在该决定的基础上进一步明确组建中央审计委员会作为党中央决策议事协调机构，同时明确了中央审计委员会的主要职责是研究提出并组织实施在审计领域坚持党的领导、加强党的建设方针政策，审议审计监督重大政策和改革方案，审议年度中央预算执行和其他财政支出情况审计报告，审议决策审计监督其他重大事项等。2018 年 9 月以来，省一级机构改革方案陆续获批，省一级党委的审计委员会在海南省、广东省等开始陆续建立并运行。

（五）逐渐规范有序的人事任免办法

审计工作人员是审计工作的保障，工作人员的综合素养和职业道德会对审计工作的质量产生较大影响。而人事任免权是影响审计独立性的关键因素，2015 年《关于省以下地方审计机关人财物管理改革试点方案》出台，该文件确定了之后的工作是在部分省市开展省以下地方审计机关人财物改革。该文件的出台有助于不断提高各个地区审计监督的综合水平，进一步强化审计署以及各个地区审计机关对下级审计机关的领导能力，能够积极培养各个审计机关树立良好的独立工作原则。关于地方审计机关一把手的任免和管理方式，该文件规定，只有事先征得审计署党组同意才能任免省级审计机关正职；任免省级审计机关副职，也须事先征求审计署党组的意见；而市地级审计机关正职由省级党委（党委组织部）管理，其他领导班子成员和县级审计机关领导班子成员可以委托市地级党委管理。

（六）审计署职责得到优化

2018 年 3 月，提请十三届全国人大一次会议审议的国务院机构改革方案提出，把国家发改委的重大项目稽查、财政部的中央预算执行情况和其他财政收支情况的监督检查、国资委的国有企业领导干部经济责任审计和国有重点大型企业监事会的职责划入审计署。不再设立国有重点大型企业监事会。[①]

三、政府审计管理体制改革的必要性

随着国家治理现代化水平不断提高，政府审计有了新任务、新要求，这对审计的

① 刘红霞，卢羡婷．优化审计监督 拟将三部门部分职责划入审计署 [EB/OL].(2018-03-13)[2023-6-17]. https://www.gov.cn/xinwen/2018-03/13/content_5273822.htm.

独立性、权威性和全面性提出全新的要求。然而，当前的审计管理体制不够完善，阻碍了审计监督效能的提升，因此，审计管理体制的改革势在必行。

（一）审计独立性有待增强

我国地方审计机关根据法律法规来实现独立审计管理，接受各地政府部门和上一级审计机关的监督。现行的审计管理体系虽然可以为受双重领导的审计管理体系提供保障，但当地政府会时常干预审计机关或者管控审计机关的各项工作，所以审计机关工作过程中并不能实现权力制衡。如果想要实现审计全覆盖，那么需要及时对此加以改进，特别是部分地方政府对审计工作不重视、不支持，有的甚至干扰、阻挠审计工作。此外，审计机关作为政府组成部门，要对政府部门开展审计，这种制度设计使其“先天”独立性不强。

（二）审计权威性有待提高

审计权威性取决于以下几个重要因素：第一，审计工作是否具备良好的独立性；第二，审计工作人员在工作过程中是否依照相关规定执行，是否保证审计过程客观与公正；第三，国家是否根据相关法律法规来明确审计机关的权力，保障审计机关可以依照相应的法律法规实施工作；第四，被审计单位是否主动配合，实践中存在被审计对象拒绝提供审计必需的资料，甚至恶意销毁证据或提供伪证的现象，特别是对电子数据的获取存在众多壁垒，从而给审计工作的开展造成阻碍；第五，协查单位是否配合审计的协查要求；第六，被审查出的审计问题是否被正视，实践中，有的被审计对象对审计移送的问题线索拖而不办，不予整改，把审计建议当作“耳边风”。

（三）审计部门问责力度不足

我们可以了解到，审计部门虽然可以发现问题，但是没有针对问题进行行政处罚的权力，问责的力度不足。新时代下对于传统审计的要求不仅局限于监督而需要监督与服务两者并重，审计监督是保证国民经济持续、健康、协调、发展的必要手段。因此，重视对审计结果的总结和授予相应权力才能使审计监督更好地服务经济建设。

（四）当前我国审计机关的人才队伍结构存在不足

首先，审计机关在中央和地方的审计资源分配不合理，中央审计任务繁重，要实现审计全覆盖的目标还需更多审计人才的参与，而地方审计业务相对简单，这就使得地方审计资源容易出现闲置。其次，目前，我国审计行业准入制度和退出制度并不健全，通常来说，通过公开招录公务人员的方式来引进新人，但并没有制定评估录用规定，审计人员的来源非常复杂。最后，审计机关内部并没有建立科学合理的体系，部分人认为自己拥有了铁饭碗就不再主动提高自己的工作效率，工作积极性欠缺，这将影响到整体工作质量。

（五）审计部门管理手段单一

在现行的审计部门管理体制下存在不少管理问题：一方面，部门管理运作的手段没有跟上新时代快速发展的信息化步伐，缺乏对技术手段的有效运用，难以实现大数据审计；另一方面，审计部门未有效利用信息资源，审计信息沟通的效率、深度都不能符合期望，审计机关内部与被审单位之间并未搭建一个良好的信息共享平台，信息整理和信息使用具有较多缺陷。因此，我们需要不断改善审计管理体系，努力实现审计全覆盖。这需要相应部门运用不同方式来创新审计方式，进一步发挥信息技术的综合价值。

（六）审计监督全覆盖尚未完全到位

2015 年 12 月，中共中央办公厅、国务院办公厅印发《关于实行审计全覆盖的实施意见》，该意见明确表示对公共资金、国有资产、国有资源和领导干部履行经济责任情况实行审计全覆盖，与此同时要做到应审尽审、凡审必严、严肃问责。但是因为审计资源缺乏、审计管理体系并不全面，实施过程中并不能完全实现审计全覆盖。首先，项目数量在不断增加但资源却并不吻合，人才资源与信息技术资源严重缺乏。目前，我国大约有 10 万名审计工作人员，这些人员分散在各个县市中，不同县市的审计局数量有所不同，这也会影响到审计全覆盖的效率。其次，由于政策执行过程较长、财政各类专项资金涉及面广，仅受双重领导监督远远不够，难以形成强有力的监督链条，这就产生了一些政策落实与执行财经法纪的漏洞，使审计监督力量分散、审计覆盖面窄，审计全覆盖的广度和深度仍不够。

第三节　新时代政府审计管理体制的改革分析

一、审计管理体制的内涵

我们提到审计管理体制改革通常会联想到审计基础理论，如到底什么属于审计管理？作为审计工作人员需要具备哪些专业技能？审计管理的内容涵盖审计计划管理理论、审计现场管理理论、审计报告管理理论、审计信息管理理论、审计人力资源管理理论、审计后勤保障管理理论、审计廉政管理理论。党的十九大报告，站在党和国家监督体系的高度，从增强党自我净化的需求出发，首次提出“改革审计管理体制”，并同国家机关监督、民主监督、司法监督、群众监督、舆论监督贯通起来，加强对权力运行的制约和监督，让权力在阳光下运行，把权力关进制度的“笼子”里，这对于加强各级政府自身建设、维护经济秩序、促进廉政建设具有十分重大的现实意义。① 可见，改革审计管理体制，是与国家其他监督体系统筹贯通的综合改革内容之一。

不仅如此，我们还需要考虑以下问题：党的十九大报告明确表示“改革审计管理体制”，这个词虽然与“改革审计体制”只差几个字，但是含义相差甚远。一般来说，审计体制涵括审计隶属关系、审计管理体制、审计职责确立等领域。从这一角度分析，审计体制涉及方方面面，而审计体制改革实则涵盖审计管理体制改革。如此看来，“改革审计管理体制”或许可以理解为一种局部的改革或具有重大意义的改良，并且继续延续现行行政型审计体制，这种理解与 2015 年后实施的地方审计机关“上统下”改革试点是相一致的。

二、审计管理体制改革必须坚持党的领导

审计制度诞生于党领导革命工作初期，并在党的领导下不断发展，坚持党对审计工作的领导是新时代国家审计制度的首要特征。习近平总书记在党的十九大报告中指出，中国特色社会主义最本质的特征是中国共产党领导，中国特色社会主义制度的最大优势是中国共产党领导，党是最高政治领导力量；同时指出，构建党统一指挥、全面覆盖、权威高效的监督体系。如今中央审计委员会以及各个地区的审计委员会在不断提高自己的工作效率，进一步发挥自己的工作职能，不断明确工作任务和工作重心。要推进审计管理体制改革必须坚持以习近平新时代中国特色社会主义思想为指导，必须着眼于加强党对审计工作的领导，必须把实现党统一指挥的要求在审计管理体制中得到落实和保障。

新时代背景下，审计机关不单属于国务院的部门，也属于党的政治机关，可以保障党领导干部正确行使自己的各项权利，同时可以带动各个部门及时落实相关制度。

① 青海省审计厅. 在不变与变革中深刻领会十九大精髓 [EB/OL].(2018-04-02)[2023-06-15].https://www.audit.gov.cn/oldweb/n9/n1554/n1579/c121228/content.html.

三、审计管理体制改革应遵循的基本原则

党的十九大报告提出改革审计管理体制的任务后，相关部门统筹谋划，有序推进。由于改革审计管理体制不仅情况较为复杂而且涉及面宽广，是一项事关全局的重大政治体制改革，因而必须接受党中央集中统一领导，从而深入讨论，使各方面达成共识，试点先行，按法定程序办事，稳妥推进。在这过程中应遵循以下几点基本原则。

（一）坚持问题导向

目前，审计管理体系经历了多年的发展已取得诸多成就，但是受审计客观规律和审计环境的影响，实行审计管理体制改革并不能一味地按照欧美国家的体制进行，而要全面分析我国的实际情况，考虑我国的国情来作出相应改变，坚持问题导向，从而真正解决制度存在的问题，不断提高改革效率。

（二）坚持探索试点

审计管理体系具有复杂性，改革过程也较为复杂，所以工作较为繁忙。为了进一步提高统筹规划的综合效率，要及时在重要城市设立改革试点，而改革的城市要及时总结经验，这样能够及时发现优点与不足，有利于提高制度的稳定性，避免改革出现失误。

（三）坚持贯彻依法治国

全面依法治国是“四个全面”战略布局的一个重要组成部分，推进审计管理体制改革，也必须运用法治思维和法治方式，确保改革始终处于法治轨道运行。习近平总书记指出，凡属重大改革都要于法有据。① 改革审计管理体制作为一项具有政治属性且涉及法律层面的重大改革，更应该严格按照法治要求进行，做到法治先行。

通过全面分析我国现行的法律法规可知，审计管理体系改革要及时地接受国务院领导的监督，不然会违背相应的法律法规，导致改革落入危机。党中央已经进一步明确有关审计管理体制改革的相关内容，与此同时，改革方案应该及时接受相关单位的批准，这样才能够保障审计管理体制改革获得法律法规的授权。不仅如此，深化审计管理体制改革要全面分析改革试点的履行情况，及时对相应法律法规进行修改，在制度上提供相应保障。在此基础上进一步总结我国审计发展的实践经验，明确审计监督的性质和边界，为立法打下坚实的基础。

---

① 新华社．习近平主持召开中央全面深化改革领导小组第二次会议 [EB/OL].[2023-06-17].https://www.gov.cn/xinwen/2014-02/28/content_2625940.htm.

（四）坚持保障审计独立性

独立性是各种专门监督的基本要求和突出特征，只有保持必要的独立性，监督结果才能做到客观公正、真实有效。在我国国家审计的实践中，审计监督的对象通常除公共资金、国有资产、国有资源以外，还有与之密切相关的领导干部履行经济责任情况。要保障审计机关依法独立行使审计监督权，就要让审计机关独立于具体管理上述审计对象的机关、团体、组织以及它们的直接领导机构，依照法律规定和审计事实，客观公正地认定问题、报告问题、披露问题。总之，在坚持党的集中统一领导的前提下，审计管理体制改革应进一步增强审计独立性，从体制上更好地保障审计机关依法独立审计。

（五）坚持审计全覆盖

审计全覆盖是习近平新时代中国特色社会主义思想中“四个全面”战略布局的重要子环节，包含党、国家、人民对审计事业的期许；也是新时代审计事业发展的战略机遇，改革深水区的重大挑战。审计管理体制改革要关注如何构建审计体系，从而形成多角度的审计监督管理体系，为审计提高工作效率提供良好保障。要借鉴现代化的管理手段来提高审计工作的覆盖能力，要严格按照党的十八届四中全会提出的“推进各级政府事权规范化、法律化，完善不同层级政府特别是中央和地方政府事权法律制度”，进一步塑造政府部门的审计职能，促进国有企业事业组织健康发展，同时做好社会团体内部审计建设工作。国家审计机关以及国家内部审计机构要积极运用民间各种审计资源来总结审计成果，审计体系中的各个组织要及时履行自己的责任，各个部门要相互配合，从而提高审计的综合质量。

四、政府审计管理体制改革的新要求

党的十九大报告明确表示我们要改革审计管理体制。2018 年，中央审计委员会组建，之后结合我国国情，该委员会提出不少改革审计管理体制的新要求，本部分对此做了全面总结。

（一）强化党对审计工作的全面领导

审计工作的核心在于党的领导，在审计管理体制改革过程中，各个部门应站在统一战线，在工作安排中要兼顾党中央的各项决策，这样不但有利于维护党的权威，而且有助于推动各项工作顺利进行。

不仅如此，我国审计从业人员要积极学习“改革审计管理体制”的相关内容，基于新时代发展背景，将习近平新时代中国特色社会主义思想作为指导思想，针对服务群体，明确工作内容，做好相应的思想建设，进一步明确自己的政治定位，这对强化党的领导具有重要的意义。

（二）拓展国家审计监督的广度和深度

如果想要进一步深化“改革审计管理体制”，就应该及时对改革进行全面创新，避免传统监督的不足。面临重大决策时，要对审计进行全方位的动态跟踪，对风险采取相应的防范措施。与此同时，对重点民生资金审计要提高审计力度，保障审计效率，这有助于让广大群众享受到“改革审计管理体制”的成效。审计监督过程中要保障宏观和效益相结合，贯彻落实政策的过程中要及时地对经济效益的审计内容进行全方位监督，这样可以为重大决策提供良好的保障。

审计过程中，各个部门要及时发挥自身的重要价值，提供有价值的参考意见，加强配合，拓展审计的广度，以保障审计工作的顺畅性。

（三）深化国家审计体制改革

2018 年 5 月，习近平总书记在中央审计委员会第一次会议中强调，改革审计管理体制，组建中央审计委员会，是加强党对审计工作领导的重大举措。要落实党中央对审计工作的部署要求，加强全国审计工作统筹，优化审计资源配置，做到应审尽审、凡审必严、严肃问责，努力构建集中统一、全面覆盖、权威高效的审计监督体系，更好发挥审计在党和国家监督体系中的重要作用。① 改革审计管理体制要结合我国实际，解放思想，全面分析审计工作的各项需求，改变传统的工作理念，学习更加先进的工作方法。与此同时，审计工作过程中要结合各个部门力量，不断提高工作效率，防止重复审计，进一步提高审计工作的综合质量。

（四）增强审计监督合力

依照《审计法》的规定，内部审计工作应当接受审计机构的业务监督与指导，受审计机构监督的单位也应当遵循国家相关规定自觉建立完备的内部审计规章制度。内部审计和社会审计都是审计工作的重点，而改革审计管理体制需要相应主体提供帮助。政府审计与内部审计都是国家监督体系中极为重要的组成部分，随着时代发展，当前对审计工作的要求也在不断提高，但是目前的审计资源并不充足，所以需要政府审计

---

① 新华社．习近平主持召开中央审计委员会第一次会议[EB/OL].(2018-05-23)[2023-06-15].https://www.gov.cn/xinwen/2018-05/23/content_5293054.htm.

与内部审计互相配合，实现有效沟通并进行协作，让各自的优势得到充分的发挥。

（五）狠抓审计整改建议的落实

“改革审计管理体制”的过程中，审计机关提出审计建议后，对整改不认真、敷衍了事的被审计对象要及时进行追问，狠抓落实，进一步提高审计整改工作效率。

（六）加强国家审计信息化建设

随着我国信息化建设不断发展，审计工作也应解放思想、与时俱进，及时进行数据信息建设。可以运用大数据平台来落实数据归集工作、数据分析工作，不断提高技术应用的效率，保障符合相应的审计要求。

（七）加强国家审计干部队伍建设

如果想要进一步促进社会发展，那么需要有相应的人才提供保障，而审计管理体制改革也需要人才，审计单位要建立相应的规章制度，不断完善人才体系。各级党组织要进一步提高教育工作水平，让干部队伍树立坚定的信念，高标准地完成自己的工作。

五、政府审计管理体制改革的路径

（一）政府审计管理体制改革的基础路径①

审计管理体制改革的过程中要明确改革的边界、各个部门需要履行的职责，厘清各个部门与其他部门的关系，从而共同实现改革目标。

1. 明确审计权的定位和审计管理体制改革的边界

党的十九届三中全会通过的《中共中央关于深化党和国家机构改革的决定》明确规定要构建统一高效的审计监督体系。基于此，在政府审计管理体制改革过程中，要明确审计权的定位，要重视制度本身的科学性、合理性；在审计技术方法上，要符合时代要求，有针对性地加强对信息化技术方法的运用，提升审计对数据的整体分析和运用能力；要按照党中央决策部署推进审计管理体制改革，准确把握改革边界。基于此，可以考虑由审计署组织起草审计管理体制改革方案，以此来进一步部署改革任务，明确审计管理体制改革内容、边界，为改革提供清晰的时间表和路线图。

---

① 朱殿骅．组建中央审计委员会背景下的审计管理体制改革：逻辑与方法 [J]. 湖北经济学院学报，2019，17（2）：93-99.

2. 细化审计委员会和各级审计机关的职责

2018 年出台的《深化党和国家机构改革方案》规定中央审计委员会的主要职责是：研究提出并组织实施在审计领域坚持党的领导、加强党的建设方针政策、审议审计监督重大政策和改革方案，审议年度中央预算执行和其他财政支出情况审计报告，审议决策审计监督其他重大事项等。但是该方案较为宏观，并未规定哪些属于审计监督重大政策、哪些属于审计监督其他重大事项。随后省一级党委审计委员会陆续成立，也没有相关规定明确其职权。基于此，可以考虑制定中央审计委员会工作规则和各省级党委审计委员会工作规则，并在此基础上，在党内法规层面制定一部中国共产党审计委员会工作条例，进一步明确到底在几级党委设定相应的审计委员会，各个审计委员会如何划分权责，保障相关制度合理运行。省级以下的审计部门要实施统一改革，进一步明确各个审计机关的工作、职能，随后对相应人员的工作作出明确规范。

3. 厘清审计监督与监察监督的关系

2018 年，国家监察委员会组建，自此国家机关从“一府两院”变为“一府一委两院”。与监审合一监督体系相比，监察机关与审计机关相互独立可以进一步防止权力集中，这两个部门可以相互制衡，另外能够让专业的人做专业的事，提升监督效果。与此同时，能够进一步强化监督权限，提高监察水平，厘清审计权的边界，保障审计监督与监察监督相互配合，防止资源浪费。虽然两者在监督对象与内容上有着千丝万缕的联系，在监督手段等方面具有互补性，且共同服务于国家廉政建设与国家治理的目标，但审计职能范围要远大于反腐败这一定位，因此监察体制改革未将审计监督职能并入监察机关，审计机关在推进党和国家重大政策措施贯彻落实、查找和揭示宏观经济运行中的潜在风险等方面都发挥着重要作用，这些建设性职能是监察机关所没有的。此外，审计机关的工作主要围绕公共资金的分配使用展开，在治理腐败工作中承担着发现腐败线索、预防腐败发生、健全防腐制度建设的作用，监察机关则享有处理处罚权，两者要在明确各自职能权限范围的基础上，发挥各自的优势，共同致力于反腐倡廉。总之，审计机关和监察机关要建立顺畅的协作机制，统一证据标准，明确问题线索的移送程序，统一审计证据和监察证据标准，确保两者顺畅衔接。

4. 加强对审计权的监督制约

要加强审计机关内部的分权制衡，使审计决策、审计实施和复核审理适度分离，也要加强对审计干部尤其是审计机关领导干部的监察监督，确保监督者带头遵守党纪国法，维护审计机关的公信力、权威性。此外，还应当认识到审计独立性并非绝对的而是相对的，不能照搬西方国家之审计体制，要充分结合我国的国情，在行政型审计体制保持不变的情况下，处理好审计独立性与行政效率性之间的关系。总之，应当正确处理好坚持党的领导和依法独立行使审计监督权的关系，进一步健全审计人员依法行使审计权的保障机制，确保审计权始终在法治轨道上运行。

（二）政府审计管理体制改革的具体路径

目前，中国特色社会主义审计制度已经初步建立，但是，随着国家政治、经济、法律、信息技术环境不断变化，最初的审计管理体系与目前审计工作的吻合性逐渐偏离，并对审计工作产生一定的制约，这就需要改革审计管理体系。具体来说，可以从以下几个方面着手。

1. 成立地方各级审计委员会，加强党的领导

各级审计机关要在党的领导下运行，遵照国家相关法律法规，以为人民服务为出发点，发挥审计的职能作用。2018 年组建的中央审计委员会对发挥党对国家审计工作的管理、监督，协调各个审计机关具有重要作用。但是我国幅员辽阔、人口众多，仅依靠中央审计委员会的力量并不能及时对各个审计机关进行全面管理。因此，应建立中央审计委员会的下级审计委员会，并设置相应的审计机关，明确各个部门的工作职能，定期对中央审计委员会汇报工作，不断提升监督管理水平。

2. 地方审计机关划归人大监督，推动审计监督全覆盖

由人大监督地方审计机关可以从根本上改善地方政府干预地方审计的情况，不断提高人大对预算执行的监督效率，保障审计监督和人大监督相互协调，从而打造和健全以人大为核心的权力监督体系。与此同时，将审计工作独立于政府监督之外，可以更好地发挥审计在国家治理与监督中的保障作用。

3. 重点整合审计资源，特别是建设一支高质量、高水平的审计队伍

要着力改善我国审计管理体制背景下中央与地方审计资源不平衡的状况。目前，审计队伍结构尚有不足，大部分审计工作人员年龄偏大，工作能力与专业水平并不均衡，人员任免出现不平等的状况，因此，要完善审计管理体制人才工作尤为重要。

首先，中央和地方审计委员会要重视审计人才培养工作，重视审计人员的职业教育培训，从专业知识到技能培训以及岗位锻炼、职业道德等全方位入手打造一支专业水平高、创新能力强、具有职业道德的审计人才队伍，同时要定期对其进行绩效考评；其次，人力资源部门应当注重吸纳同时具备财务、计算机以及法律等专业知识的复合型人才，建立科学的激励制度，促进岗位人员的知识储备与行业发展变化齐头并进；最后，积极推动各个审计机关或者各个部门之间实现人才流动，从而带动人力资源改

善工作效率，避免出现人员失衡的状况，不断提高资源配置的效率。

4. 加强审计问责整改，落实审计意见处理

一直以来，我国审计工作的难点就在于如何加强审计问责能力。通常来说，审计部门与各个权力机关相互配合可能会出现腐败的状况。因此，要强化责任追究，建立大数据审计主体整改体系，及时落实审计意见。对于多次犯错却仍没有改善的单位要及时进行处罚，或者将这些单位加入失信黑名单，加强问责力度。

5. 完善审计职能导向，发挥审计免疫功能

目前，我国审计工作中存在“就审计而审计”“就问题而论问题”的做法，这种做法虽然可以防范违法活动，监督管理国家预算资金，但并未达到全方位监管，与国家治理要求并不完全吻合。改革审计管理体制应该着重于改善审计职能，从监督导向转变为监督和服务双重导向，只有这样才能不断提高国家经济运行效率，进一步防范不良行为。各个审计机关如果发现存在阻碍社会经济发展的情况，要及时提供审计工作相关报告，报告中应明确指出各个权力机关应该如何解决问题，随后建立科学合理的反馈体系，这样有助于促进管理型审计逐渐转化为治理型审计。此外，还要推进实现审计过程的全覆盖，动态监督审计运行的全过程，并且进行风险评估、影响评价。

6. 适应信息化时代，更新审计工作模式

随着我国信息化进程不断推进，审计信息化成为时代发展的需要，应用信息技术成为审计工作的必然。同时，伴随经济与社会的飞速发展，审计的职能早已不再只是查账记账，审计的范围变得更广，这就需要与社会经济进步相配套的完整的审计信息化产品。审计部门要努力改善自己的管理方式，与时俱进，运用信息化手段提高自己的操作水平。可以积极运用区域链、人工智能技术来建设审计信息系统，不断提高审计效率，保障会计信息的安全性和规范性，加强审计监督职能，促进各要素合理平衡。同时，可以运用云计算技术，对各项数据进行全面分析，保障工作人员的独立性，保障审计工作的质量。在这一过程中逐步将审计工作模式从传统模式转变为信息化模式，构建联网审计系统、综合审计系统。

第五章　改革试点区域的政府审计管理体制研究

中共中央办公厅、国务院办公厅于2015年印发《关于完善审计制度若干重大问题的框架意见》以及相关配套文件，其中包括对领导干部履行经济责任情况实行审计全覆盖，以及其他完善审计管理体制的措施，以保障依法、独立行使审计监督权。同年，选择江苏、浙江、山东、广东、重庆、贵州、云南等7个省市作为省以下地方审计机关人财物管理改革试点区域开展改革试点。

第一节　改革试点区域政府审计管理体制改革的任务、特征及带来的变化

一、政府审计管理体制改革的主要任务

中共中央办公厅、国务院办公厅于2015年印发的《关于完善审计制度若干重大问题的框架意见》以及相关配套文件具体贯彻并落实了党的十八届四中全会精神，是完善政府审计管理体制改革的行动指南。它在打破等级壁垒、保证审计独立性、提高审计监督的整体有效性等方面发挥着必不可少的作用，为"四个全面"战略的落实提供了扎实的保障。

根据文件精神，确保政府审计机关依法独立行使审计监督权，尽可能地在党和国家监督体系中行使审计的监督职能是政府审计管理体制改革的关键。改革的总体目标是到2020年，基本形成与国家治理体系和治理能力现代化相适应的审计监督机制，主要任务有八个方面，分别为实行审计全覆盖、强化上级审计机关对下级审计机关的领导、探索省级以下审计机关人财物管理改革、推进审计职业化建设、加强审计队伍思想和作风建设、建立健全履行审计法定职责保障机制、完善审计结果运用机制、加强对审计机关的监督。

二、政府审计管理体制改革的特点

推动政府审计体制改革的主要因素是政治因素和经济因素，主导力量是中国共产党和人民政府，主要方式是采用循序渐进的方式。

（一）推动政府审计体制改革的主导力量

党和政府是推动政府审计体制改革的主导力量，而政府审计机关则是实施改革措施的主体。1985 年 1 月 3 日，胡乔木同志提出“参照全国的情况和经验，提出一个设立审计机构的具体建议和筹办人选，这一机构和它的职权并拟列入宪法”[①]。审计署成立至今已进行七次重大调整，其中有两次调整产生了较大的变化。第一次是在 1998 年，对机构进行了大幅度的精简，各部委审计局统一由审计署进行管理，一定程度上扩大了审计力量；第二次是在 2018 年，中央审计委员会的建立从一定程度上完善了审计署的相关职责权限，把国家发展和改革委员会、财政部、国务院国有资产监督管理委员会三部委的一些职能责任划入审计署。

（二）政府审计体制改革的影响因素

政治因素和经济因素的影响使我国政府审计体制改革呈现出不确定性，即从上级机关到下级机关以政府指示和法律的形式进行引导和推进。国家审计署刚刚成立、相关审计任务初步进行之际，审计在社会和公众心里的重要程度和认同程度还较低，以中国共产党和中央人民政府为主导力量的改革，有针对性地大力推动各项制度的实施。然而，在这种改革中，可能存在党和政府没有及时发现的问题、基层对改革认同度不高等现象，而这也确实会对改革的推进造成一些不必要的阻碍。从某种意义上来说，只有政府审计机关充分行使其职能，才能有效避免类似情况的发生。经过多年的审计体制发展，政府审计机关更加充分地行使其职能，基层也更加自发地意识到审计的重要性。

（三）政府审计管理体制改革的基本路径

政府审计管理体制改革经历了从审计公开到审计全覆盖，再到“党的领导”“依法、独立、全面、效率”的进程，该进程是对以往体制的继承、延续和完善。这种循序渐进的改革方式能够在一定程度上减缓改革可能引起的风险，保留合理的地方，修正和调整不恰当的地方，为政府审计管理体制改革的稳步推进提供基本保证。

---

① 赵广礼 . 试论审计体制改革：变迁和未来 [J]. 审计研究，2019(6)：46.

三、政府审计体制改革带来的变化

（一）实行审计全覆盖

一是审计对象全覆盖。就是对法定审计对象和范围的全面覆盖，指审计机关在法定职权范围内，对公共资金、国有资产、国有资源和领导干部履行经济责任情况进行审计，做到在一定周期内全面覆盖所有审计对象。《关于完善审计制度若干重大问题的框架意见》明确规定，在实行审计全覆盖中要“坚持党政同责、同责同审”，也就是说中央和地方各级党政工作部门、企业事业单位及其主要领导干部，以及地方各级党委政府及其主要领导干部都是审计监督对象，一旦在审计过程中发现问题，他们就要对这些问题负责任。按以往情况分析，对党委主要负责同志的经济责任的审计与对政府主要领导同志进行经济责任的审计相比少了一些。为此，中共中央、国务院在以往的审计工作基础上明确要求，政府审计机关必须依照法律要求对地方各级党委、政府、审判机关、检察机关，中央和地方各级党政工作部门、事业单位、人民团体等单位的党委（党组、党工委）和行政正职领导干部（包括主持工作一年以上的副职领导干部），国有企业法定代表人，以及实际行使相应职权的企业领导人员履行经济责任的情况进行审计。综上，可以看出审计对象范围上比过去更宽更全。

二是审计内容全覆盖。以往的审计重点在公共资金，而《关于完善审计制度若干重大问题的框架意见》明确指出应当对公共资金、国有资产、国有资源和领导干部履行经济责任情况实行审计全覆盖。政府审计机关要依照法律要求对政府收支、部门管理或政府委托掌控的资金，以及相关经济活动进行审计；要依照法律要求对行政事业单位、国有企业等掌控和使用的境内和境外国有资产进行审计；要依照法律要求对土地、矿藏、水域、森林、草原、海域等国有自然资源，特许经营权、排污权等国有无形资产，以及法律法规规定属于国家所有的其他资源进行审计；同时要将国有资源开发利用和生态环境保护等情况作为领导干部经济责任审计的重要内容，对领导干部实行自然资源资产离任审计。综上，可以看出审计内容上比过去更深更广。

三是审计方式全覆盖。以往对审计的频率没有特定要求，各个地方都是根据本地区的实际情况来制订审计计划。但是《关于实行审计全覆盖的实施意见》明确指出，每年都要对重点部门、单位进行审计，对其他审计对象也要保证一个周期内至少审计一次，对重点地区、部门、单位以及关键岗位的领导干部在任期内也要保证至少审计一次，对重大政策措施、重大投资项目、重点专项资金和重大突发事件开展跟踪审计，坚持做到以问题为导向，对以往来看问题较多的单位及领导干部提高审计频率。综上，可以看出在审计频率上比过去更高。

四是审计技术方法全覆盖。随着大数据审计的发展，大数据审计模式不断建立完善，《关于实行审计全覆盖的实施意见》明确指出应构建国家审计数据系统和数字化审计平台，运用大数据技术对业务数据与财务数据、单位数据与行业数据以及跨行业、跨领域数据进行综合比较并关联度分析，建立并完善审计实时监督系统，实施联网审计。综上，可以看出审计技术方法将比过去更强更精。

（二）省以下政府审计机关人财物统一管理

《关于完善审计制度若干重大问题的框架意见》明确规定，强化上级审计机关对下级审计机关的领导，探索省以下地方审计机关人财物管理改革。为加强全国审计工作的统筹规划和提升审计独立性、整体合力，同时加大审计监督力度，提高审计监督效果，《关于完善审计制度若干重大问题的框架意见》提出以下五个方面的具体措施：

第一个方面是对干部的管理。任免省级审计机关正职，须事先征得审计署党组同意；任免省级审计机关副职，须事先征求审计署党组的意见。省级党委（党委组织部）负责管理试点地区市地级审计机关正职，市地级党委可受托管理其他领导班子成员和县级审计机关领导班子成员。

第二个方面是对机构编制和人员的管理。地方审计机关的机构编制由省级机构编制管理部门统一管理，地方审计机关审计人员由省级统一招录，省级审计机关协助各地方审计机关工作的开展。

第三个方面是对审计业务的管理。为加强审计项目计划的制订和统筹，下级审计机关审计项目计划要及时上报上级审计机关备案，省级审计机关统一管理试点地区审计机关的审计项目计划，上级审计机关统筹地方审计机关力量，组织开展重大项目审计。

第四个方面是激励考核。建立健全重大事项报告制度，下级审计机关的重大事项和审计结果必须及时上报上级审计机关，并抄报同级党委和政府，上级审计机关要加强对下级审计机关的激励考核。

第五个方面是对经费和资产的管理。省级有关部门统一管理地方审计机关的经费预算、资产，市地、县级有关部门也可以根据实际情况受托管理。地方审计机关的各项经费标准的确定以各地区现有法律法规要求和实际情况为依据，并保证不低于现有水平。

（三）推行审计职业化，内外监督要求更高，队伍管理更严

在国家治理的新形势、新常态，以及审计全覆盖的背景下，对审计人员的专业胜任能力提出了新的更高要求，也对审计队伍的整体能力和水平提出了更高要求。《关于完善审计制度若干重大问题的框架意见》提出推进审计职业化建设的改革措施，同时，对审计干部队伍的思想政治和作风建设以及对审计机关的监督提出了相应的改革措施。具体体现在以下三个方面：

第一个方面是创建审计人员分类管理制度，建立审计专业技术类公务员职务序列。对审计专业技术类公务员和综合管理类公务员分类招录，对专业性较强的职位可以实行聘任制。健全审计职业岗位责任追究机制。完善审计职业保障机制和职业教育培训体系。

第二个方面是强化内部监督管理，提高审计队伍政治业务素质。加强思想政治建设、审计职业道德和党风廉政建设，严格管理审计队伍，严格执行廉政纪律和审计工作纪律，保证审计人员坚持原则、无私无畏、敢于碰硬，做到忠诚、干净、担当。

第三个方面是加强对审计机关的外部监督。各级党委、人大、政府要强化对审计机关的监督力度，定期检查审计法律法规的执行情况；探索建立对审计机关的外部审计制度，加强对审计机关主要领导干部的经济责任审计，外部审计由同级党委、政府及上级审计机关负责组织；完善聘请民主党派和无党派人士担任特约审计员制度。

（四）建立健全审计职责保障机制

针对建立健全审计职责保障机制，《关于完善审计制度若干重大问题的框架意见》提出以下五个方面改革措施：

第一个方面是明确各级党委和政府要协助审计机关解决实际困难和问题，支持审计机关依法履行职责，保障审计机关依法独立行使审计监督权，不受其他行政机关、社会团体和个人的干涉。

第二个方面是明确提出要建立健全干预审计工作行为登记报告制度。这为审计机关和审计人员依法履行审计职责，确保审计结果的真实客观、公平公正提供了法规和制度保障。

第三个方面是明确提出审计机关不得超越职权、超越能力，不得违反法定程序进行审计，不得参与与法定审计义务无关的、可能影响依法独立审计监督的议事协调机构或工作，建立自己的“职责范围”以消除干扰。

第四个方面是明确规定所有审计对象都应及时、全面地向相关审计人员提供审计

所需的财务会计、业务和管理等资料，不得制定限制向审计机关提供资料的规定，也不得限制开放计算机信息系统查询权限，已经制定的应予修订或废止。这为实现“审计全覆盖”目标，做到“应审尽审”提供了制度保障，同时，为民营企业、个人使用国家财政资金的都要接受审计监督提供了法律支持。

第五个方面是强化了审计人员和审计对象合法权益的保护。明确提出对拒绝接受审计监督，阻挠、干扰、不配合审计工作，或威胁恐吓、打击报复审计人员的，要依纪依法查处。同时，审计机关应当充分听取有关主管部门和审计对象的意见，客观公正地作出审计结论，维护审计对象的合法权益。

（五）完善审计结果运用机制

《关于完善审计制度若干重大问题的框架意见》围绕强化问责和推动整改，对审计结果运用作出具体而严格的规定，主要措施有以下五个方面：

第一个方面是明确规定应当把审计监督与党管干部、纪律检查、追责问责相结合，对领导干部的考核、任免、奖惩应将审计结果及整改情况作为重要依据。此项措施能够有效落实审计结果，加快审计发现问题的整改。

第二个方面是明确规定对审计机关发现和移送的违纪违法问题线索或其他事项，有关部门和单位要认真核实查处，并及时向审计机关反馈查处结果，不得推诿、塞责，清除查处审计移送案件的障碍。

第三个方面是明确规定领导干部经济责任审计结果和审计发现问题的整改情况应纳入所在单位领导班子民主生活会及党风廉政建设责任制检查考核的内容，作为领导班子成员述职述廉、年度考核、任职考核的重要依据。此举可有效推进领导干部经济责任审计工作，充分发挥经济责任审计在强化行政权力运行制约、促进反腐倡廉中的重要作用。

第四个方面是明确要求各级人民代表大会常务委员会结合审计监督和部门预决算，建立对审计中发现的突出问题整改情况的听取审议报告机制。对整改不力、屡审屡犯的，必须与被审计单位的主要负责人约谈，并严格追究责任。此举有利于建立审计整改长效机制。

第五个方面是要求审计机关依照法律法规公示审计结果，审计对象应公告审计问题的整改结果。此举可有效发挥审计结果公告“双刃剑”作用，一方面对审计机关依法行政和审计工作质量提出了更高要求，另一方面将审计结果和审计整改结果公之于众，可督促审计对象更加自觉遵规守纪，促进国家各项政策措施和法纪法规得到更好的贯彻落实和执行。

第二节 广东省政府审计管理体制改革的实践分析

2015 年改革试点开展以来，广东省积极探索、努力推进改革试点工作，取得了较好的效果。2016 年 7 月，广东省委、省政府印发了《广东省关于完善审计制度若干重大问题的实施意见》及相关配套文件，对广东省完善审计制度、保障依法独立行使审计监督权作了部署和安排。广东省完善审计制度改革领导小组成员单位各负其责，进一步细化操作办法，促进改革措施落地。广东省很好地完成了中央布置下来的任务，还为其他省份的改革提供了很好的经验和借鉴案例。

一、广东省政府审计管理体制改革的总体要求[①]

（一）指导思想

以邓小平理论、“三个代表”重要思想、科学发展观为指导，深入贯彻习近平总书记一系列重要讲话精神，全面贯彻党的十八大和十八届二中、三中、四中、五中、六中全会精神，紧紧围绕协调推进“四个全面”战略布局，按照党中央、国务院和省委、省政府决策部署，认真贯彻落实《宪法》《审计法》等法律法规，紧密结合审计工作的职责任务和履职特点，着眼依法独立行使审计监督权，创新体制机制，加强和改进新形势下广东省的审计工作，强化审计队伍建设，不断提升审计能力和水平，更好服务于经济社会持续健康发展，为广东省实现“三个定位、两个率先”的目标作出贡献。

（二）总体目标

加大改革创新力度，完善审计制度，健全有利于依法独立行使审计监督权的审计管理体制，建立以专业审计为特色的审计管理体制，对公共资金、国有资产、国有资源和领导干部履行经济责任情况实行审计全覆盖，做到应审尽审、凡审必严、严肃问责。截至 2020 年，基本建立与国家治理体系和治理能力现代化相适应的审计监督机制，更好地发挥审计在国家和省级重大决策部署实施、安全经济维护、深化改革等方面的作用，对推进依法治省和推进廉洁治省建设具有重要作用。

---

① 广东省人民政府 . 广东省人民政府关于加强审计工作的实施意见 [EB/OL].[2023-06-18].http://www.gd.gov.cn/gkmlpt/content/0/143/post_143928.html#7.

（三）基本原则

试点区域的政府审计管理体制改革应遵循的原则包括：坚持党的领导、坚持依法有序、坚持问题导向、坚持统筹推进、坚持先行先试。

（1）坚持党的领导。加强党对审计工作的领导，围绕党委和政府安排的任务，研究提出审计工作的目标、任务和重点，严格执行重要审计情况报告制度，支持审计机关依法独立开展工作。坚持党管干部原则，加强审计机关领导班子和队伍建设，健全审计干部培养和管理机制，合理配置审计力量。

（2）坚持依法有序。运用法治思维和法治方式推动审计工作制度创新，充分发挥法治的引领和规范作用，破解改革难题，依法有序推进。重大改革措施需要取得法律法规授权的，按法律法规程序实施。

（3）坚持问题导向。针对制约审计监督作用发挥的体制机制障碍、影响审计事业长远发展的重点难点问题，积极探索创新，完善审计制度。

（4）坚持统筹推进。充分考虑改革的复杂性和艰巨性，做到整体谋划、分类设计、分步实施，及时总结工作经验，确保各项措施相互衔接、协调推进。

（5）坚持先行先试。按照全面深化改革要求，充分发挥广东省的优势，进一步解放思想，大胆实践，努力探索符合省情的审计工作机制和办法。

二、广东省政府审计管理体制改革的主要任务①

（一）实行审计全覆盖

依照法律对审计监督职能全面行使，坚持党和政府责任统一和问责，对公共资金、国有资产、国家资源和领导干部经济责任的履行实行审计全覆盖。了解审计对象的基本情况，根据审计资源的实际状况，明确审计目标，科学规划，达成共识，分级、有针对性、分步、深入、高效实施。建立健全与审计全覆盖高度匹配的工作机制，协调整合审计资源，创新审计组织方法和技术手段，提高审计效率。

（二）加强上级审计机关对下级审计机关的领导

着力提高审计监督的整体协调性和独立性，加强全省审计工作统筹。增加对审计机关干部的管理，省审计厅正职的任免必须先经审计署党组批准；任命和解聘省审计厅副职必须事先征求审计署党组的意见。审计资源的合理配置要求上级审计机关必须

① 广东省人民政府.广东省人民政府关于加强审计工作的实施意见[EB/OL].[2023-06-18].http://www.gd.gov.cn/gkmlpt/content/0/143/post_143928.html#7.

加大规划和管理审计项目计划的力度，省审计厅的年度审计项目计划必须传达到审计署进行备案记录。上级审计机关需要根据本地区经济社会发展的实际情况，协调和组织地级审计机关的力量，对重大项目进行审计。完善重大事件报告制度，审计机构的主要事件和审计结果上报上级审计机构，同时抄送同级党委和审计总局。上级审计机关要提高对下级审计机关审计质量的监督检查频率和力度，对下级审计机关实行通知制度。

（三）探索省以下地方审计机关人财物管理改革

根据中央开展省以下地方治理机构人事、财产和资产管理改革试点工作部署，各级党委和政府按照党对干部的管理要求，强化对地方审计改革的领导。广州、深圳审计局正职由省委管理，地市级审计局由省委（省党组织部）管理，地级以上市党委受托管理其他领导班子成员和县级审计机关领导班子成员。

完善组织和人事管理制度，省组织办公室统一管理全省审计机关的机构编制，省审计厅积极配合并做好相关工作的协助。深圳市审计局委托深圳市进行具体管理。省级审计人员按规定由省级有关部门统一招聘。完善融资和资源管理制度，省级以下审计制机关（深圳除外）预算和资源由省级有关部门统一管理。市级、县级审计机关的不同的资助标准由省级财政厅、省人力资源社会保障厅在现有法律法规框架内结合实际条件确保他们不低于目前的水平。省级审计机关审计项目计划由省级审计厅管理，协调省级审计机关实力对重大项目进行审计。

（四）推进审计职业化建设

积极探索和推进广东省审计的职业建设，对审计人员分类管理制度和职业安全机制进行落实完善。完善审计人员选拔任用机制，实行专业干部、审计技术人员和综合管理干部分类任用，对更多专业岗位实行聘任制度。以审计工作特点为基础，划分薪酬标准、建立审计人员的薪酬管理制度，建立审计人员的继续教育培训机制。

（五）加强审计队伍思想和作风建设

加强思想政治建设，加强理想信念建设，严格遵守政治纪律和政治规矩，提高审计队伍的政治素质。要全面贯彻社会主义核心价值观，强化审计职业道德建设，培育和弘扬“良心、责任、恒心、敬业、奉献”的广东审计精神，坚持审计职业道德，依法审计，文明审计。加强党风廉政建设，对审计队伍进行严格管理，严格执行廉政纪律和审计工作纪律，坚持原则，无私无畏，敢于面对困难，忠于职守，诚实负责。

（六）建立健全履行法定审计职责保障机制

审计工作报告需要定期报给各级党委和政府，各级党委和政府对审计工作中遇到的各种实际困难和问题要帮忙解决协调，帮助审计机关依法履行职责，确保审计机关依法独立行使审计监督权，不受其他行政机关、社会团体和个人的干涉，以审计结果作为作出有关决定的重要依据。严格规范审计行为，审计机关不得越职责越权，进行审计工作不得违反法定程序，不得参加各种讨论、协调或者与法定审计义务无关、可能影响法定审计监督的活动。改进在审计活动中记录和宣布干预的制度。所有参与公共资金、国有资产和国家资源管理、分配和使用的部门、单位和个人，必须自觉接受和配合审计，及时、全面地进行财务、资产和管理会计核算，积极协助审计机关进行网上审计，不得制定限制向审计机关提供信息和对系统信息进行调查的规定，已经制定的必须修改或者废止。有关单位和个人应当积极配合和协助审计工作的开展，对相关审计信息进行保密。对待某些拒绝接受审计监督，阻碍、不配合甚至干扰审计工作，威胁恐吓、报复审计人员的单位或个人必须依法严格处置。同时，审计机关应当改进、完善审计工作机制，在听取相关审计对象建议和意见、维护审计对象合法权益的前提下客观公正独立地作出审计结论。

（七）完善审计结果运用机制

建立健全审计与组织人事、纪检监察、公共安全、检察机关等有关主管单位工作的协调机制，加强案件会商、情况通报、资料调查、调查取证等工作的协调，把审计监督与干部党务管理、纪检监察、问责相结合，把审计结果和整改结果作为对高级管理人员考核任免、奖惩的重要依据。对审计中发现的违纪违法线索或其他问题，审计机关必须及时向有关主管部门和单位移送，有关部门和单位必须认真监督调查，并及时将调查结果报告审计机关，不得拖延、逃避责任。审计机关应监督审计移交事项的调查结果和管理情况，并及时向社会公布。有关部门和单位要认真排查审计工作中存在的典型和共性问题，并提出可行性审计建议，及时清理不合理的制度和规章，建立健全相关制度。领导干部经济责任审计结果和审计中发现的问题的整改内容应该作为领导班子成员诚信报告的重要组成部分，每年对工作进行考核和评价。有关部门应加大审计监督的频率和力度，落实审计中发现问题的整改情况。如果出现整改无效、屡审屡犯的相关审计对象，应对审计对象的主要负责人提出疑问并进行谈话，必要时追究其责任。各级人大常委会要将对审计突出问题整改情况的监督与部门预决算的审查监督相结合，听取并定期审查审计报告。健全人民代表大会常务委员会的监督工作制度，将审计发现的突出问题的整改工作制度化，推动审计发现的突出问题的整改落实。建立全面、规范、公开、透明的预算制度，提高管理和使用预算资金的有效性。

被审计单位作为整顿改革的主体，必须按照人大常委会决议的要求，认真扎实做好整顿改革工作。审计机关必须按照法律法规的规定对审计结果进行公告，被审计机关必须将更正结果及时书面通知审计机关，并按照规定予以公开。

（八）加强对审计机关的监督

各级党委、人大、政府要保证对政府审计机关的检查督责，定期检查各级政府审计机关对相关审计法律法规的执行落实情况，保证各级政府审计机关党风廉政建设，依照法律要求进行严格审计和检查，依照法律要求主动向社会公众公开审计中所发现的问题、作出的审计判断和审计结果。努力探索外部审计制度，同级党委、政府和上级政府审计机关积极对政府审计机关主要领导干部的经济责任进行审计。建立健全民主党派和无党派人士担任专门审计人员制度，审计机关要提高公开透明水平，自觉接受社会公众监督。

三、广东省政府审计管理体制改革的成效

在审计署的精心指导和地方各级党委、政府的正确引导下，广东省各级政府审计机关认真研究落实中央关于改革审计管理体制的重大决策部署，加强领导、前进、创新，推动全省审计管理体制改革取得显著成效。

（一）省级审计管理体制改革基本完成

2018 年 7 月，广东省委成立了省级审计委员会，省委书记亲自担任委员会主任，亲自主持省委审计委员会第一次会议，成立省委审计委员会办公室，设置于省审计厅。据悉，这是国家监察委员会成立后，我国设立的第一个省级监察委员会。同时，省审计厅机构改革主要任务也已全部完成，划入了省发展改革委、省财政厅、省国资委相关职能，根据工作需要适当增加了机构处室和编制，新增加的处室人员已到位开展工作。

通过此次改革，进一步加强了广东省委对政府审计工作的集中统一领导、优化了广东省审计厅职责，初步建立起集中统一、全面覆盖、权威高效的政府审计监督体系。广东省审计厅在职能配置上也取得三个方面的重大突破：一是首次实现了设置派出机构的目标，共设置四个派出审计处，为拓展审计监督广度和深度、消除监督盲区提供了组织保证。二是明确省级地方政府审计机关人财物管理改革试点后广东省审计厅承

担的新职责，全方位巩固人财物管理改革试点成果。三是明确了广东省审计厅对全省政府审计机关党建工作的指导职责，为更好地强化对下级政府审计机关党建工作的指导提供重要依据。

（二）市县级政府审计管理体制改革进展顺利

在地方各级党委、政府的全力支持下，广东省审计厅不断加大对市县审计管理体制改革的指导督促力度。2018 年 11 月至 12 月，审计厅厅长亲自带队深入 21 个地级以上市开展调研，向地方党委、政府主要负责同志宣讲中央审计委员会、省委审计委员会第一次会议精神，围绕贯彻落实习近平总书记视察广东重要讲话精神，积极推动市县两级审计管理体制改革工作。广东省 21 个地级以上市党委全部成立了审计委员会，全部参照中央、省委的做法，由市委书记担任委员会主任。市级政府审计机构改革也已基本完成，各市审计局的“三定”规定陆续印发，均增设了市委审计委员会办公室秘书科（处），基本实现审计计划、实施、审理、整改“四权分离”运行机制。县级政府审计管理体制改革实施方案经省委批准后，县（区）级党委组建了审计委员会，改革工作紧锣密鼓地推进。①

第三节　海南省自由贸易试验区政府审计管理体制改革的实践分析

2018 年 4 月，在习近平总书记在庆祝海南建省办经济特区 30 周年大会上发表重要讲话后，审计署高度重视海南自由贸易试验区和中国特色自由贸易港背景下的审计工作，要求创新体制机制，更好地发挥政府审计监督和保障作用。审计署将海南自由贸易试验区和中国特色自由贸易港政府审计体制机制创新研究确定为重要工作之一，并成立了以审计署审计科研所、审计署办公厅和海南省审计厅共同参与的课题组，由审计署科研所所长担任组长。

① 广东省审计厅．广东审计管理体制改革取得显著成效 [EB/OL].[2022-07-24]. http：//static.nfapp.southcn.com/content/201903/07/c1985126.html.

一、海南省自由贸易试验区政府审计工作面临的环境

（一）“小政府、大社会”的行政管理体制

海南省经济特区于1988年4月成立。海南省实行省地方政府管理大特殊区域的“小政府、大社会”的行政管理体制，即省直管县（市）的政治体制框架，要求全省建立和招录符合经济体制和政治体制改革的需求。海南省主动推进政治体制改革，实行精简机构、党政分开、政企分开、经济实体扩张。同时，积极推进干部管理体制改革，全面提高了干部人员的整体素质，从而加强了政府的职能。

按照“小政府、大社会”行政管理体制的基本要求，截至2018年海南省政府由过去行政区政府的80多个局、委、办部门精减为四个系统：政治保障系统、行政事务管理系统、经济杠杆系统、经济发展和经济组织系统，共26个机构，明显少于中央相应机构，也少于全国各省、市的机构设置数。政府允许社会、企业和市场行使更多的经济管理职能，从而扩大社会的经济自由度，更充分地行使对个人、企业和组织的独立管理职能。政府不再负责所有事情，而是利用市场调节机制和相关法律手段，以适当的行政方式进行间接管理调整，并作为指导、调节和监督社会发展和经济运作的纽带。在这种情况下，海南省政府审计机构作为经济监管的主要综合性部门，对经济活动的角度和方向进行了相应调整，审计对象、审计内容和审计处理标准也将符合这一行政管理体制框架。

（二）开放型经济新体制框架

中共中央、国务院于2020年6月1日公布《海南自由贸易港建设总体方案》，该总体方案提出将海南自由贸易港打造成为引领我国新时代对外开放的鲜明旗帜和重要开放门户，并明确“到2035年，自由贸易港制度体系和运作模式更加成熟……营商环境更加优化，法律法规体系更加健全，风险防控体系更加严密，现代社会治理格局基本形成，成为我国开放型经济新高地”。“开放型经济新体制”和“最高水平开放政策”成为海南自贸港建设的核心词汇。对政府审计工作有直接影响的经济体制改革的内容大体有以下几个方面。

第一，加快推进自贸港建设，打造开放新高地。加快推进自贸港建设是2020年海南省政府工作的首要任务，要按照中央确定的时间表、路线图，开好局、起好步。具体举措包括：推动自贸港政策落地；落实更加开放的举措；提高招商引资引智实效；加快重点园区先行先试；强化风险防控各项措施。

第二，建立以供给侧结构性改革为基础的现代经济体系。海南现代经济体系以深

化供给侧结构性改革、实施创新驱动发展战略、深化经济体制改革、提升网络和基础设施智能化水平四个方面为基础。其中，关于深化供给侧结构性改革，2020 年海南省政府工作报告指出：不懈推动产业转型，筑牢高质量发展基石。巩固和扩大来之不易的有利态势，以更大的决心、更强的定力、更有效的举措，在深化供给侧结构性改革上持续用力，调结构、转动能，促进经济更高质量发展。①

第三，进一步提高政府服务的效率和水平。在深化行政审查和核实制度改革方面，重点是促进行政审查和核实的标准化和自动化。促进工商业登记的便捷性，并探索在线登记服务、电子商务许可证和平台机构的实施。放宽投资主体的范围、批准条件、资本投资政策等。进一步精简行政管理、下放权力以刺激市场活力。

第四，处理好政府与市场的关系，以确保市场在资源分配中能够发挥关键作用，并保证政府发挥最大的职能和作用。改变传统的绩效评估机制，充分发挥绩效评估对开放经济发展的鼓励作用，以创新为导向，并改变以前只注重国内生产总值和经济增长的评估方法。构建和改进区域开放模式的有效功率机制，大力推行各种措施，如在长江三角洲实现更高质量的一体化，协调沿海、内陆和边境地区的开放，形成具有互补优势的区域开放模式，均衡协调各区域间的分工。

（三）海南自由贸易试验区的发展策略

海南推进形成全面开放新模式，按照“先行先试、风险可控、循序渐进、特色突出”的原则，分为两个阶段：第一阶段是在海南省建立自由贸易试验区，推进实施自由贸易试验区政策；第二阶段是探索符合海南发展定位的自由贸易港政策。

2018 年是海南自贸区（港）建设的第一年，也是积极推进海南审计管理系统改革任务的重要一年。2018 年 4 月 13 日，中共中央总书记、国家主席、中央军委主席习近平在海南省人大会堂出席庆祝海南建省办经济特区 30 周年大会并发表重要讲话。习近平总书记强调，在决胜全面建成小康社会、夺取新时代中国特色社会主义伟大胜利的征程上，经济特区不仅要继续办下去，而且要办得更好、办出水平。经济特区要不忘初心、牢记使命，把握好新的战略定位，继续成为改革开放的重要窗口、改革开放的试验平台、改革开放的开拓者、改革开放的实干家。习近平指出，新时代，海南要高举改革开放旗帜，创新思路、凝聚力量、突出特色、增创优势，努力成为新时代全面深化改革开放的新标杆，形成更高层次改革开放新格局。

---

① 政府工作报告：2020 年海南两会 [R/OL].(2020-01-22)[2023-08-13].https://www.hainan.gov.cn/hainan/2019lhzfgzbgn/202001/4da410f960de4f729ec402d05fe526ed.shtml.

党中央最近研究制定了《关于支持海南全面深化改革开放的指导意见》。希望海南广大干部群众抓住机遇、再接再厉，全面贯彻党的十九大精神，以新时代中国特色社会主义思想为指导，坚持稳中求进工作总基调，增强“四个意识”，坚定“四个自信”，坚持新发展理念，统筹推进“五位一体”总体布局和协调推进“四个全面”战略布局，以供给侧结构性改革为主线，建设自由贸易试验区和中国特色自由贸易港，发挥自身优势，大胆探索创新，着力打造全面深化改革开放试验区、国家生态文明试验区、国际旅游消费中心、国家重大战略服务保障区、争创新时代中国特色社会主义生动范例，让海南成为展示中国风范、中国气派、中国形象的靓丽名片。①

2021 年 7 月，《海南省人民政府关于 2020 年度省本级预算执行和其他财政收支的审计工作报告》发布，报告指出，海南省审计部门深入学习贯彻习近平总书记关于审计工作的重要讲话和指示批示精神，聚焦海南自由贸易港建设相关政策落实、财政资金使用绩效、生态环境保护、营商环境优化、重大风险防控、重要民生事项及公共工程等经济社会发展重点，依法全面履行审计监督职责。创新贯通式审计监督方式，加强与纪检、巡视协作，做好常态化“经济体检”，以空前力度抓审计整改，促进重大决策部署落地见效，促进财政资金规范管理，促进被审计单位治理效能提升，促进反腐倡廉建设。一年来，审计项目 134 个，查处违规金额 58.23 亿元、损失浪费金额 1.42 亿元，促进增收节支 18.17 亿元、建章立制 124 项。审计部门将以更加严实和优良的作风，发挥好审计监督保障作用，为海南自由贸易港建设蓬勃发展、行稳致远作出审计新贡献。②

二、海南省自由贸易试验区政府审计管理体制改革的主要内容

（一）政府审计工作的指导思想

海南省审计厅坚持以习近平新时代中国特色社会主义思想为指导，认真贯彻落实审计署和省委、省政府的决策部署，坚持党对审计工作的集中统一领导，强化审计制度集成创新，实行“全省一盘棋、全岛同步审”，积极探索适应海南自贸港建设的更加灵活高效的监督模式，努力构建具有海南特色的集中统一、全面覆盖、权威高效的审

① 习近平在庆祝海南建省办经济特区 30 周年大会上发表重要讲话强调：党中央支持海南全面深化改革开放 争创新时代中国特色社会主义生动范例 [EB/OL].(2018-04-13)[2023-08-14].http://news.cnr.cn/native/gd/20180413/t20180413_524198389.shtml.

② 海南省审计厅 . 海南省人民政府关于 2020 年度省本级预算执行和其他财政收支的审计工作报告 [R/OL].(2021-07-26)[2023-08-14].http://audit.hainan.gov.cn/xxgk/0400/zwgsgh/202107/t20210726_3019050.html.

计监督体系，着力推进自贸港治理体系和治理能力现代化。[①]

（二）政府审计对象与范围

在传统的审计体系中，审计对象和范围经常发生变化。从经济角度来看，它反映了社会管理的不足，市场经济主体之间平等竞争的格局未形成。从审计角度看，由于审计对象和审计范围的相对稳定性和固定性不足，难以形成规范科学的审计理论和方法体系，也难以充分实现和行使国家综合监管部门的职能。从理论上说，这意味着既然审计机关可以在不考虑被审计单位的情况下进行审计，那么也可能不进行审计，这一做法如持续很长一段时间，甚至可能导致审计服务被取消。因此，在经济特区审计制度的结构中，政府审计的对象和范围应通过立法确定和确认，以实现正规化、制度化并保持统一和连续。在特区审计制度中，特区政府审计对象分为以下几类：第一类是各级政府的税收和支出以及相关的经济活动；第二类包括各种基金、公共工程和集资；第三类是与特区经济和社会发展有关的国有金融机构，具有行业垄断性质的国有大中型企业。特区政府审计的范围始终是上述对象的真实性、合法性和有效性。必须指出，审计范围的这三个特征能满足履行审计职能的最大需要。

（三）政府审计工作重点

1. 政策落实跟踪审计

政策落实跟踪审计强调促进简政放权，开展对行业协会、商会与行政机关脱钩资产清查和财政资金使用情况的审计，促进相关政策的执行。通过侧重于刺激市场主体的活力和创造良好的商业环境，对投资促进项目的执行情况进行专项审计调查，以提高招商引资的质量和效率。通过强调促进大型项目的建设，对关键项目的进展情况进行审计，以确保关键项目的顺利实施。主要开展贯彻落实海南自由贸易港相关政策措施，创一流营商环境相关政策措施，退税减税降费和稳投资、促发展政策措施情况审计调查；开展市县和省直相关部门稳经济、助企纾困相关政策措施落实审计；开展市县及部分单位网络安全管理审计，以及信息化项目审批管理审计。[②]

---

① 海南省审计厅 . 海南省审计厅 2022 年政府信息公开工作年度报告 [R/OL].(2023-01-17)[2023-08-14]. http://audit.hainan.gov.cn/xxgk/0200/0204/202301/t20230117_3347449.html.

② 海南省审计厅 . 海南省人民政府关于 2022 年度省本级预算执行和其他财政收支的审计工作报告 [R/OL].(2023-07-20)[2023-08-14].http://audit.hainan.gov.cn/xxgk/0400/zwgsgh/202307/t20230720_3458360.html.

2. 领导干部自然资源资产离任（任中）审计

为贯彻落实《领导干部自然资源资产离任审计规定（试行）》《中共海南省委关于进一步加强生态文明建设谱写美丽中国海南篇章的决定》及国家审计署的有关意见，海南省对5个市县、2个省直部门共12名领导干部自然资源资产离任（任中）进行审计，同时对领导干部经济责任进行审计。注重领导干部贯彻落实生态环境文明建设的方针政策以及相关法律、法规，帮助实现自然资源管理和生态环境保护目标，促进自然资源资产管理和生态环境责任的落实。

3. 各专项审计

深化财政审计，加大政府预算的执行力度和决算草案的审计强度、加强对税收征管的审计、增强对部门预算执行的审计，将重点放在罚款管理、预拨经费清理、税收政策执行、土地出让金收入、中央八项规定的贯彻落实情况上，以确保安全和有效地使用公共资金。与此同时，关注4个中部生态核心区市县“两个暂停”政策执行情况；对12个关键产业财政扶持资金的管理和使用情况进行专项审计调查；注意产业资金主管部门的工作情况以及产业资金的利用情况，揭示产业资金的突出问题，侧重于促进海南经济发展，并建立健全产业发展扶持资金标准化管理机制。

深化民生审计，对财政惠民补贴资金审计和保障性安居工程跟踪进行审计，重点是查明在管理和利用税收优惠补贴方面未决问题，对居民和建筑管理、住房分配、资本管理和经济适用住房项目的使用进行认真调查，严肃解决虚报、欺骗、挪用公款、贪污侵占、优亲厚友等问题。

深化企业审计，贯彻执行《中共中央关于建立国务院向全国人大常委会报告国有资产管理情况制度的意见》，对国有资产质量进行严格把关，加大对债务风险、国有资本投资、国有资产处置和收入分配等的监督，以达到国有资产保值增值的目标。

深化经济责任审计，坚持党和国务院同责同审，着重留意领导干部对中央重大经济方针政策和决策部署的贯彻执行情况，依法审计、客观独立。在对市县党政领导干部的经济责任审计中，改变发展观念，采用新的市县发展综合考核评价办法作为审计的基础和标准，并把重点放在完成生态环境保护、全域旅游业发展等评估指标上。

深化投资审计，加强对主要省级项目的审计监督，侧重于项目审批、土地购置和拆除、环境保护、项目招标、材料供应、项目和资本管理等，以确保关键项目的顺利实施，改善投资业绩。

所有审计项目都必须密切关注关键领域，例如，公共资金的使用、公共资源交易和公共权力运行，加强对公共资金分配、国家拥有的资产和公共资源管理的监督，并严肃揭露严重违反纪律和法律的行为。对审计中发现的问题，及时与被审计方沟通交流，分析原因并提出相关且具有可行性的审计意见，持续健全制度、改进管理、深化改革。

第六章　政府审计管理体制发展方向研究

政府审计是我国监督管理体系的重要组成部分，纪检监察对党员干部和普通党员行使监督职责与政府审计在监督内容和监督方式等方面存在交叉，两者的协调有利于更好地提升监督效率。国有企业的产权属于国家，单位负责人由主管行政部门委任，单位负责人的经济责任监督依靠政府审计；行政事业单位资金主要是预算资金拨付，其来源、用途均需政府审计进行监督，单位负责人也需要接受任职期间的经济责任审计，行政事业单位承担的职能中政策落实也需要进行跟踪审计。可以说，国有企业和行政事业单位的内部审计是政府审计的主要内容。纪检监察与政府审计具有协作的基础和共同运行的实践经验，国有企业的社会审计是政府审计的重要支撑，纪检监察、社会审计可以提高政府审计的效率。因此，政府审计和纪检监察、社会审计、内部审计协同是政府审计管理体制的发展方向。

政府审计是国家治理体系的重要组成部分，对国家治理能力提升和治理现代化进程发挥重要作用。党的十八届三中全会强调推进系统、整体、协同的国家治理体系和治理能力现代化建设，而以实现国家治理目标为导向的政府审计，仅依靠政府审计管理内部改革已难以达到提升监督效率的目的。在经济社会不断发展的环境下，迫切需要进一步强化经济监督和政府审计工作。新形势下，为进一步维护国家经济社会健康安全运行，必须改革审计管理体制，有效推进“审计全覆盖”。为了系统发挥审计监督作用，需要继续强化政府审计工作重要性，充分调动政府机关、企事业单位的内部审计积极性，借助优秀的社会审计力量，发挥各级纪检监察部门和人员的监督作用。新时期政府审计必须增强审计监督各方的合力，提升审计协同治理效能，更好地发挥审计治理作用。

第一节　纪检监察与政府审计相互协调

纪检监察和政府审计虽然在国家治理体系中发挥不同的监督作用，但从提升治理能力和治理体系现代化的角度，两者存在相互协调的必要性和可行性，并且已有较多的实践案例，积累了一定的经验。

一、必要性

纪检监察是党的纪律检查机关和政府的监察部门行使的职能，政府审计是政府的审计机关对会计账目进行独立检查，监督财政财务收支的真实性、合法性和效益性的行为。纪检监察和政府审计均是我国政府监督的重要方式。纪检监察机关与审计机关相协调，可以在反腐倡廉、提高行政效能、强化权力运行制约和监督等方面发挥更大作用，这也是依各自职能特点和适应党的建设新形势的客观需要。

（一）政府审计与纪检监察工作的性质和职能所决定

政府审计机关和纪检监察机关均属于政府监督部门，在党和国家监督体系中按各自的职能开展工作，各有工作重心和各自的工作方式。政府审计主要是审计机关依法对国有资产、国有资源、公共权力的监督，包括定期审计、常规审计、专项审计、离任审计等。政府审计是一项专门的财政、经济、法律监督制度，是一种经济监督，是一种受托责任的监督，是减少信息不对称的信息保障机制，侧重于责任的界定。社会公众、执法机关和其他利益相关者将审计评价结果作为政府信息公开、问责和开展绩效评价的重要依据。然而，在我国行政体制下，政府审计机关的处理、处罚权力较弱，重在发现问题和线索，很难进行纠正和问责，缺乏刚性手段来处理发现的问题。而纪检监察机关的主要职责是检查国家行政机关和党员领导干部遵守和执行党和国家方针政策、法律法规及有关规定的情况，它属于有较强处理职权的部门，侧重于对相关责任的追究。可以说，纪检监察更侧重于以人查事为主，前期基础工作相对较少，不大可能深入到具体单位和具体经济业务中。纪检监察执法的真实性、可靠性、客观性受到能否以政府审计结果作为支撑的影响。

总之，政府审计机关作为专门的监督机构对党政机关、全民所有制企业事业单位业务的经营管理活动和国有资产的相关信息进行包括收集、加工整理和发布等一系列活动的监督，必然会涉及与政府决策的制定机构、政府管理其他部门以及政府监督其他机构进行沟通和工作衔接，进行信息共享。政府审计机关在政府行政运行系统中所处的位置决定了政府审计的本质特征，包括法定性、独立性、权威性等。政府审计的本质是一项具有独立性的经济监督活动，是《宪法》明确规定“国务院设立审计机关……进行审计监督”的立法体现。由此可见，责任界定和责任追究两者互为支撑，政府审计和纪检监察必须协同运作才能有效地遏制公职人员的机会主义倾向和错误行为。为了提升整体监督实效，有必要加强两个部门之间的配合，形成工作合力，实现优势互补。

（二）提高行政监督效能的客观需要

我国政府审计面临任务繁重、审计力量不足、审计队伍专业知识结构尚不能适应审计治理需要的境况，政府审计监督与国家其他治理子系统诸如财政监督、监察纪检等存在职能交叉，一定程度上造成了国家治理监督资源浪费等问题。根据受托责任理论，纪检监察机关和审计机关受公众委托对政府各部门和领导人员进行纪检监察和审计监督，其目标是为公众提供监察、审计服务，反映纪检监察和审计实施情况。按照分工，通常分管政府审计部门的领导由行政部门分支机构的纪委书记担任，这为纪检监察和政府审计的有效融合提供了领导保证。通过推动纪检监察工作与审计工作相融合，强化纪检监察与政府审计监督过程的联动和方式方法的创新，可以进一步丰富监督举措、强化监督功能，实现纪检监察与审计监督的优势互补、相互协作，推动政府监督能力和监督效能的整体提升。

纪检监察机关可以通过与政府审计机关的协调，从其专业活动中获得被监察对象的财政财务收支和经济活动真实性、合法性相关的信息，可以简化工作流程，提高工作效能。政府审计机关通过向纪检监察机关移送专业活动中发现的违纪违法线索，可以增加真实有效的线索来源，提高纪检监察机关办案的针对性和成案率。与此同时，在审计机关和纪检监察机关的密切协作下，纪检监察机关通过行使党纪政纪处分、行政问责等职权，追究到相关责任人（或审计对象），有助于落实政府审计的审查权、处理权，从而提高审计监督部门的工作效率，进一步加强审计整改的落实和审计结果的运用。推动纪检监察监督与审计监督有机贯通、相互协调，有利于增强监督体系的内部协同，有利于整合监督资源、形成监督合力，提高整体监督体系的效率、效能。纪检监察和政府审计的协作，对于形成统一领导、权威高效、全面覆盖的监督体系具有重要意义。

（三）适应反腐败新形势的客观要求

审计重在经济检查、查错防弊，纪检监察重在权力监督，两者的职能定位差异决定在反腐监督中加强协同不仅是职能互补的内在要求，也是社会主义新时代监察体制下加强国家反腐治理的现实需求。党的十八大，特别是中央八项规定实施以来，强力推进作风建设，进一步加大了惩治腐败工作的力度。纪检监察机关明确提出“转职能、转方式、转作风”的工作要求，突出了主职主业，加大了力度，在惩治腐败分子和打击腐败行为方面取得了显著成效。党的十九大提出，要“构建党统一指挥、全面覆盖、权威高效的监督体系”，并作出“深化国家监察体制改革”“改革审计管理体制”等重大决定，要求把党内监督同国家机关监督等贯通起来，增强监督合力，提升监督效率。审计机关和纪检监察机关都是国家监督体系的重要组成部分，站在构建全方位协同监督工作机制、全面从严治党、全力推动党风廉政建设和反腐败斗争纵深发展的高度，推进审计监督和纪检监察监督融合贯通形成合力，既是增强“四个意识”、坚定“四个自信”、做到“两个维护”的具体体现，又是进一步促进经济高质量发展、推进全面深化改革、促进权力规范运行、加强反腐倡廉、完善党和国家监督体系的重要路径。政府审计部门作为政府经济监督的重要专门机关，具有反腐败的法定职责，具有发现和提供反腐败相关证据的重要职能，同时，政府审计机关具备的专业特长、职能优势及独立、客观与公正的特征，都决定了审计机关在惩治与预防腐败中具有不可替代的重要作用。在反腐败方面，政府审计机关与纪检监察机关职能相同，但各有侧重，优势互补。在新形势下，两者更应该加大资源整合力度，全面深化合作，加大揭露问题和案件线索移送的合作力度，实现政府审计与纪检监察资源共享、信息互通，全面提升监督实效，促进“两个责任”的落实和“不敢腐、不能腐、不想腐”局面的形成，促进实现政府机关正风肃纪、风清气正。

二、可行性

在我国现有权力运行监督体系中，有党内监督、民主监督、法律监督、舆论监督等监督方式。而在党内监督和法律监督中，按照监督职能和过程的不同阶段可划分为纪检、监察、审计等，各部门的监督权力和责任范围存在于这种监督系统，不仅有着理论上的可行性，而且具有实践上的可行性和实用经验。政府审计是经济方面的专业监督，纪检监察是违法违纪行为的全面监管，两者都发挥着国家治理下对腐败监督的作用。

（一）政府审计与纪检监察协调的具体表现

1. 政府审计监督和纪检监察监督的目标与主体都具有趋同性

作为国家治理框架下权力监督体系的重要组成部分，政府审计与纪检监察两者都是运用权力制约与监督权力，发挥监督作用。从工作目标看，政府审计的目标是监督与国有性质有关的经济活动的真实性、合法性与效益性，促进廉政建设，保障经济健康运行与社会发展；纪检监察的目标主要是提高党的执政水平，监督公共权力的运行，保证政令畅通，维护行政纪律，增强拒腐防变与抵御风险能力，保持党的先进性，以及促进党风廉政建设，改善行政管理，提高行政效能。两者虽然作为独立的机构和部门分别开展工作，其工作性质、主要职责和工作方式各有不同，内容各有侧重，但在贯彻党的路线方针政策，落实党中央决策部署，确保党中央政令畅通、令行禁止等方面，两者使命职责高度一致。政府审计与纪检监察的最终目标都是保障党组织与各级政府依法行使权力，廉洁奉公，拒绝腐败。因此，在推进全面从严治党向纵深发展的大背景下，两者监督的目标具有统一性，具备良好的协作基础。

从监督主体看，中央和地方各级审计委员会相继成立，政府审计机关既是政府的行政机关组成部门，也是党的政治机关，与纪检监察机关一样，都是党委直接领导下的政治机构。同时，中央和地方审计委员会成员与各级纪检监察部门人员存在交叉任职情况。法律赋予不同的监督主体以不同的监督权限，这也意味着各监督主体在进行监督时，难免受到权限或手段的限制，必须紧密协作，力求形成监督合力。为了维护国家财经纪律和经济秩序，政府审计机关依法对各级人民政府及其各部门、国有企业、事业单位及其工作人员的有关经济活动进行独立客观的监督与评价。纪检监察机关是指党的纪律检查机关和政府行政监察机关，目前纪检机关与监察机关采用合署办公，并采用派驻模式。《监察法》第 12 条规定："各级监察委员会可以向本级中国共产党机关、国家机关、法律法规授权或者委托管理公共事务的组织和单位以及所管辖的行政区域、国有企业等派驻或者派出监察机构、监督专员。监察机构、监察专员对派驻或者派出的监察委员会负责。"纪律检查的对象是党的各级组织和全体党员，聚焦执纪问责，保证党员队伍的纯洁性，维护党纪的严肃性；监察的对象是各级行政机关、组织的行政行为及其中的公务员和其他人员的廉洁自律、遵纪守法情况，维护行政纪律。政府审计与纪检监察虽然各有侧重，但在监督与保障各级政府部门及其工作人员依法行使公共权力、促进廉政建设的目标上高度契合，这是两者相互配合、形成监督合力的基础。

从监督客体看，政府审计监督的客体是各级政府部门、国有企业或国有资产控股企业以及各层级行政、事业单位；纪律检查监督的是中国共产党的各层级组织与党员；行政监察监督的客体是所有行使公权力的公职人员，包括国家各级行政机关与公务员，以及国家行政机关任命的其他人员。当前，由于我国实行党政分工不分家的管理模式，因而政府审计与纪检监察的监督客体趋同。因此，把审计监督与纪检监察、巡视巡察等监督有效贯通起来，加强协作配合，发挥各自优势，必将形成更强的监督合力。

2. 政府审计监督与纪检监察监督的对象和内容具有关联性

从监督对象看，审计监督和纪检监察存在相互联系。纪检监察监督的对象是行使公权力的人员，而政府审计工作也同样涉及这些人员，特别是政府审计中的经济责任审计、离任审计等通过查事来评价人，具有“人格化”的鲜明特征，其监督对象也是纪检监察监督的重点对象。如某行政单位的党政负责人，既是纪检监察的对象，也是经济责任审计、离任审计的重要对象。

从监督内容看，政府审计作为“经济体检”，更多关注经济方面存在的问题，纪检监察监督更多体现的是“政治体检”功能。一般而言，政治腐败与经济腐败相互联系、相伴而生，政治腐败是根源，而经济腐败则是现象，政治方面存在问题，往往在经济方面也存在问题，只是问题的严重程度不同而已，在政府审计过程中发现的相关人员的违法违纪行为常常也违反了党纪政纪。处理腐败相关案件往往需要跨部门、跨地区进行，涉及面广，如果单凭某一监督主体来处理，可能会因为手段方法不足或者超越自身权限而陷入困境。加强政府审计与纪检监察的协作可以打破监督主体之间的壁垒，既保证了监督内容的科学性、全面性、完整性，也保证了发现和纠正问题的及时性、客观性。政府审计与纪检监察对领导干部（含行政单位、国有企业事业单位等）的合力监督，使得对领导干部的考核、监督内容体系更加全面、客观，更加科学完整；对领导干部的评价更加独立、客观、公正，而且有利于形成威慑力，形成“不敢腐、不能腐、不想腐”的局面，从源头上预防和治理腐败问题。政府审计的内容包括财政财务收支审计、经济责任审计、政策落实审计等，是一种具有独立性的经济监督。而纪检监察监督的内容宽泛，不仅包括是否遵守党规党纪，是否廉政并保持党内纯洁性等方面的监督，还包括是否符合国家政策法规，以及是否廉洁奉公与遵纪守法等方面的监督。两者内容存在交叉，都涵盖对廉洁与守法方面的监督，尤其是与经济业务活动往来相关联的监督。基于上述层面分析，政府审计与纪检监察具有本质的必然联系，将两者的运作机制整合研究并挖掘协同模式在现实中具有可行性，它有助于在腐败监管的主体之间进行资源整合与专业互补，有利于形成反腐合力。

3. 政府审计监督与纪检监察监督的方式和手段具有互补性

由于政府审计与纪检监察在职能上的差异，因而两者各自监督的方式和手段也有所不同。政府审计缺少带有强制性的处理处罚权，在查出问题后往往是作出审计决定并向主管单位反映情况或提出相应的处理处罚建议，审计结果的运用效果就会降低。纪检监察虽然可以依法惩处违法违纪人员，但往往达不到提前预防、事前控制的监督效果，监督的及时性、全面性会大打折扣。通过有效融合政府审计与纪检监察的监督手段，可以实现优势互补，同时会加大监督力度。从监督作用方面看，纪检监察部门重在对领导干部政治表现、执政纪律、工作作风及生活作风等方面的监督，而审计部门重在对其职能责任、经济方面发挥监督作用。从监督过程来看，政府审计监督既有“防未病”的事前监督也有“治已病”的事后监督，而纪检监察监督更侧重于事中和事后监督。从结果处理上看，审计监督重在揭示问题，提出对策建议，但对查处的问题缺乏刚性措施，而纪检监察部门重在查处问责。如果把审计监督与纪检监察监督有效融合贯通，不仅审计监督可丰富纪检监察的监督手段，为纪检监察部门查处大案要案提供更加科学、可靠的依据，而且纪检监察部门可为审计部门查处经济案件提供可靠线索，促进两者在技术和手段方面有效融合，实现优势互补，既能使监督重点突出、事半功倍、规避风险，又能形成强大监督合力，对违法违纪行为形成更加强烈的震慑。

（二）政府审计与纪检监察协调构建的优势

1. 这种监督系统的构建，符合了社会发展方向

构建政府审计与纪检监察的协调系统，可以提高监督的独立性和权威性。这一监督系统借鉴了我国现行党政机关领导干部经济责任审计的管理体制（主要指经济责任审计联席会议制度），在政策制定与执行系统以外构建监督系统，明确划分监督系统与决策、执行系统的权责界限。政府审计与纪检监察的监督协调体系优化了各监督部门的权责分工，统一协调了整个监督系统的力量，使监督部门形成一个完整的合力监督系统。总之，这种监督系统的构建符合党的十八大、十九大、二十大和国家“十三五”“十四五”规划提出的行政体制改革的方向。

2. 这种监督系统的构建，满足了社会发展需要

构建政府审计与纪检监察的协调系统，既能实现功能的整合，又能理顺监督系统的内部分工与合作关系。在监督系统内部，部门之间的职责分工更加清晰、更加规范，监督系统产生的信息和监督系统中信息应用的内在逻辑关系进一步加强，解除了现行监督体制中监督部门既存在职能交叉重叠又存在职能漏洞和监督空白区域的困扰，可以有效克服监督资源浪费、监督效力低下等原有系统带来的弊端。同时，考虑了社会主义民主政治的发展对监督系统的需要，畅通了民众参与监督的渠道，为政府行政问责搭建了民主监督的平台，有利于我国民主监督机制的形成和贯彻执行以及廉洁高效政府的建立。

3. 这种监督系统的构建，获得了广泛支持

当前开展的经济责任审计可以为政府审计与纪检监察协调监督系统的常规运行提供技术支持。在经济责任审计中，政府审计部门能够给纪检监察部门提供领导干部政策执行、财经纪律遵守等履职相关审计信息，这些信息可以形成对党政领导干部责任履行情况进行考核和评价的相关数据，如果存在违纪违法等行为，则需要进行“问责”并提交司法机关处理。同时，纪检监察手段可以广泛收集社会公众对领导干部经济责任履行的相关信息，拓宽了经济责任审计信息采集的渠道。这种由纪检监察监督机关和行政监督政府审计机关、社会公众共同参与，并在党领导下的协调监督机制，具有强大的政治优势，监督权威性更高、监督范围更广泛、监督手段更科学、监督力度更强大。

4. 这种监督系统的构建，减少了内部摩擦

构建政府审计与纪检监察协调系统，在基本保留现行监督部门的建制前提下，不需要增加或减少各自部门人员编制以及改变组织形式，只是对政府审计和纪检监察机构职能和权责进行很小幅度的调整和优化。这种监督系统的改革，对政府审计和纪检监察两个政府机构和人员几乎不产生影响，也不会波及相关部门工作人员的思想动态，因此能够得到各自监督部门和人员的理解和支持。这种监督系统的构建对政府审计、监察、纪检部门现有人力资源进行微小调整，进一步明确和细化审计与监察、纪检部门的职责分工，能有效提高审计、监察、纪检部门的工作效率。同时，在不增加人力和其他监督成本的前提下，可以大大减少监督部门内部的摩擦，增强监督部门内部的协调性。因此，构建政府审计与纪检监察协调系统，有坚实的理论支撑，在实践上具有可行性。

三、实践经验

政府审计机关是发现腐败问题和提供相关线索的行政机关，纪检监察机关是发现并惩治腐败的执行机构。两个机构的协作合力，将进一步加大惩治和预防腐败的力度。因此，自纪检监察与政府审计协作以来，两个机构的重点工作包括：巡察计划对接、项目实施前对接、问题线索移送、审计项目计划会商、协助查证、责任追究等方面。目前，在我国一些地区和部门已经形成一定的实践成果经验。

（一）浙江省嘉兴市审计局与嘉兴市纪检监察部门协作实践

2018 年，浙江省嘉兴市审计局与嘉兴市纪委联合出台《关于进一步加强纪检监察机关与审计机关协作配合的实施办法》[①]，两部门合力监督，在惩治和预防腐败方面取得明显成效。嘉兴市纪委主要领导高度重视两部门协作配合，多次予以批示，要求对审计移送的案件线索规范管理并及时办理。2018 年下半年，在对某县某村的延伸审计中，嘉兴市审计局工作人员发现该村涉嫌私设“小金库”，随即将审计发现的问题和线索移送给该县纪委，该县纪委迅速展开调查，最终情况属实，当事人受到党内警告处分。从移送问题到事项办结，时间不足 4 个月，监督效率显著提升。审计机关与纪检监察机关通过协作，联手惩治腐败的案例在不断增加。[②]

（二）河南省南阳市审计机关与纪检监察部门协作实践

河南省南阳市审计机关注重发挥“经济体检”作用，努力做到“治已病”“防未病”，持续做好审计“后半篇文章”，不断提升审计成效。坚持依法查处并移交案件线索。2019 年，全市审计机关在各类项目审计中，注重查出重大违法违纪案件线索，共向纪检监察和司法机关等移送案件线索 85 件，受到党政纪处理的 135 人，较好发挥了反腐利剑作用；切实加强政府审计成果转化，通过政府审计，进一步加强对体制机制性问题的综合分析，提交的审计要情、审计专报、专题报告被各级党政领导批示 253 篇，较好推动了重大问题的解决和体制机制的完善。狠抓审计整改督查落实，南阳市政府召开审计整改联席会议第二次会议和重点事项审计整改推进会，督促审计整改落实，促进纠正管理不规范金额 2.2 亿元，同时，促进了相关单位建立完善了预防腐败的机制制度。[③] 在推进党风廉政建设和反腐败工作中，审计机关认真贯彻落实《审计法》及相关法律法规，坚持“三个区分开来”要求，紧扣中央、省委、市委部署要求和改革发展实际，实事求是、客观审慎作出审计评价，鼓励支持改革创新，激励干部担当作为。对于严重违法违纪的问题，做到“零容忍”，依法依规进行了移交处理，确保了移送的质量和成效。

---

① 嘉兴市审计局．嘉兴出台纪检监察与审计机关协作配合实施办法 [EB/OL].[2022-07-24]. http：//www.jiaxing.gov.cn/art/2018/7/16/art_1228921206_26615118.html.

② 嘉兴市审计局．嘉兴市人民政府关于 2018 年度嘉兴市本级预算执行和其他财政收支的审计工作报告 [R/OL].[2022-07-24].http：//www.jiaxing.gov.cn/art/2019/11/28/art_1578779_41944766.html. 嘉兴市审计局．嘉审公告〔2020〕20 号：关于 2019 年度嘉兴市本级预算执行和其他财政收支的审计工作报告 [R/OL].[2022-07-24]. http：//www.jiaxing.gov.cn/art/2020/11/30/art_1229329630_4264254.html.

③ 南阳市审计局．南阳市审计局采取五项举措发挥审计在反腐败工作中利剑和尖兵作用 [EB/OL].[2022-07-24].http：//sjj.nanyang.gov.cn/sjdt/376274.htm.

（三）湖南省益阳市审计机关与纪检监察部门协作实践

为了响应国家政策的号召，打破政府审计部门和纪检监察部门之间的壁垒，形成集中统一的监督力量，益阳市审计机关与纪检监察机关建立健全线索会商机制，规范移送工作程序，保证统一监督力量。2019 年 6 月，益阳市审计局在对沅江市城建投公司政府投资项目进行审计时，发现该公司副总经理刘某平在 40 个工程项目中违规签字审批，致使工程款多支付 437.32 万元，有失职渎职嫌疑。该违纪违法线索移送至益阳市纪委监委后，立即对其启动调查追责程序。8 月底，刘某平被开除党籍、开除公职，其涉嫌犯罪问题被移送司法机关依法处理。政府审计机关和纪检监察机关协调构建了良好的合力协作机制，及早发现各类贪污腐败问题和线索，进一步保障了国家和人民的利益。截至 2019 年 11 月底，益阳市纪检监察机关共接受市审计部门移送的问题线索 42 条，立案 20 件，给予相关人员党纪政务处理处分 14 人，采取留置措施 6 人，移送司法机关 4 人，被公安机关刑拘 2 人，被监视居住 1 人。对于政府审计与纪检监察协调的落实，成效明显。同时，为充分发挥市委反腐败协调小组职能作用，益阳市进一步明确了拟提请市委反腐败协调小组研究的相关事项，规范了相互协调的工作衔接机制，优化了线索的移送渠道，建立了完备的政法机关线索双向快速移送机制，制定出台了留置措施报批与审核工作制度和立案相关工作程序，规范执纪审查调查程序与行为，着力构建资源整合、运转高效的协作工作格局，建立审查调查一体化机制。益阳市纪委在扫黑除恶专项斗争中发挥反腐败协调小组的作用，完善了相关对接机制。围绕“涉黑涉腐”方向排查问题线索 175 件，严肃查办了安化黄良案、赫山陈义生团伙案、桃江唐珀鸣案、沅江聂纯昌案等一批典型案件。① 政府审计是党和国家监督体系的重要组成部分，是对领导干部在其管辖范围内贯彻落实国家经济方针政策等有关经济活动应当履行的职责进行监督。与纪检监察相比，两者工作的范围有不同的侧重点，但在推动党风廉政建设和反腐败斗争上，两者使命职责高度一致。政府审计与纪检监察加强协作配合，发挥各自优势，就能形成更强的监督合力。②

（四）政府审计惠企利民资金专项审计工作的协同实践

审计署对财政资金直达市县基层直接惠企利民情况专项审计工作提出要加强与纪检监察、组织人事、巡视巡察等贯通协调，形成督促整改的工作合力。在公布的 2019

① 文小凤，曾毅．益阳：强化反腐败协调小组职能 移送问题线索 59 件 [EB/OL].[2023-06-18].https://gov.rednet.cn/content/2019/08/19/5820898.html.

② 曹灿辉．审计监督与纪检监察监督如何“贯通协作同向发力”[EB/OL].[2022-07-24].http：//yyjw.yiyang.gov.cn/2122/2125/content_1065678.html?hlfkfcbimglngdjm.

年度审计工作报告中，这份“国家账本年检报告”就提到，加强与纪检监察等监督形式的贯通协调。党的十九届四中全会强调，要发挥审计监督职能作用，并要求“以党内监督为主导，推动各类监督有机贯通、相互协调”。纪检监察机关近年来通过与审计机关贯通协作，在坚决查处侵害贫困群众利益问题等方面形成有力震慑。审计工作报告指出，2019 年，审计查出扶贫资金问题金额占抽查资金比例由 2016 年的 25.8% 降至 1.5%，其中违纪违规问题占比降至 0.19%。为保证资金实现效益最大化，各地均加强了政府审计与纪检监察的协作，坚持边审边促、边审边改、边审边建，促进资金及时拨付、精准使用、安全高效直达市县基层，直接惠企利民。①

（五）政府审计机关与纪检监察协同的优势

首先，协同配合可快速发现问题并推动整改。纪检、审计协同发力，能够做到边审边改，使问题得到及时纠正。在此基础上举一反三、建章立制、规范管理，最终推动问题整改工作全面深入到位。“十三五”期间，全国各级审计机关累计向纪检监察机关移送扶贫领域问题线索 2000 余件，其中审计署直接向纪检监察、司法机关等移送侵害贫困群众利益的问题线索 477 件。各级纪检监察机关根据审计提供的问题线索和证据调查核实后，依规追责问责 2500 人。②

其次，将监督合力有效传导至关键少数。审计监督一向被喻为“经济体检”，在财务会计、经济核查等方面的专长使其能及时发现一些苗头性、倾向性问题，揭露一些隐匿较深的问题线索。此外，审计机关按照《宪法》规定独立行使审计监督权，不受其他行政机关、社会团体和个人干涉。这些“先天优势”使审计监督在遏制腐败方面一直发挥着独特作用。除了加强对一把手的监督外，党的十八大以来，在各项审计中聚焦财政资金分配、国有资产处置、公共资源交易等重要领域和关键环节，以及发生在群众身边的“微腐败”“小官巨贪”问题，都成为审计监督推动党风廉政建设和反腐败斗争的重要内容。2017 年以来，审计署与中央纪委国家监委建立了案件线索定期移交机制，节约了监督资源，提升了监督效能。此外，巡视与审计的协调配合也成为增强监督合力的重要方式。

最后，多点发力构筑监督协同长效机制。通过构建政府审计与纪检监察的监督长效机制，形成相互促进的局面。例如，四川省审计厅连续两年协助该省纪委监委、省

---

① 侯颗 . 推进纪检监察监督与审计监督贯通协调 有合力更有威力 [EB/OL].[2022-07-24].https：//www.ccdi.gov.cn/toutiao/202007/t20200711_221788.html.

② 侯颗 . 推进纪检监察监督与审计监督贯通协调 有合力更有威力 [EB/OL].[2022-07-24].https：//www.ccdi.gov.cn/toutiao/202007/t20200711_221788.html.

委组织部对问题突出的35个单位和46名领导干部进行约谈，率先在全国探索建立领导干部行权风险预警机制，制定领导干部履行经济责任“五张风险提示清单”，编制《风险提示清单配套案例》，推动省级职能部门制定行业清单，通过增强监督合力从源头化解和防范各类重大风险。①

四、亟待解决的问题

（一）相关制度有待完善

2003年，中共中央纪委、监察部和审计署联合出台了《中共中央纪委、监察部、审计署关于纪检监察机关和审计机关在查处案件中加强协作配合的通知》（中纪发〔2003〕19号），目的在于鼓励加强纪检监察与政府审计之间的协调合作。该文件的出台虽然为纪检监察与政府审计的协调合作提供了相关的政策支持，但总体内容上较为笼统，对于如何进行协调合作、协调合作的具体方式和实施路径以及在实施过程中的注意事项等都缺乏详细的阐述，难以适应目前政府审计管理体制改革和国家监察体制改革的要求。同时，面对反腐败工作的复杂性和多变性，较为宽泛的规定并不利于政府审计和纪检监察协作，作用效果也会降低。近年来，虽然各地政府审计机关和纪检监察机关合作实践积累了一些经验，但并未形成规范可行、双方共同认可的标准，颁布的相关指导性文件权威性不高，大多是行政规定或实施意见，在执行中难以得到足够重视和有效贯彻，审计与纪检监察监督合力大打折扣。关于政府审计与纪检监察协作配合的相关法律法规没有形成体系，相关协作制度规范不够全面，协同运作的模式方法、工作环节的衔接、人员的责任追究等缺少相关细致规定，不利于协作工作的开展。据此，有关部门有待进一步推动相关制度设计、具体规则的落实，进一步打破政府审计部门和纪检监察部门之间的壁垒，使分散的监督力量集中起来，形成集中统一的步调。

（二）工作融合度不够

政府审计部门与纪检监察部门承担的职责不同，工作重心也不同。政府审计机关的主要任务是对经济主体进行监督，主要负责维护国家财政经济秩序，只要涉及国家财政经费的项目，政府审计机关都应该纳入监督范围。纪检监察部门的主要职责是对党员领导干部进行监管，同时负责监督国家公务员履行职责的情形，主要承担党风廉

---

① 佚名．推进纪检监察监督与审计监督贯通协调 有合力更有威力 [EB/OL].[2022-07-24].http：//dzjj.dezhou.gov.cn/n14031676/c56533200/content.html.

政建设和反腐败斗争的职责。政府审计机关和纪检监察部门长期双线并行，相关监督职责泾渭分明，两者根据职责要求都严格依法各司其职，在法律赋予的职责范围内进行监督，需要做到不缺位、不越位。然而，在政府审计项目计划和纪检监察计划方面缺乏有效的沟通，对接效率较低，在推进审计全覆盖和纪检监察监督全覆盖过程中，不仅存在重复交错的部分，还留有共同的监督“盲区”。

（三）沟通机制不顺畅，共享程度不高

政府审计机关与纪检监察机关分别在各自的领域发挥监督作用，两者均建有各自特定的信息渠道和信息系统。但双方开展协作办案时，依据事先安排的工作计划开展项目组成员的分工合作，在实际执行中相关信息由于制度机制的不健全，沟通反馈效果不佳，缺少灵活优化的过程。当既定分工与实际协作工作情况不一致时，双方的应变措施较少。另外，双方监督成果的共享程度不高，缺少对相关工作经验的交流，对案件难以展开共同判断。如果双方的交流合作仅依托于联席会议等工作，涉及的合作领域就还不够全面，合作的方式也比较简单。这就体现了审计监督与纪检监察等党内监督之间在信息共享、经验分享、资源整合、优势互补等方面缺乏顶层设计。与此同时，尚未建立案件线索双向移送机制，在发现问题时的取证、重大案件会商移送、重要案件的沟通、相关资料查询、数据及信息共享的安全性、促进成果运用等方面缺乏合力，此外还存在信息碎片化的情况。各监督主体之间在业务交流方面的实践和探索缺乏渠道和途径，在提高监督合作效率、培养复合型监督人才方面缺乏合作手段和平台。在加强监督成果深度开发利用、推进成果运用共享方面探索不够，促进单位规范管理等方面也有待加强。

（四）协作的效率性有待提高

在实践中，政府审计机关与纪检监察部门分别在自身领域发挥着不同的监督作用，无法高效利用有价值的资源和信息，且相应的连接不足。由此，通过双方协作可以解决资源浪费和效率低下的问题。一般情况下，针对查出的问题，政府审计机关主要通过依法处理、处罚或向上级主管单位提出处罚意见等方式执行相关工作。基于此，审计机关在处理问题上难以构成强有力的外部约束。而纪检监察部门在处理违规违纪事件时，往往具有更大的处置权，同时也有较强的权威性。不足的地方在于纪检监察工作虽然在宏观上具有更大的权力，但是往往不能将查处的过程深入到具体的业务中。由此可见，政府审计机关和纪检监察机关都有各自的职权，两者如何相互配合才能使效率最大化是目前亟待解决的问题。

第二节 社会审计与政府审计形成合力

社会审计是由独立的第三方依法接受委托、独立执业、有偿为社会提供专业审计服务的活动，审计的内容和目的决定于委托人的要求。社会审计和政府审计在审计主体、审计目标、审计程序、审计方法等方面存在差异，但两者同属于我国审计体系的组成部分，总体目标均是维护社会主义市场经济健康发展，有着广泛的合力协同基础，两者均独立行使审计的监督权，具有独立性、专业性和权威性。从国家治理体系和治理能力现代化的角度看，有必要提升审计整体效率，使社会审计与政府审计形成合力，同时合理使用社会审计相关审计结论，简化相关的政府审计项目流程。

一、必要性

（一）审计协同治理促进国家治理体系和治理能力现代化

在经济全球化、智能化、信息化的背景下，国际、国内公共事务变得越来越复杂，在国家治理中协同治理已非常必要。协同治理以协同和治理理论为基础，强调多元主体基于利益共同体需要采取集体行动，互相配合、相互协调、协同进步。审计协同治理最根本的要求就是审计利害相关方共同参与，打造“共建、共治、共享”的审计治理新格局。审计协同治理是国家治理体系的组成部分，是服务于国家治理现代化的有效途径之一。加强审计协同治理相关研究，有利于进一步完善国家治理体系，提高国家治理能力。作为两支重要的审计力量，政府审计和社会审计的协同整合，可以促进国家治理体系和治理能力的现代化。审计是国家治理体系中的监督系统，现代化的审计体系可以提高审计监督效率。政府审计与社会审计的协同体现了政府机构和民间组织共同参与国家治理，是公共权力部门与社会公众组织共同参与的协同治理模式。国家治理现代化进程实际上是在所处的政治、经济、文化、社会等环境基础上逐步趋于“善治”的过程。越来越多元化的治理主体参与到该过程中，对国家治理能力提出更高要求。由此也对审计提出了新要求，而社会审计和政府审计的协同整合是服务国家治理现代化的有效途径之一。

（二）政府审计部门审计人力资源不足

根据《关于实行审计全覆盖的实施意见》，审计机关要“通过在一定周期内对依法属于审计监督范围的所有管理、分配、使用公共资金、国有资产、国有资源的部门和单位，以及党政主要领导干部和国有企事业领导人员履行经济责任情况进行全面审计，实现审计全面覆盖，做到应审尽审、凡审必严、严肃问责”。可见，在审计全覆盖的背景下，我国政府审计机关的工作任务重、审计项目多。但是，据统计，我国在编的政府审计人员数量只有 8 万人左右，仅凭现有政府审计人员的力量，难以保证圆满完成每年的审计工作任务。另外，我国现行政府审计管理体制属于行政型审计体制，政府审计人员属于国家公务员，审计机关编制人数受国家行政体制的限制，不能通过简单地扩充力量来补足审计力量。因此，政府审计有必要借助外部审计力量来解决政府审计人员不足的问题。而社会审计人员充足，专业经验丰富，可以弥补这一缺陷。

进入新时代，基于审计全覆盖的要求，政府审计任务越来越重，涉及范围越来越广，审计内容已远远不再局限于传统的财务收支等类型。由此，对审计人员提出新要求：具备更丰富、更复合的专业知识，更先进的审计思维，并掌握更科学的审计方法。可以说，对政府审计专业人员的综合素质和胜任能力要求越来越高。在我国审计机关中，存在一部分工作多年、审计经验丰富的审计人员，但大部分人员专业教育背景属于财会专业，比较单一，对于审计涉及的大数据、人工智能、工业工程、法律、金融等学科专业知识掌握较少，难以胜任相关政府审计项目。同时，审计人员在承担具体审计项目时，分解工作压力的能力欠缺、审计沟通技巧不足、思考审计引发的相关问题不到位。这些政府审计工作中的局限，将会影响到审计质量，使审计全覆盖工作难以全面开展。而通过政府审计与社会审计形成合力，充分发挥社会审计的相关人力资源，则可以有效解决审计人员专业能力缺乏和综合能力不足等问题，有助于推行审计全覆盖的实现。

（三）国有企业审计处于审计不足或重复审计的困境中

政府审计的重要内容之一是对国有企业及其领导人员进行审计，包括经济责任审计、离任审计等。从审计署公布的政府审计公告数量来看，国有企业审计公告数量超过 50%，对国有企业审计是审计全覆盖的重要部分。审计的内容包括：企业财务收支的真实、合法和效益情况；有关内部控制制度的建立和执行情况；履行国有资产出资人经济管理和监督职责情况。但目前存在政府审计和社会审计重叠的地方，存在国有企业领导人多次配合审计的现象。政府审计和社会审计形成合力，可以实现多主体审计的协同。构建以财务收支审计为基础，其他各类型审计合理着力的监督机制，可以减少不必要的重复审计工作，提高审计效率，同时可以在一定程度上缓解国有企业审计的困境，从而进一步实现审计全覆盖的目标。

（四）形成审计问责合力，促进审计建议落实

当前，政府审计问责是国有企业及其领导人员的问责的主要力量，但随着国有资本改革的深入（如混合所有制的实施）和出资人监管制度的完善，内部审计和社会审计问责也将成为国有企业及其领导人员问责的重要力量。同时，政府会计制度改革后，政府会计主体的行政事业单位财务报告（包括预算会计报告和财务会计报告）也需要借助社会审计进行审计，对单位负责人形成审计问责。政府审计与社会审计协同，有利于出资人、国有资产管理部门、市场监管部门、债权人等问责主体的利益冲突在问责系统层面上得到有效协调，促进国有企业治理不断完善。

（五）强化审计资源整合，提高审计效率

政府审计和社会审计在不同审计领域具有自己的优势，政府审计对政策规范有较好的把握，社会审计在财务报表数据分析上专业性较强，国有企业内部审计则对企业经营活动、内部控制更为熟悉。在当今大数据时代，审计信息资源共享，可以很好地实现政府审计和社会审计的有效融合。政府审计与社会审计的协同机制，可以发挥各自优势，实现“1+1 ＞ 2”的效果。

（六）政府审计和社会审计的整合可以降低交易费用

审计是审计组织（包括政府审计机关和社会审计机构）接受委托（包括制度安排和所有权人委托），采用专门方法开展一系列活动，最终出具审计意见（包括审计报告和审计结论）的活动。审计是一种专业服务活动，接受服务的单位需要承担交易费用。1937 年，罗纳德·科斯（Ronald H. Coase）在《企业的性质》一文中首次提出交易费用理论，这一理论的提出给经济学制度提供了新的思路。交易费用是指“交易过程中发生的费用，它包括发现相对价格的工作、谈判、监督履约的费用”。[①]1960 年，科斯提出政府是一个超级企业[②]，政府审计机关作为这个超级企业设立的职能部门，在政府审计力量不能满足相关工作需要时，可以聘用外部独立会计师事务所审计人员来参加政府审计项目。这种聘用关系通常采用政府审计机关招标外包方式，由此注册会计师参与政府审计项目就带来了项目的相应审计成本。审计成本包括支付的审计费用以及审计活动所发生的各种资源消耗费用，同时还包括由于政府审计项目外包带来的相关机会成本。在政府审计机关聘请注册会计师时，审计委托方和被委托人之间就形成了

① 奥利弗·E. 威廉姆森，西德尼·G. 温特 . 企业的性质：起源、演变和发展 [M]. 姚海鑫，邢源源，译 . 北京：商务印书馆，2007：13–28.

② 科斯 . 社会成本问题 [J]. 法律与经济学杂志（第 3 卷），1960.

契约关系。这种契约关系明确了双方在审计活动中的权利和义务，同时也通过合同方式保证了审计项目目标的一致性。政府审计与社会审计的协同整合，可以在保证审计目标的前提下，降低政府审计的交易费用。

二、可行性

（一）协同效应的理论基础

政府审计工作是由各级政府审计部门和审计署驻各地特派办完成，社会审计工作是由独立经营、自负盈亏的会计师事务所承担。组织机构的设立，是为了聚合不同资源，再通过相关资源要素之间的协同，从而产生面向用户或委托方的解决方案。协同效应，是指“1+1>2”的效应。协同效应理论认为，在整个环境中，各个系统之间的关系，是既相互影响又相互合作。审计系统作为一个监督系统，包括政府审计、社会审计和内部审计三个子系统，可以构成一个协同系统，其中政府审计子系统和社会审计子系统可以有效利用资源，提升审计监督效率和效果，最终会使审计整体系统的价值增值大于各个子系统独立组成部分的总和，形成协同效应。

2015 年印发的《关于实行审计全覆盖的实施意见》指出：“适应审计全覆盖的要求，加大审计资源统筹整合力度，避免重复审计，增强审计监督整体效能。……有效利用社会审计力量，除涉密项目外，根据审计项目实施需要，可以向社会购买审计服务。”上述文件从法规层面为政府审计与社会审计形成合力、利用社会审计资源提供了依据。

2018 年，中国注册会计师协会发布的《注册会计师业务指导目录（2018 年）》内容表明，在注册会计师能够提供的 436 项服务中，有近 100 项业务的内容与我国政府审计机关的工作内容高度吻合。例如，在业务目录中单列的对国有企业审计业务 11 项，财政预算资金相关审计业务 12 项，自然资源与环境治理审计业务 6 项，供给侧结构性改革相关审计业务 3 项，“一带一路”审计业务 1 项。[①] 这些业务均属于政府审计范围相关业务，进一步说明注册会计师行业有资格也有能力参与政府审计，并且应鼓励注册会计师将业务领域拓展到政府审计中去。

（二）国有企业能为政府审计与社会审计的协同提供条件

满足开放型、远离平衡态和存在子系统间合作竞争这三个条件是协同理论形成有序结构的要求。国有企业审计过程中要与外界进行大量的、经常的信息交换，满足开

---

① 中国注册会计师协会 . 注册会计师业务指导目录（2018）[M] . 北京：经济科学出版社，2019.

放型的要求；国有企业审计的制度环境、审计目标在不断调整，随着大环境的变化而不断改进，一直处于一种动态平衡状态；此外，国有企业下属子系统间也必然存在合作竞争。行政事业单位审计也在一定程度上能为政府审计与社会审计的合作提供这三个条件。

（三）政府审计与社会审计具有协同基础

政府审计与社会审计均具有监督的基本职能，但是政府审计更侧重监督执行情况、信息披露的完整与及时，社会审计则更注重监督受托责任履行情况、信息披露的充分性、公允性、一致性。两者均对被审计单位信息披露的客观真实性、可靠性进行监督，具有相同审计目标。在审计目标上政府审计重在从宏观监督层面出发，基于“权力的制约和监督”，维护国家正常经济秩序，保障国家政策制度的落实、法律法规的严格遵守，防控经济运行风险。同时，由于政府审计对象的特殊性，政府审计机构对被审计单位的管理可以给予很好的建议，有助于被审计单位加强其内部治理，提高效率，更好地履行社会职能和社会责任。而社会审计主要从微观层面出发，保护市场主体（包括被审计单位及其利益相关者）合法权益，基于“信息披露的鉴证”，维护市场运行秩序，保障社会经济合法有序运行。社会审计通过出具审计报告形式，对被审计单位的整体环境产生间接影响。不难看出，政府审计和社会审计的根本目的都是维护国家经济社会秩序，促进国民经济健康发展，两者具有高度一致性。政府审计和社会审计在审计程序、审计方法、审计模式等方面，也均具有广泛的一致性。两者在本质上都是基于受托关系，为了完成特定审计目标而产生的一种采用专业方法进行监督的活动。

（四）政府审计与社会审计两者审计治理功能互补

在审计治理功能方面，政府审计的治理功能主要体现在：预防功能、监督功能和纠偏功能。预防功能，是指在审计中通过对相关经济活动的监督，发现政策、制度在制定、设计层面存在的缺陷、偏差，由此向相关部门提出完善建议，预防错误或差错的发生或产生不良后果。监督功能，是审计对发生的或正在发生的经济活动进行监督，对其合法性、合理性和效益性进行督促检查和评价。纠偏功能，是针对在审计中发现的问题和错误，要求被审计单位限期整改，并监督整改效果。而社会审计主要通过鉴证功能对被审计单位财务报告进行审计并出具审计意见、形成审计报告，在审计中监督被审计单位信息披露的真实性、公允性，同时检查被审计单位是否存在违法违规行为。但是，相对政府审计而言，社会审计对于审计过程中发现的问题没有纠错功能，而主要通过审计报告形式发表审计意见，对被审计单位的相关违法违规行为及相关责任人等并没有处置权和处理权。政府审计与社会审计形成合力，不仅可以弥补社会审计在治理功能方面的不足，还可以有效整合相关审计资源，节约审计费用，提高审计效率，更充分发挥审计治理整体功能。

综上所述，在当前形势下，政府审计与社会审计形成合力顺应了时代发展潮流，符合我国国情。

三、国有企业中社会审计成果在政府审计中应用的案例

（一）案例背景

2006 年，审计署对某国有石油集团公司开展领导干部经济责任审计，主要是对该企业主要领导经营决策的效益性、效果性和效率性，和该国有企业的财务收支状况以及内部控制和风险管理状况进行审计。[①] 该国有企业属于大型上市企业，规模大、业务量大、资产价值高，股权关系较为复杂，包括直接控股和间接控股，直接和间接控股的下属子公司多，需要进行合并财务报表审计。而对企业集团合并财务报表的审计需要较高的会计专业知识和从业经验相对丰富的审计人员。由于受审计力量和审计时间限制，审计署派驻的审计组聘请了外部会计师事务所对该集团财务报表中的财务收支的真实性和公允性进行审计。在该案例中，审计责任划分上，政府审计为主，社会审计为辅。社会审计会计师事务所出具的审计报告供政府审计在该审计项目中使用，审计署领导的政府审计出具最终的审计公告。[②]

（二）会计师事务所的选择确定

对该国有企业审计聘请会计师事务所进行业务审计属于政府采购外包服务的范围，审计署外包该项业务采用了公开招标的方式。在招标采购中，审计署根据参加投标的会计师事务所相关的执业质量和商业信誉，并考虑到独立性，如是否存在与被审计单位的业务往来状况，同时参考审计组所需人员的专业水平和执业经验背景，最终选取了 Z 会计师事务所。审计组在确定事务所后，根据中标单位的竞标书对聘请事务所的审计费用进行上报，按照规定流程申请项目审计费用。随后，审计组与会计师事务所根据招标采购内容进行协商，明确会计师事务所的审计工作内容、审计纪律要求、工作时间和审计结果形式等，签订审计服务外包合同。根据审计服务外包合同，进一步

① 文卫国，高怀荣 . 锐意进取求创新 企业审计出精品：中石油集团公司 2006 年度财务收支及原领导人经济责任审计 [J]. 中国审计，2009(4)：44–46.

② 汪静 . 政府审计、注册会计师审计的资源协同利用研究 [J]. 市场研究，2019(4)：69–71.

明确双方审计职责，强调注意事项，为后期双方合作提供保证。

（三）具体协作实践过程

1. 业务能力培训

由于会计师事务所注册会计师审计与政府审计在审计范围、审计程序、审计方法、具体审计目标等方面存在差异，审计人员的审计经验也有所不同，审计侧重点也不一样，因而为了更好地完成对该国有企业的审计工作，在审计项目正式开始之前，审计署特派办对参加审计项目组全体审计人员进行了专题培训，培训范围涵盖该项目所涉及的政府审计准则、经济责任审计主要内容、审计重点、审计具体方法等。通过培训，外部审计人员提高了审计的针对性，有助于审计结果质量的提高。

2. 建立工作机制

为了提高外部审计人员与政府审计人员的工作配合度，双方在审计范围和工作机制上作出规定。注册会计师审计以被审计单位领导在任期间的财务报表为审计内容，还包括被审单位的内部控制状况和政策落实执行情况。政府审计人员重点审查领导在任期间的决策和规划，固定资产的管理和使用情况，重要投资项目的建设和管理情况。由于两者的审计范围不同，审计过程中发现问题要及时向项目组组长汇报，项目组组长对问题的处理有决定权，并对此问题负责。

3. 建立信息共享

在注册会计师审计和政府审计协作的过程中，信息的共享也非常重要。在本案例中，注册会计师负责的工作主要涉及财务部分，政府审计人员的工作主要涉及实务方面，而财务和实务是相对应的，必须将两者相互结合才可以完成审计工作。因此，注册会计师和政府审计人员必须进行信息共享。在该案例中，注册会计师对该集团进行审计时，发现该集团某分公司在账务中对某项固定资产进行了大额的资产损失计提，但在报表的附注中并未能详细披露计提该损失的原因和具体相关数据。会计师事务所审计人员在查找了关于这项资产的财务信息后，发现资产损失的计提原始凭证中有单位领导人批准签署，通过采用实地查看盘点，却发现资产状况实际与账务处理不一致。注册会计师立即与该项目政府审计组组长沟通，后通过取证发现该计提大额损失的资产被转移，存在个人从中牟取利益使得国有资产蒙受损失的违法行为。正是通过项目审计中社会审计与政府审计人员的合作，及时进行信息沟通和共享，使相关问题在审计中得以发现和处理。

4. 审计工作评价

完成以上工作后，需要对两者的审计工作进行评价。进行评价的依据是政府审计人员和社会审计人员共同参加该项目的审计成果，政府审计的成果是审计署的审计报告，社会审计人员的审计成果是财务审计报告。因为该案例中有社会审计协助政府审计，社会审计人员提供的财务审计报告主要在审计组使用，但财务审计报告是最终审计报告的重要组成部分。政府审计人员可以通过建立档案，记录社会审计人员发现问题的性质和重要程度，从而对其工作能力和工作效果进行评价，以此作为将来选择聘请会计师事务所的一种依据。同时，可以对发现重大问题的社会审计人员进行适当的奖励。

（四）审计结果

案例项目审计完成后，发现该国有企业领导人在经济责任履职中存在违法行为。案例中由政府审计和社会审计共同组成的审计组对该集团企业进行的经济责任审计项目，形成了七份重要审计情况和两份专题报告上报审计署，同时将审计发现的问题移送有关部门。审计发现，该企业存在内部控制上的漏洞和管理不善问题，后期切实加强了整改并制定了一系列规章制度。该项目在年度审计署优秀案例评选中获得优秀审计项目奖，这对参与审计项目的政府审计人员和社会审计人员来说均是一种激励，有利于形成审计经验，以便推广。

四、行政事业单位中社会审计成果在政府审计中应用的案例

（一）案例背景

重庆市J区地处三峡库区腹地，作为长江经济带发展中的新节点，是渝东北生态涵养发展区最重要的支撑性板块。J区的定位是：作为城市拓展、“过江推进”的主战场，肩负着“产城融合、宜居宜业、令人向往”的城市新区建设的使命。为此，J区审计局承担了大量的工程项目审计任务。在J区党工委、管委会的坚强领导下，J区审计局充分整合审计资源，科学管理、合理使用社会审计力量参与政府投资项目审计。伴随J区城市开发建设的不断推进，投资项目众多，政府审计任务繁重。在重庆市审计局的指导下，J区审计局在工程项目监管、财政资金审计等方面不断创新，逐步规范审计流程，审计工作水平和能力得以不断提高。这些审计工作的开展，不仅节约了工程建设成本，也使财政资金使用效率得以提高。

（二）J 区审计局中介机构备选库的建立

近年来，随着中央提出审计全覆盖的总体要求，项目审计需求和审计项目的多样性、复杂性不断增强，原有审计局审计人员的数量、专业能力和知识结构已不能完全满足新时代下国家审计作为国家经济社会运行的“免疫系统”的新要求。在此背景下，J 区审计局需要借助社会审计力量，整合社会审计资源，以缓解 J 区审计局审计力量不能完全胜任相关审计需求的问题，从而主动适应“免疫系统论”总体观下政府审计的新功能。

在基础工作方面，J 区审计局自 2014 年以来不断规范建立社会审计中介机构的数据库，进行动态管理，取得了比较显著的成效。在数据库建立中，通过对入库社会审计中介机构登记信息、代理信息、执业信息等的采集，审计局掌握了必要的真实有效的社会审计中介机构信息，并将这些信息录入中介机构管理系统，同时与市场监督管理系统、招标采购系统等进行认证确认。除此之外，审计局还通过专门管理部门、注册会计师协会等进一步加大了对社会中介机构的业务能力和职业道德的培训指导力度，加强了对中介机构的指导和管理。同时，审计局采用不定期召开座谈会的方式，及时传达财税相关政策，并为中介机构解答关于政府审计外部的业务范围、购买服务招标采购原则、规范制度等问题。自 2003 年成立以来，J 区工程结算审计库中的入库社会审计中介机构共 13 家，均评为合格等级；2014 年因采用了年度考核末位淘汰制，给予出库处理中介机构 1 家；由于中介机构对委托审核工程项目的审核结论负责，在 2015 年对中介机构的初审结论进行终审后，对审减率超过 3% 的 3 家中介机构给予了清退，超出部分的审计费用暂停支付和暂停办理 J 区结算审核业务。

（三）社会审计机构的管理

J 区审计局结合所在区域开发建设实际，严把社会审计机构的“入口”，研究制定了《J 区建设工程中介机构管理暂行办法》，同时建立了 6 个中介机构专业备选库，即工程招标式代理库、工程预算编制库、工程监理库、工程设计和施工图审查库、工程勘察和地灾评估库、工程结算审核库。对拟入选备选库的中介机构，设置了必备的基本条件，包括：第一，依法成立，并且能够独立承担法律责任，具备与开展业务相适应的资质条件；第二，执业人员具有良好的职业道德和专业水平；第三，信誉良好，最近三年不得有违反职业道德的行为或者违法执业的行为；第四，有规范的、健全的服务质量控制和内部管理制度。

在对中介机构选择入库时，坚持几项优先原则，包括：专业能力强的优先、高资质的优先、业绩和诚信高的优先、本地纳税的优先等。同时，采用实地核查方式进行审核。J区审计局对拟进入备选库的社会审计中介机构进行初审：首先，对申报相关材料进行严格审查。其次，由审计局领导牵头组织相关业务人员深入到入围社会审计中介机构的实际办公场所，实地核查申报材料中相关资料，包括办公场地、审计人员、企业资质等信息。严防采用挂靠等方式导致无资质、实力不够的中介进入备选库。最后，对核查符合条件的社会审计中介机构，由J区审计局招投标领导小组审核，管委会领导审定同意后，纳入中介机构备选库，确保入库中介机构质量。

在审计项目实施中，通过合同管理和动态管理方式，J区审计局加强对社会审计中介机构的指导和考核管理，注重对聘请的中介机构进行现场监管、工期控制、安全控制。审计局坚持主要抓住选聘社会审计机构的“入口”和审计完成后进行考评的“出口”两个关键环节。在“入口”环节，坚持能不使用外聘坚决不外聘，或尽量少外聘。在一些涉密交办事项审计方面基本不外聘，有效防止审计人员当“二传手”，防范审计风险和泄密事件发生。制定中介机构备选库的评价考核制度，考核考评实行单项考评和年度考核相结合，主要对会计师事务所和注册会计师的执业能力、履职情况、履职质量、服务态度、投诉情况等内容进行考评。在“出口”环节，单项委托业务完成后，由委托单位、行业管理部门按照考核内容，对委托中介机构的履职情况进行评价，并填写“J区审计局中介机构单项履职情况评价表”，年终通过汇总后作为年度考核的依据。年度考核设置四个等级，分别为优秀、良好、合格、不合格，对于考核为不合格等次的予以出库处理。对于年度备选库中介机构在5家以上的，如果年终没有不合格等次时，按照分数排序优先的原则，实行末位淘汰和退出机制动态管理，坚持“优进劣出”的聘用原则。同时，对相关审计人员实行合同管理，确保审计工作的高质量顺利完成。

（四）强化项目中社会审计质量管理

为有效保证参加政府审计项目的社会审计人员在项目审计中审计目标一致性，保证严格执行审计实施方案，政府审计和社会审计人员在审计过程中需要加强合作、紧密衔接，建立审计项目的动态沟通与协调机制。审计中注重现场探讨会、审中碰头会等关键环节，随时掌握审计动态情况以及发现的问题。在会议中，政府审计与参与项目社会审计人员一起通过沟通与讨论，集思广益，有针对性地对有价值的问题线索集中审计力量开展工作，并形成对审计结论有价值的信息。审计中，要加强对重要审计事项的把控，包括：对外部调查取证、勘查现场、监督盘点资产、采取审计证据保全措施、征求被审计单位意见等。同时，要求参与项目的社会审计人员不得单独取证，应有两名及以上审计人员同时在场。

强化审计质量，J区审计局对外聘的社会审计机构严格按程序进行全过程质量管理。所有审计项目均由J区审计局相关人员和社会审计机构工作人员共同参与，首先，需要同时在项目现场了解项目总体情况。其次，要求外聘中介机构按照合同约定时间在审计局组织下汇报初步审核结论并备案。如果发现外聘中介机构在初步审核结论和被审计单位核实核对的过程中有重大事项变化，必须报审计局相关科室，并向审计局领导汇报，通过业务会研判决断。再其次，形成审核结论后，外聘中介审计机构必须按程序报审计科室相关人员进行复核，并经分管领导审批后方可签发定案表。如果初步审核结论和审定审核结论之间存在差异值，需要外聘中介审计机构作分析说明，并报审计科长复核。对于在现场核实获取证据以及存在问题的审计事项，要求参与的中介社会审计机构的审计人员和相关人员查准、查实，并签字确认。最后，在审计报告征求意见阶段，邀请中介社会审计机构人员一并参加，充分听取其意见，同时可以反映中介审计机构参与政府审计项目的工作量和审计质量。

（五）实践成效

2014年以来，J区审计局完成了对7个行政事业单位2010—2014年的财务收支审计和5个直属国有企业2012—2013年的资产、负债、损益等财务状况和经营成果的审计。特别是完成了审计任务繁重的政府投资项目工程结算审计，满足了J区工程建设进度的需要，并通过审计节省了大量国有资金。2014年以来，J区累计下达审计通知书351个，累计审结294个，其中完成政府投资项目500万元以上初审项目16个，审结率为83.76%，审结项目累计送审金额51091万元，累计审定金额4640万元，累计审减金额4688万元，审减率9.18%。2015年在对J区中部路段E段市政工程一标段申报结算金额4231.87万元的初审中，采用了专业技术对土石方进行测绘测量、对路面钻芯测量等审计方法，初审后的结算金额为3687.58万元，审减544.29万元，该工程经J区审计局终审审减44.13万元。充分发挥了审计的监督作用，节约了大量建设资金，保证工程项目尤其是政府投资项目资金的安全、高效运行。

五、亟待解决的问题

（一）缺乏相应的规范体系以及复核评估机制

目前，我国政府审计对社会审计的需求还在初级阶段，双方未达成信任机制，尚未建立政府审计购买社会服务的规范体系。国家已发布的文件均是纲领性的建议，对两者的关系定位、如何选聘、监督以及审计成果如何利用等具体问题没有作出规范。没有具体的应用指南使大多数政府审计机构无从下手或者操作不规范，容易产生审计质量问题。这是制约政府审计和社会审计形成合力的首要因素。

与此同时，目前我国还没有对购买审计服务复核评估建立起统一规范、科学合理的评估机制。对是否形成审计合力的判断，仅是依靠审计事项的完成度、审计定性的准确度、审计意见的恰当性以及是否达到了审计目标这些简单的指标。这种不全面的评价机制不足以保障购买服务的质量和效果，也不利于促进购买服务的健康发展。

（二）缺乏有效的监督机制

由于社会审计的监督机构归属于注册会计师协会，与政府审计机关之间只有契约关系，没有上下级隶属关系，因而政府审计机关对社会审计机构的监督力和威慑力很弱，对其违规和失职行为也无法作出有效处罚，更多依靠安全性相关指南的指导。但由于缺乏有效的监督机制，审计质量也缺少了一定的保障。

有些情况下，出于信息安全和保密的要求，社会审计参与到政府审计的情况没有被公开，这也会在一定程度上使公众监督失去作用，审计的作用发挥不到位。

（三）成本效益制约

政府审计和社会审计合力并非对所有项目都适用，在确定是否适用时，政府审计机关需要考虑很多成本因素，如经济成本、可操作性、选聘成本、培训成本等。除此之外，政府审计机关还要考虑很多风险，如质量风险、泄密风险等。当审计合力的效率低或者成本风险高时，政府审计就不愿意选择与社会审计合力的方式开展业务。

政府审计购买社会服务往往受到审计经费的制约。政府审计购买社会审计服务经费来源于财政预算，如果政府未提前将购买社会服务纳入预算范围，则直接丧失经费来源。有些情况下，即使拿到经费，也可能存在经费不足的问题，例如，在没有临时备用的经费时遇到难以预料的困难问题、需要临时增加审计项目、实际收到经费少于申报经费等。这些情况会导致审计人员不足、审计技术欠缺等问题，轻则影响审计效率，重则审计质量下降，影响审计效果。

（四）审计目标背离风险

由于社会审计和政府审计的目标不完全一致，可能导致一定偏差。社会审计的目标是对被审计对象的财务报表整体合理性、真实性、公允性以及完整性进行审计，出具审计报告发表审计意见。而政府审计的目标则是通过监督财政收支以及经济活动的真实合法性、政策落实的有效性，维护社会经济秩序和经济运行安全，保障国家经济社会健康发展。因此，社会审计人员可能因为职业习惯而注重核实财务信息，忽略非财务信息、违法违规问题以及国家政策的跟踪落实审计，出现一定程度的审计目标背离。

（五）寻租风险和廉政风险

社会审计参与政府审计项目，可能产生一定的寻租风险和廉政风险。审计项目外包是政府审计和社会审计合力的重要方式之一。在政府选择社会审计过程中，由其决定是否外包、外包的业务规模以及外包的费用等，社会审计组织很有可能为了获得此次机会，使用不当手段，如徇私情、请客送礼等。同时，也不能排除政府审计人员主动寻求此类利益的可能。这种寻租风险很可能会影响审计质量。

由于缺乏审计评估机制，社会审计可能会发表不恰当的审计结论。或者由于成本高、代价大，社会审计人员不愿修改审计意见，而选择向政府审计寻求庇护。如果政府审计机构与其有共同利益，则很可能选择包庇，这样一来就会产生廉政风险。

（六）信息不对称风险

在大多数政府审计人员的意识里，社会审计人员只是一个助手，来帮助辅佐他们完成工作，而无须参与到整个审计业务中。这样就会导致政府审计人员不倾听注册会计师的意见，只靠自己的经验作出不合理的判断。事实上，有时候注册会计师拥有更多的审计经验，会作出更加准确的职业判断。

在采用政府审计外包业务中，参加项目的社会审计人员直接与被审计单位沟通，获得信息充分，而政府审计人员与被审计单位相对接触较少，掌握信息较少，如果政府审计人员和社会审计人员之间没有充分的沟通，就会导致参与审计的双方审计机构信息不对称。由于社会审计机构以盈利为目的，社会审计人员掌握审计信息的数量和质量如果远超过政府审计人员，就可能造成自利行为，如偷工减料、流于形式以及随意应付等，严重的则会与被审计单位相互勾结，损害政府审计的利益。

（七）专业胜任能力风险

政府审计人员可能存在专业水平不足以对审计出来的问题作出合理评价的问题，而社会审计人员由于不熟悉政府审计准则，在运用审计程序以及作出职业判断时的要求也不完全一致，可能出现取证不足、定性不准等审计质量问题。

除此之外，政府审计重要性水平的确定比社会审计更为复杂，仅按照国有企业总公司的财务报表确定重要性，而忽略分公司的重要性，这会在合并报表中产生问题，也会在质量控制复核中存在缺陷。

（八）涉密保密风险

由于政府审计往往涉及机要内容，对保密性要求非常高，即使社会审计也要求保密性，但两者之间还是存在差异。审计机关的保密性有硬件设备的支持，而社会审计通常没有。同时，由于缺乏监督机制，社会审计人员可能存在有意或无意违背职业及道德原则的问题，将机密泄露。因此，保密风险也是需防备的问题之一。

（九）政府审计未能充分利用社会审计成果

社会审计在日常业务中能够接触到大量财务信息和经营信息，其中有很多可能对国家经济安全产生隐患，需要得到重视。但审计机关往往没有对这些信息资源进行合理利用，来预防或解决问题，导致这些资源的浪费。于是，社会审计揭示经济社会发展风险的作用也没有得到充分发挥。

政府审计购买社会审计服务，重前期介入，而忽视后期审计成果的形成和应用。由于社会审计的强制执行力低，可能导致被审计单位不重视审计过程中发现的问题，或者产生侥幸心理。这种情况下，社会审计可能没有反映舞弊问题的动力，社会审计和政府审计无法在应对舞弊时产生合力，审计合力效果就不及政府审计本身强制执行力的效果。

第三节 内部审计与纪检监察协同助力政府审计

国有企业作为中国特色社会主义的重要物质基础和政治基础，是中国特色社会主义经济的重要支柱，在解决就业、促进产业结构升级转型、提升自主创新水平、提高国际竞争力、带动中小企业发展等方面发挥了重要作用。党的十九大后，国家监察体制改革在全国推开，组建国家、省、市、县监察委员会，同党的纪律检查机关合署办公，加强了党对反腐败工作的统一领导，有效整合反腐败资源力量，实现了对行使公权力的公职人员监察的全面覆盖。国家监察体制改革后，国有企业管理人员被明确纳入监察对象范围。而国有企业的内部审计部门的工作开展通常归属于其纪检监察部门领导管理。国有企业内部审计监督与纪检监察融合是新时代我国纪检监察与政府审计体制改革的要求，是深化国有企业改革、建立中国特色现代企业制度的最佳路径，也是国有企业可持续发展的现实需要。政府审计对国有企业及其领导人的审计将全面从严治党与从严治企相结合，通过强化监督推动企业高质量发展，营造风清气正的政治生态环境，是适应新时代赋予的新要求。因此，将国有企业内部审计、纪检监察与政府审计相融合，有利于实现企业监督一加一大于二的效果，推动廉政建设和企业价值的增值。

政府审计，是指政府审计机关对国有企业的会计账目进行独立检查，以监督财政、财务收支执行的真实、合法和效益以及政策落实情况的行为。以维护党的纪律为主线，监督对象是企业和企业管理人员。

根据《审计署关于内部审计工作的规定》，“内部审计，是指对本单位及所属单位财政财务收支、经济活动、内部控制、风险管理实施独立、客观的监督、评价和建议，以促进单位完善治理、实现目标的活动”。国有企业加强内部审计是推动现代化企业发展的必要因素之一，通过内部管理控制制度，及时发现问题并纠正，减少损失并保护资产的安全和完整，提高会计核算的真实性和可靠性。

一、必要性

将国有企业、行政事业单位的内部审计与政府审计结合是推进企业稳定健康发展的关键因素，充分发挥两者职能效果，有助于推动我国国有企业、行政事业单位有效运行，实现稳定健康发展。

（一）内部审计、纪检监察为政府审计提供可靠线索

通过内部审计发现可靠有效的线索，是推进监察监督和实施政府审计的主要措施。规范开展单位的内部审计相关工作，对照财经法规和单位相关管理制度，按照相应的审计监督要求和标准，分析、判断和发现被审计对象是否出现了违法违纪问题以及是否存在相关线索，可以更加高效、科学地开展政府审计工作。信息互通是指内部审计、纪检监察相关人员与政府审计人员相互进行信息沟通、数据确认等，通过这一环节，可以大大提高各自的工作效率和效果。开展内部审计工作，能够为企业相关违法案件提供有效线索。因此，政府审计有效结合内部审计工作和纪检监察工作，不仅能够保障企业相关案件的客观真实性，还能有效降低案件信息取证成本，提升了国有企业惩处违纪和惩治舞弊的工作力度，同时为政府审计提供部分审计证据。如在国有企业内部审计中重要岗位人员的离任审计是开展企业领导干部经济责任审计的基础和重要资料来源。

（二）政府审计与内部审计、纪检监察工作结合有利于强化保密性

政府审计与国有企业、行政事业单位的内部审计均会涉及预算执行、运行成本等相关信息，而部分信息有保密相关要求。从已发生的大量案例数据看，企业资金管控和经营管理不完善通常会导致腐败事件的发生，不法分子正是利用这些监督管理机制中存在的漏洞，实施违法乱纪行为。因此，在今后企业经营管理中，需要将审计监督工作体现在资金管理和使用的各个环节，体现在预算编制、执行、检查的各个阶段。在案件的初步查处阶段，由企业内部审计监管部门寻找相关证据，落实前期准备阶段的工作内容，后期由纪检监察部门根据内部审计部门收集到的线索信息进行深入调查，及时获得更直接、更权威的相关证据。企业内部部门移交，既能起到保密的作用，也能避免相关部门和人员过激的反应。内部审计发现的线索、重要事件可以向单位的主管部门或审计部门报告，这样有利于信息保密和开展后续相关工作。

（三）内部审计与纪检监察协同有利于提升工作质量与效率

内部审计、纪检监察在开展监督工作中各有优势和劣势。在传统的企业运营管理模式中，内部审计监督和纪检监察机构是相互独立的两个部门，由于缺乏有效的信息沟通和数据资源共享机制，导致监督不能合力，监督效率低下，企业内部监督工作存在重叠且效率不高。在实际工作过程中，如果是由纪检监察工作人员直接对账务进行查处分析，不仅会增加投入的时间和精力，而且对纪检监察工作人员自身的财会专业知识及技能提出更高要求。而通过双方合作，内部审计部门能通过细化监察制度相关规定，约束规范被审计对象的业务行为，为审计监督的有效性提供了保障。在国有企业、行政事业单位开展内部审计工作，有助于前期直接获得大多数的证据和线索，尽最大可能缩减取证时间，最大限度节约案件处理时间，同时在开展政府审计工作时可以从内部审计或纪检监察机构直接取得相关证据。如果在内部审计监督中发现严重违法行为，应后续跟进政府审计，发挥政府审计和纪检监察监督中可以采用的相关处置、惩处职能，给予涉事人员直接惩处或移送司法机关。这样能保证纪检监察权威和监督力度，有利于企业内部审计更好地发挥监督作用，逐渐形成高效的合力监督模式。

二、可行性

国有企业、行政事业单位的内部审计在熟悉组织内部运行、获取相关审计证据的便利性方面具有优势，而政府审计在审计的独立性、权威性方面具有优势。

要将适当的优势放在正确的方向上，才能形成内部审计助力政府审计的局面。加强对国有企业内部权力运行的有效制约、创新监督体制、强化制度建设、严格执行国

家的法律法规，是促进企业持续健康发展的必经途径。而内部审计工作与政府审计工作作为国有企业监督体制中最重要的两个方面，只有合作创新、资源共享，才能融合优势资源，为进一步发展提供路径。

内部审计与政府审计存在许多内部联系，两者在审计目标、审计对象、审计方法等方面存在大量的共同性，而这些共同性决定了实际工作中内部审计与政府审计相融合的可行性。

（一）组织可行性

国有企业、行政单位、事业单位现行的内部审计部门属于相对独立的职能部门，并配备相应的专职工作人员。企业董事会审计委员会是董事会按照股东大会决议设立的专门工作机构，通常由3~7名董事组成，独立董事占多数。下设审计工作组为日常办理机构，负责日常工作联络和会议组织等工作。企业审计委员会主要职责包括：审议企业年度内部审计工作计划，监督企业内部审计质量和财务信息披露，监督企业内部审计机构负责人任免，监督企业的社会审计机构聘用、更换和报酬制度，审查企业内部控制程序的有效性等。而通过设置国有企业总审计师工作岗位，可以进一步强化内部审计的独立性和权威性。总审计师岗位人选可以由政府审计机关、审计署特派办等派员或由国有企业内部任命但由政府审计机关监督。

（二）技术可行性

1. 审计对象重叠

国有企业领导人员既是企业内部审计的审计对象，也是政府审计和纪检监察的监督对象。在这个监督体系中，内部审计发挥内部监督作用，政府审计发挥外部监督作用，发现相关问题则应移交纪检监察或司法机关。如果审计中发现领导人员不履行或不正当履行职责，触犯行纪行规，则应作为纪检监察执纪审查的对象，履行执纪审查程序，并视情节轻重，给予相应处理或处分，涉嫌违法犯罪的，还应移交有关国家机关处理。

2. 审计内容交叉

对国有企业领导审计的重要内容是企业的“三重一大”经济决策是否经过集体决定，“三重一大”事关企业发展全局的重要事项，是内部审计重点关注的高风险点，也是政府审计中政策落实跟踪审计的重要内容。在对重大事项决策内部审计中重点关注：决策事项是否符合权限、决策过程是否民主、决策结果是否科学、决策是否到位以及决策目的是否得以实现，而其中涉及民主集中制原则的执行情况、选人用人的合规性、财经纪律的遵守情况等，都属于纪检监察和政府审计关注的关键点。对于决策程序规范性、决策事项引起的后果等政府审计也应重点监督。

3. **审计目标一致**

国有企业的内部审计和纪检监察机构都属于国有企业内部承担监督职能的部门，是“管理的再管理，监督的再监督”，最终目标都是为国有企业健康发展服务，国有企业的政府审计也重在监督企业的健康运行和发展。在具有中国特色的现代国有企业中，要把党的领导融入公司治理的各个环节，把企业党组织内嵌到公司治理结构之中，明确和落实党组织在公司法人治理结构中的法定地位。而内部审计、纪检监察和政府审计的主要目标都是促进企业领导人员履职尽责，提升国有企业经营管理水平，实现国有资产保值增值，保证经济健康运行。

（三）风险管理可行性

在对国有企业进行审计工作中，通过资源整合提高审计效率和决策效率。为避免重复开展工作，可以将企业内部审计与政府审计、纪检监察进行融合，达到资源整合，统一协调开展相关工作，从而避免重复。内部审计、纪检监察在国有企业内部都具有监督职能，监督对象、监督内容、监督领域甚至监督方法可能存在一些交叉，从而导致监督资源浪费。内部审计与纪检监察的协调，可以大大提高内部审计的效率，有利于审计整改的落实。而有效的内部审计可以简化政府审计相关流程，降低审计成本，提高政府审计效率。

政府审计和内部审计虽然审计主体、具体审计目标存在不同，但均是为了降低风险，保证资金的安全完整和有效运行。内部审计与纪检监察部门作为单位内部职能部门之一，更熟悉单位的组织结构、运行流程、风险领域，内部审计与纪检监察部门获取审计证据更简便快捷。而政府审计对国有企业等单位审计存在如下问题：对被审计单位的基本情况不熟悉，审计风险点掌握不全面，审计程序实施可能受到一定限制，部分审计证据取得有一定难度。通过内部审计与纪检监察协同助力政府审计，可以有效克服上述问题，达到事半功倍的效果。

三、实践经验

1983 年，国务院批转审计署《关于开展审计工作几个问题的请示的通知》（国发〔1983〕130 号）发布，由此中国内部审计制度开始慢慢建立起来。本部分以大型国有企业中国石油天然气股份有限公司（以下简称中石油）为例，来探讨国有企业的内部审计制度的发展和完善历程，以及其如何助力相关政府审计。

中石油是中国油气行业占主导地位的油气生产供应商和销售商，是我国大型国有企业，是中国销售收入最大的公司之一，也是世界最大的石油公司之一。中石油所在产业是国民经济支柱性产业，是涉及能源供给的重要企业，对中国的经济增长起着重要作用。也正是由于中石油的经济总量之庞大，贡献之突出，其内部审计也成为一个重要课题，如何防止国有资产流失、如何防止内部腐败的发生、如何建设高效的内部运转机制，是值得思考的。

石油天然气企业受国际经济形势影响明显。2014 年，全球经济缓慢回升，但是，石油价格并未呈现扭转趋势，自 2015 年开始大多数石油企业业绩下滑甚至出现巨额亏损。受国际油价的影响，我国石油企业的获利能力也都大幅下滑，战略转型和结构调整势在必行，企业改革的方向转为提质增效。而企业价值增值路径之一可以通过内部审计优化实现，内部审计可以发现问题，控制成本，并可通过石油期货、期权等金融化方式降低风险，从而提升企业价值。在此背景下，2014 年 10 月，《国务院关于加强审计工作的意见》发布，这是国家最高行政机关首次出台与审计相关的文件，给予了新时期审计发挥作用有力的制度保障。文件首次提出了实行"审计全覆盖"的要求，明确"对公共资金、国有资产、国有资源和领导干部履行经济责任情况实行审计全覆盖"。为实现审计全覆盖目标，将各个审计监督子系统联合起来，包括单位内部审计、政府审计、社会审计可以通过一定方式形成合力，确立一套各自分工明确又能发挥监督合力的运行机制，探讨在现行运行机制基础上各系统如何协同配合开展工作的方式。《国务院关于加强审计工作的意见》的颁布，为国有企业内部审计助力政府审计提供了制度依据，有利于两者合力的措施落实。

随着国有企业改革进入深水期，建设中国特色社会主义进入新的阶段，国有企业内部审计不足以满足监督需要。内部审计也出现一些需要解决的问题。首先，内部审计部门在国有企业的地位不足以支持其实现自身的目标。在中石油内部，还包括其他一些国有企业，虽然都设置了内部审计机构，但是赋予其监察的力度不够，从而需要与纪检监察部门形成监督合力，但由于内审部门与监察部门各自并没有有效整合，出现了"同室不同岗"的现象，在资源分配上也存在一些问题。有些单位机构，甚至忽视内部审计的作用，从而形成了资源向纪检监察倾斜的情况，从而影响了内部审计职能的发挥。其次，审计的作用一部分是"纠错"，在一些以往案例中，管理层对纠错存在"差不多"的心态，没有将审计结果很好地落实到企业管理中。与此同时，存在部分管理层过分依赖内审结果来纠错的现象，而不重视内审所带来的预测和警示作用，造成企业管理上的不及时，也带来了管理层管理的懈怠风气，形成了"亡羊补牢，为时不晚”的心态。最后，审计结果运用的考核和激励机制不完善。审计更多的是在承担一个“发现者”的职责，审计可以发现企业管理中的一些问题，对后续的整改以及整改效果起到的监督作用是受到限制的。倘若发现的问题没有得到整改，那么就毫无意义。因此，如果不健全“发现问题—解决问题—效果评价”这样的问题解决机制，那么审计结果就无法落实。

在反腐倡廉的时代背景下，将内部审计、纪检监察与政府审计融合是新时代国有企业发展的要求。2018 年 1 月 12 日出台的《审计署关于内部审计工作的规定》突出了党领导内部审计进行监督的特点，这是中国内部审计制度的重要革新。中石油原来的内审部门与纪检监察部门较为独立，并未实现融合，既浪费了审计资源，也降低了监管效率。近年来，中石油也在积极进行审计体制改革。中石油将内部审计与纪检监察融合，将两者的作用发挥到最大，实现了资源的整合与调配。协同治理能够更深层次、多角度、全方位对企业的经济活动、领导的经济责任履行、企业的经营管理进行监督，更好地为国有企业的经济健康发展保驾护航，提高国有企业监督的效率和效果。具体来说，中石油在以下几个方面为审计改革积累了宝贵的经验。

（一）内部审计和纪检监察有效融合为政府审计提供良好基础

内部审计是按照相关准则的要求，对企业经营的效率、效果和合法性进行审查；纪检监察是对企业内各领导的工作、思想以及作风的监督。内部审计和纪检监察在监督的内容上有部分的重合，以前相互独立的工作模式会浪费审计资源，造成效率低下。基于此，中石油将审计监督的内容和纪检监察的内容有效整合，内部审计可以为纪检监察提供更为直接有效的线索，纪检监察也可以为内部审计的精准性和准确性提供合理保证。因此，两者的有效整合，是企业提高审计效率，进行廉政建设的必经之路，内部审计和纪检监察的协同治理，增强了两者之间的联系和沟通，可以使两者的机制都更加完善。内部审计和纪检监察发现的问题、线索，也为政府审计中的领导干部经济责任审计、财政资金使用审计、政策落实跟踪审计等提供了良好的审计基础。

（二）内部审计和纪检监察有效融合可减少政府审计工作量

在中石油以往的运营模式中，内部审计与纪检监察并没有进行协同治理，而是各自独立的两个部门。当两者进行协同治理时，就可以进行相互的作用，一方面，内部审计对企业的监督往往存在力度不够的情况，没有强制力，纪检监察可以使监督更加有力，审计的监督也可以得到更好的落实。另一方面，纪检监察无法像审计一样审查企业运行的全过程，所以存在证据获取不充分不及时，对领导的监督不到位的情况，而内部审计在纪检监察中的运用也为纪检监察提供了新的思路和更为充分直接的证据，提高了纪检监察的及时性和准确性。内部审计可以通过纪检监察相关制度来规范企业领导和内部各部门的业务行为，从而有效解决以往内部审计监督力度不够、监督渠道不足的问题。因此，在协同治理的大背景下，中石油有效融合各种监督手段，以此来提升监督的效果。内部审计和纪检监察有效融合，使政府审计监督对象的行为更加规范化，审计风险更小，从而减少政府审计相关工作的工作量。

（三）内部审计和纪检监察信息共享机制助力政府审计

舞弊案件的发生除了舞弊人员的自身因素外，制度设计的不健全以及监督不到位也是重要的原因。审计往往都是事后审计，往往是舞弊事件发生后才去审查，这样虽然可以发现舞弊行为，但是无法预防，而且因为审计的力度不够、人员素质参差不齐等问题，舞弊行为还存在无法被发现的可能。内部审计与纪检监察的协同治理，就可以针对一些舞弊迹象进行探究，提出解决方法。纪检监督可以在一定程度上预防舞弊的发生。于是，中石油建立了两者的信息共享机制，疏通了信息交流的渠道，促进了两者职能的发挥。内部审计与纪检监察信息共享平台，为政府审计提供了有保证的审计证据，有利于提高政府审计效率。

四、亟待解决的问题

虽然内部审计与纪检监察协同可以有效助力政府审计，但在具体实践中，在落实组织与人力保障、融合机制健全、责任风险承担划分等方面存在亟待解决的问题。

（一）审计队伍老龄化

当前，随着经济快速发展，企业面临国际国内竞争日趋激烈，风险越来越大。企业作为自主经营、自负盈亏的经济主体，尤其是中央直属企业、国有企业等历史悠久的企业，不可避免地存在人才结构老化，缺乏专业人才等现实问题，在审计专业人才方面尤为欠缺。

1. 调整人才结构

企业员工的高龄化可能导致对国有企业面临的新形势和新发展缺乏深入的了解和及时的学习，使工作效率相对低下，相关部门、各分公司子公司与总公司之间的沟通不频繁也阻碍了企业内部审计工作核实的高效进行。对此，国有企业应按时进行企业内部培训，加强企业内部整体沟通，提升员工综合素质，强化员工工作责任意识。同时，可以有效发挥老员工丰富的工作经验，积极创新，不断学习专业知识，提升内部审计质量，更好助力政府审计。

2. 注重专业领域的融合

大力推进专业人才引进，以老人带新人等方式促进纪审联动、内外审计互动。以企业内部定期换岗轮岗、联合检查为契机，充实内部审计人员的专项培训。对于企业审计部门骨干，通过外派学习等方式丰富其审计相关实务技巧和培养其查证能力。与此同时，内部审计人员要深入学习政府审计相关理论知识和审计技能，参与部分相关政府审计项目。通过纪检监察与内部审计相关的工作创新和改革，营造良好的不断学习与创新的氛围，打造懂审计、懂财务、懂法律的复合型人才，增进人员之间岗位交流与培养锻炼，强化公司管理，降低政府审计相关项目的审计风险。

（二）领导干部离任审计实践中尚存缺陷

领导干部离任审计作为一项新兴审计，开展审计工作可采取的审计方法还不成熟，理论和实践方面可参考的研究也十分有限。目前，正在努力探寻和摸索一条中国特色的国有企业内部领导干部离任审计的道路。2017 年，中共中央办公厅、国务院办公厅印发《领导干部自然资源资产离任审计规定（试行）》，该规定明确自然资源离任审计将从审计试点转为全面推开，并作为领导干部经济责任审计的延伸，成为经常性审计项目。

1. 活动执行与落实

内部审计对离任领导干部应当着重审查其在位期间相关政策活动的执行与落实情况。具体包括：项目是否严格执行，项目效果是否达标，项目是否根据实际情况建立解决措施，后续活动总结；基于上述审计活动获取的审计证据出具审计报告。内部审计中对离任领导干部经济责任审计和责任认定，还可以达到一定示范效应，达到纠正和遏制企业不正之风的作用，促进企业的健康良性运行和发展。此外，离任领导审计可以暴露出企业在管理制度中存在的一些问题，有利于加强企业制度建设和内部控制制度的完善。而内部审计的有效性，可以降低政府审计相关工作的压力和审计难度。内部审计可以减轻政府审计中领导干部经济责任审计和自然资源资产离任审计专项审计的工作量，提高政府审计效率。

2. 重大决策与资金管理

对财务报表中涉及的离任领导干部先前的相关资金决策进行数据比对分析，衡量决策的必要性和可行性，内部审计人员要查阅政府的决议决定、出台的文件、会议纪要和领导批示等，核实后续执行活动中的相关记录，严查重大决策事项是否合法合规。

这部分内部审计工作有利于政府审计中政策落实跟踪审计的实施。

（三）审计监督与纪检监察融合深度亟待加强

随着社会各界对廉政建设、单位合法合规运营等方面的关注度越来越高，政府信息公开化的程度越来越高，对纪检监察、内部审计和政府审计工作提出了更高要求，协同开展问题整改与问责的趋势越来越明显。

1. 提高违纪案件查办效率

首先，明确国有企业监察工作的职责定位，保障监察部门的独立性；其次，充分发挥上级监察组织的作用，与内部监察机构共同梳理企业存在的问题，加强对国有子公司的定期监察与监管；最后，在企业中强调审计监管工作对企业运行发展的重要性，加强员工之间自律监督，形成相互监督氛围，更好地实现监察审计的作用。

2. 完善相关政策制度

建立联席会议制度，加强大型国有企业内子公司之间以及和总公司的联系，加强内审部门、纪委监察部门与子公司财务部门的联系，定期开展对各子公司财务部门相关人员的内部审计培训，通报重点监督事项，研究得出审计结论。

3. 完善相关人员配备

实现合署办公，达成 1+1 ＞ 2 的高效率。加强纪检监察与作风建设检查，通过信息互通、部门合署等形式让审计专业人员以及一些相关人员同时参加审计和监察，实现信息的自然互通。对于不配合审计的工作项目，纪检部门须责令改正，以确保整改效果。

（四）责任风险不明晰

内部审计风险是指在内部审计中财务报告存在重大错报、漏报或企业经营管理上存在弊端和漏洞的问题，而内部审计人员认为财务报告是合法、公允以及经营管理是健全有效的，并因此提出不恰当审计意见的可能性。政府审计风险是指审计机关及其审计人员没有按照法定职责、权限、程序实施审计，对被审计单位发表不恰当的意见和评价，或作出错误的处理处罚决定，而给国家审计机关带来损失的可能性。内部审计风险和政府审计风险主要表现均是发表不恰当审计意见，但被审计对象、造成损失的主体、危害程度等差异较大。

党内制度赋予了纪检监察处理处罚权，而内部审计中存在的审计风险应予以恰当记录以备后查。当内部审计主体是经济行为时，审计与监察合署对双方都具有积极效应；当内部审计主体是经济信息或制度时，审计与监察合署，对监察有积极效应，对内部审计主要是消极效应。因此，应恰当明确双方审计责任，加强风险预防，以提高内部审计效率和效果。

同时，明确内部审计责任，规范审计工作流程，强化相关部门监管，增强部门协作。会计工作、内部控制、内部审计均属于单位内部管理工作，既存在分工也存在相关交叉，需要明确职责、权限，分解风险。只有内部管理规范，内部控制和内部审计有效，政府审计才能提高效率，更好发挥监督作用。

（五）审计信息化建设运用不足

随着我国科学技术的不断进步，大数据、智能化时代的到来。在内部审计过程中，可采用科技手段，搭建信息平台，助力大数据审计的进一步发展。通过搭建大数据应用决策、专业办案、业务协同、信息共享等平台，发挥现代技术手段的存储优势、高效优势和客观分析优势，从而为内部审计、社会审计和政府审计提供数据支撑。

对已有“内部审计信息化优秀成果”加以宣传和展示，呼吁内部审计机构和内部审计工作者积极响应，通过与推选单位沟通，公开供大家学习、借鉴，从中获取营养，达到开拓思路、拓宽视野的目的。但内部审计信息化建设目前还缺乏统一的规划和指导，单位之间发展情况很不平衡，不少单位对内部审计信息化建设的认识不足，相关措施不够有力。需从完善机制、搞好规划、强化人才培养等方面来应对审计信息化带来的新思维、新模式和新方法，以实现现代化审计的繁荣与发展。

内部审计和政府审计在开展工作中，在审计实施阶段，掌握信息技术的审计人员，可以使用审计软件或数据处理软件进行核对、分析、比对相关数据，发现疑点并落实证据获得审计底稿；在审计报告阶段，除利用技术汇总审计成果以外，还应注意将被审计单位相关数据、系统数据情况加以汇总归档，供后续审计使用。政府审计可以很好地使用单位的内部审计信息化平台，提升政府审计的工作效率。

（六）部门协同助力政府审计不足

现有部分国有企业内部机构设置更新相对滞后，部门间分工协调不够。存在对纪检监察和内部审计部门划分及其定位不明晰，甚而欠缺的现象。因此，在实际执行过程中，因内部审计职责不明晰，工作分配效率低下，子公司在向总公司递送相关文件材料时或是职能对接不明晰或是需求信息对接错位，导致决策效率低下。

在企业整体组织架构中，企业内部审计部门和纪检监察部门的定位需相互明确，纪检监察部门的政治监督角色更为明显，其职能主要是反腐倡廉；内部审计则主要是对企业财务与金融方面的审查，通过审查发现违纪违规问题，促使企业财务良性运作。若能有效加强两部门之间的协作，内部审计与纪检监察合署办公，将有利于达到 1+1 ＞ 2 的审计效率与效果。

有鉴于此，在国有企业内部，应明确组织架构层级，精简部门，避免机构冗余，同时，厘清相关部门权力行使范围。长此以往，有助于纪检监察与内部审计的进一步协调、融合，不断发展、丰富、深化企业自我监督机制，有效促进企业治理的良性循环。当纪检监察和内部审计充分发挥作用，审计证据和审计结论可以在国有企业政府审计项目中使用，政府审计的相关工作任务就会减轻。

总之，政府审计、纪检监察、内部审计、社会审计均是我国经济监督、政治监督体系的重要组成部分，各司其职，各有优势。纪检监察协调政府审计，社会审计助力政府审计，内部审计协同政府审计，政府审计管理体制的内涵和外延进一步拓展。当这种合力的监督机制形成后，政府审计的管理体制会得到进一步优化，政府审计在国家治理体系和治理能力中将发挥更大作用。

参考文献

一、著作类

[1] 郭道扬 . 会计百科全书 [M]. 沈阳：辽宁人民出版社，1989.

[2] 裴育，欧阳华生 . 财政审计学 [M]. 北京：经济科学出版社，2013.

[3] 陈汉文，韩洪灵 . 审计理论与实务 [M]. 北京：中国人民大学出版社，2019.

[4] 李金华 . 中国审计史：第一卷 [M]. 北京：中国时代经济出版社，2004.

[5] 李金华 . 中国审计史：第二卷 [M]. 北京：中国时代经济出版社，2004.

[6] 李金华 . 中国审计史：第三卷 [M]. 北京：中国时代经济出版社，2005.

[7] 高林，姚建华 . 中华人民共和国建国初期的审计 [M]. 武汉：湖北人民出版社，2004.

[8] 总后勤部财务部，军事经济学院 . 中国人民解放军财务简史 [M]. 北京：中国财政经济出版社，1991.

[9]《中国审计年鉴》编辑委员会 . 中国审计年鉴（1994—1998）[M]. 北京：中国审计出版社，1999.

[10]《中国审计年鉴》编辑委员会 . 中国审计年鉴（2000）[M]. 北京：中国时代经济出版社，2001.

[11]《中国审计年鉴》编辑委员会 . 中国审计年鉴（2004）[M]. 北京：中国时代经济出版社，2004.

[12] 方宝璋 . 中国审计史稿 [M]. 福州：福建人民出版社，2006.

[13] 张涛 . 中国军事审计史研究 [M]. 北京：中国时代经济出版社，2012.

二、期刊、报纸、学位论文类

[1] 王彪华，谢莹莹 . 审计管理体制改革的生态分析：基于国家治理现代化视角 [J]. 会计研究，2020（1）：169–178.

[2] 董大胜 . 深化审计基本理论研究 推动审计管理体制改革 [J]. 审计研究，2018(2)：3–6.

[3] 裴育．改革审计管理体制 促进党和国家监督体系健全［J］．南京审计大学学报，2017，14（6）：3–4．
[4] 张俊民，张莉．国家审计本质认识演进研究：基于审计目的与审计技术手段角度的考察［J］．财经论丛，2016（12）：65–74．
[5] 彭新林，刘誉泽．国家审计内涵辨析（上）［N］．中国审计报，2015–12–30（5）．
[6] 彭新林，刘誉泽．国家审计内涵辨析（下）［N］．中国审计报，2016–01–13（5）．
[7]《中国特色社会主义审计理论研究》课题组．国家审计本质研究［J］．审计研究，2013（4）：3–13．
[8] 刘家义．中国特色社会主义审计理论研究［J］．审计研究，2013（4）：113．
[9] 刘家义．论国家治理与国家审计［J］．中国社会科学，2012（6）：60–72，206．
[10] 朱殿骅．新中国成立70年国家审计制度的演进历程与未来展望［J］．西安财经大学学报，2020，23（2）：30–39．
[11] 曾宪奎．新中国成立以来我国国有企业的发展历程与经验［J］．经济纵横，2019（8）：39–48．
[12] 马立政．国有企业是中国社会主义经济实践的中流砥柱：新中国70年来国有企业发展历程及主要经验［J］毛泽东邓小平理论研究，2019（6）：47–55，108–109．
[13] 许光建．从"两手论"到"五位一体"总体布局思想：社会主义事业总体布局的40年历史演进［J］．人民论坛，2018（33）：27–29．
[14] 王永在．国家审计发展对审计学科建设的影响分析［J］．中国农业会计，2018（10）：33–37．
[15] 金太军，赵军锋．国家审计学科建设论纲：基于政治学视角的分析［J］．审计与经济研究，2018，33（3）：1–7．
[16] 董伟．我国经济发展现状及趋势分析［J］．中国商论，2017（36）：4–5．
[17] 胡忠良，孙杰．基于现实需求的国家审计实践及创新研究［J］．财会通讯，2017（19）：95–97．
[18] 池国华，杨金．中国首届政府审计学科建设研讨会会议综述［J］．南京审计大学学报，2016，13（4）：100–105．
[19] 郑方辉，曹小华．政府绩效考评的法规体系及其法制化［J］．深圳大学学报（人文社会科学版），2016，33（2）：114–118．
[20] 曾晓虹．审计教育环境变革及其对审计人才培养的启示［J］．南京审计学院学报，2011，8（4）：94–97，105．

[21] 毛霜 . 论中国审计的发展历史 [J] . 财经界，2010 (23)：321–322.
[22] 李晓钏 . 浅析审计岗位职业信息化能力需求 [J] . 中外企业家，2019 (36)：21.
[23] 谢志华，张庆龙 . 宪政价值与政府审计良治启示 [J] . 北京工商大学学报 (社会科学版)，2008 (6)：87–92.
[24] 刘世林 . 论我国审计人才需求和高校审计人才培养模式 [J] . 审计与经济研究，2006 (5)：36–41.
[25] 叶青，鄢圣鹏 . 预算审计体制改革研究：反思与比较 [J] . 审计与经济研究，2006 (5)：3–7.
[26] 曹刚峰 . 我国政府审计法规体系的构成 [J] . 郑州航空工业管理学院学报 (社会科学版)，2004 (6)：50–52.
[27] 任保平，郭晗 . 新增长红利时代我国大国发展战略的转型 [J] . 人文杂志，2013 (9)：30–37.
[28] 周生春，裴志军 . 审计文化的环境和功能 [J] . 中国审计，2003 (3)：50–54.
[29] 洪宇，隋雪 . 历史变迁视角下我国审计文化建设 [J] . 航空财会，2020，2 (1)：31–35.
[30] 于波成，朱丹娜 . 信息化技术在会计师事务所审计工作中的应用探索 [J] . 财会学习，2021 (2)：125–126.
[31] 何灵芝，李志明 . 论政府绩效管理的科学内涵与考评体系 [J] . 兵团党校学报，2016 (1)：43–49.
[32] 卢家辉 . 财税体制改革对财政审计工作的影响及其对策 [J] . 理论月刊，1994 (3)：24–27.
[33] 方宝璋 . 革命根据地时期的审计经验略论 [J] . 审计研究，2013 (5)：23–28.
[34] 徐玉德，温泉 . 国家审计管理体制变迁与未来展望 [J] . 财会月刊，2020 (14)：91–96.
[35] 叶陈刚，吴永民，张琦 . 新时代中央审计委员会主导下我国审计治理体制研究 [J] . 航空财会，2020，2 (2)：13–20.
[36] 刘胜强，邱帆，刘三昌 . 中国国家审计变革演进历程回顾及启示 [J] . 华东经济管理，2020，34 (3)：10–15.
[37] 朱殿骅 . 新时代审计权的权力属性与审计管理体制改革路径：与监察权、司法权比较 [J] . 江汉学术，2020，39 (1)：85–96.
[38] 赵广礼 . 试论审计体制改革：变迁和未来 [J] . 审计研究，2019 (6)：44–49.
[39] 刘亚强，黄林芳 . 改革审计管理体制 推动审计监督全覆盖 [J] . 财会学习，2019

（23）：146–147.
［40］朱殿骅．组建中央审计委员会背景下的审计管理体制改革：逻辑与方法［J］．湖北经济学院学报，2019，17（2）：93–99.
［41］朱殿骅．新时代中国特色社会主义国家审计制度建设的内在逻辑与具体路径［J］．湖南财政经济学院学报，2019，35（1）：111–121.
［42］朱殿骅．构建新时代中国特色社会主义审计制度的路径探讨：以习近平新时代中国特色社会主义思想为指导［J］．西安财经学院学报，2019，32（1）：51–61.
［43］秦荣生．我国国家审计的新要求与新发展［J］．财会月刊，2019（1）：3–6.
［44］陈鹏．国家审计体制改革的趋势与优化路径［J］．太原师范学院学报（社会科学版），2018，17（6）：87–92.
［45］李丽新．新时代国家审计管理体制改革探讨［J］．中国商论，2018（27）：120–121.
［46］孙宝厚．关于新时代中国特色社会主义国家审计若干问题的思考［J］．审计研究，2018（4）：3–6.
［47］许新杰．国家机构改革后对深化审计管理体制改革的探析［J］．时代金融，2018（20）：27–29.
［48］朱殿骅，张艺凡．国家审计管理体制改革视角下的内部审计管理改革［J］．中国内部审计，2018（7）：13–15.
［49］朱殿骅，伍学进，吴健茹．国家监察体制改革背景下完善国家审计制度的思考［J］．西安财经学院学报，2018，31（3）：5–12.
［50］杨肃昌．改革审计管理体制健全党和国家监督体系：基于十九大报告的思考［J］．财会月刊，2018（1）：3–7.
［51］范海啸，田富军．政府审计与纪检监察协同运作中的冲突及应对策略［J］．领导科学，2020（8）：16–18.
［52］魏祥健．大数据环境下审计与纪检监察协同监督动力机制构建［J］．财会通讯，2020（3）：111–114.
［53］卢毅磊．推进审计监督与纪检监察监督融合贯通的方法探析［J］．审计月刊，2020（1）：15–17.
［54］汪静．政府审计、注册会计师审计的资源协同利用研究［J］．市场研究，2019（4）：69–71.
［55］周泽将，修宗峰．国家审计与腐败治理体系协同研究［J］．中国行政管理，2017（7）：24–27.

[56] 王傲，龚聪．政府审计与纪检监察协作机制问题研究［J］．现代国企研究，2017（4）：274.
[57] 熊磊．政府审计与纪检监察协同运作问题探讨［J］．财会通讯，2016（34）：116-118.
[58] 刘学华．政府审计与纪检监察协作机制：问题与展望［J］．会计之友，2016（11）：119-120.
[59] 王会金．反腐败视角下政府审计与纪检监察协同治理研究［J］．审计与经济研究，2015，30（6）：3-10.
[60] 马志娟，刘世林．国家审计的本质属性研究：基于国家行政监督系统功能整合视角［J］．会计研究，2012（11）：79-86，95.
[61] 田金友，时金生．关于推动审计监督与纪检监察监督有机贯通的几点思考［N］．中国审计报，2020-9-16（1）．
[62] 魏婷，孙彦娜．基于 SWOT 分析的纪检监察与内部审计合署办公工作机制研究［J］．行政事业资产与财务，2020（16）：100-102.
[63] 刘国常，许婷．政府审计与社会审计协同治理问题研究［J］．财会通讯，2020（15）：122-125.
[64] 郭西，戚振东．调动社会审计力量 增强审计监督合力［J］．审计观察，2020（8）：36-39.
[65] 邓楚瑶．审计全覆盖背景下政府审计与内部审计、社会审计的联动机制研究［J］．当代经济，2020（7）：52-54.
[66] 尹国强，胡喜国，孙静，等．国有企业集团内部审计监督与财会监督协同机制初探［J］．财务与会计，2020（10）：8-10.
[67] 葛声．基于协同治理理论的国有企业内部审计与纪检监察工作路径分析［J］．企业改革与管理，2020（7）：191-192.
[68] 徐芳兰，张其镇．国家审计与社会审计融合的路径及风险分析［J］．审计与理财，2020（4）：45-47.
[69] 曹珊珊．国有企业审计监督协同运行机制研究［J］．企业改革与管理，2020（6）：126-128.
[70] 郭礼新．社会审计存在的问题及对策［J］．纳税，2020，14（9）：147，149.
[71] 赵兴华．国有企业治理目标导向下的多主体审计协同机制研究［J］．对外经贸，2019（2）：150-154.
[72] 赵玉婷．我国政府审计与注册会计师审计资源整合的研究［J］．成功营销，2018

（10）：53.
［73］史伟立．新时代背景下国有企业内部审计和纪检监察的有机结合［J］．中国内部审计，2018（4）：32-35.
［74］马志娟．领导干部自然资源资产离任审计解读［J］．群众，2018（2）：8-10.
［75］徐向真，张雪菲．政府购买注册会计师服务：现状、问题与对策［J］．西安财经学院学报，2017，30（6）：5-10.
［76］赵亮．国有企业纪检监察和内部审计职能融合［J］．现代审计与经济，2017（3）：40-41.
［77］康小青．混合所有制改革对国有企业审计的影响［J］．经贸实践，2017（9）：226.
［78］张杰．国家审计整合社会审计资源的研究：基于 CQ 市 JNX 区审计局案例［D］．重庆：西南政法大学，2017.
［79］王楠楠，郑石桥．部门协同治理与政府审计效率：理论框架和经验数据［J］．财会月刊，2017（3）：86-93.
［80］许庆豪，温国栋，陈妍．政府购买公共服务实务研究：以审计机关为例［J］．机构与行政，2016（10）：5-8.
［81］张倩．我国政府审计与注册会计师审计资源整合的研究［D］．长沙：长沙理工大学，2013.
［82］杨海潇．基于审计全覆盖的政府审计购买社会服务研究［J］．江苏商论，2020（3）：80-83.
［83］李方全．国有企业的审计监督途径探索［J］．商业会计，2020（4）：28-31.
［84］李海燕．审计全覆盖视角下的三大审计联动研究［J］．纳税，2020，14（2）：227.
［85］张萌萌．国家审计机关购买审计服务后评估机制研究［J］．航空财会，2020，2（1）：24-30.
［86］孙文远，孙媛媛，孔楠．国家审计利用社会审计资源的路径、风险及防范［J］．会计之友，2020（2）：118-122.
［87］毛清．浅析国有企业内部审计在纪检监察工作中的运用［J］．四川有色金属，2019（4）：52-54.
［88］任锋．国企内审监督与纪检监察融合：1+1 ＞ 2［J］．审计观察，2019（6）：36-40.
［89］张安康．政府审计与社会审计资源整合的障碍与克服［J］．市场论坛，2019（10）：

49–51.
［90］张一鸣．国有企业一体化监督体系的协同效应探析［J］．上海企业，2019（10）：66–69.
［91］周宇．国企内部审计监督与纪检监察的职能融合研究［J］．企业改革与管理，2019（15）：166–167.
［92］赵宋．对指导监督县属国有企业内审工作的思考［N］．中国审计报，2019-08-08（8）.
［93］范越．浅论国有企业内审与纪检监察的协作配合［N］．中国审计报，2018-08-01（8）.
［94］马爽．浅谈国有企业纪检监察与内部审计的整合［J］．冶金财会，2020，39（8）：49–51.
［95］李传宪，程雯婷，陈扬秋，等．政府审计合作服务成渝双城经济圈建设研究［J］．会计之友，2022（8）：127–131.
［96］张满福．毛泽东厉行节约反对浪费思想的理论探索及现实意义［J］．党史博采，2015（1）：4–5.

三、其他类

［1］审计署审计科研所．国外财政审计的发展与启示［R］．审计研究报告，2018（9）.
［2］审计署审计科研所．中外审计体制系列研究报告之六：韩国审计体制研究——监审合一审计体制国家研究［R］．审计研究报告，2018（7）.
［3］审计署审计科研所．中外审计体制研究报告之五：德国、日本、俄罗斯国家审计体制研究——独立于立法、行政、司法部门的审计体制国家研究［R］．审计研究报告，2018（6）.
［4］审计署审计科研所．中外审计体制系列研究报告之四：法国、意大利、巴西国家审计体制研究——司法型审计体制国家研究［R］．审计研究报告，2018（5）.
［5］审计署审计科研所．中外审计体制系列研究报告之三：美国、英国、澳大利亚、加拿大国家审计体制研究——立法型审计体制国家研究［R］．审计研究报告，2018（4）.
［6］中国生产力学会．国有企业发展研究报告［R］.2005—2006 中国生产力发展研究报告（上），2006：255–281.
［7］审计署审计科研所．科技强审战略研究［R］．审计研究报告，2018（17）.
［8］新华社．习近平主持召开中央审计委员会第一次会议［EB/OL］．［2018-05-23］.

［2022-07-14］.http://www.gov.cn/xinwen/2018-05/23/content_5293054.htm.

［9］沈科言.问题12 1983年审计署成立的背景是什么［EB/OL］.［2019-03-13］.［2022-07-14］.https://www.audit.gov.cn/n6/n37/c130504/content.html.

［10］中国教育审计学会.关于发布《高校科研管理审计实务指南》的公告［EB/OL］.［2022-07-14］.https://jysj.cee.edu.cn/tongzhi/2017-01-05/2585.html.

［11］佚名.审计署发布2016年地方审计机关应重点抓好的十项工作［EB/OL］.［2022-07-14］.http://www.chinanews.com/cj/2016/01-08/7708216.shtml.

［12］中华人民共和国审计署.国务院关于2018年度中央预算执行和其他财政收支审计查出问题整改情况的报告［R/OL］.［2022-07-14］.https://www.chinanews.com.cn/cj/2019/12-25/9042891.shtml.

［13］新华社.中共中央关于全面深化改革若干重大问题的决定［EB/OL］.［2022-07-14］.http://www.gov.cn/jrzg/2013-11/15/content_2528179.htm.

［14］新华社.中共中央 国务院关于深化国有企业改革的指导意见［EB/OL］.［2022-07-14］.http://www.gov.cn/gongbao/content/2015/content_2937313.htm.

［15］习近平在庆祝海南建省办经济特区30周年大会上发表重要讲话强调：党中央支持海南全面深化改革开放 争创新时代中国特色社会主义生动范例［EB/OL］.（2018-04-13）［2023-08-14］.http://news.cnr.cn/native/gd/20180413/t20180413_524198389.shtml.